2023年江苏省高等教育教改课题——"基于世界技能大赛的'国际物流'数字化教学实践改革"（项目编号：2023JSJG792）

国际物流

主　编　桑小娟　吴　勇　王　荣
副主编　周海花　顾　静　董帮应　丁　茗
　　　　汤　玮　陈玉山　崔玲俐　刘　钢

东南大学出版社
SOUTHEAST UNIVERSITY PRESS
·南京·

图书在版编目(CIP)数据

国际物流 / 桑小娟，吴勇，王荣主编. -- 南京：东南大学出版社，2025.8. -- (知行经管产教融合系列教材 / 赵彤主编). -- ISBN 978-7-5766-2186-0

Ⅰ. F259.1

中国国家版本馆 CIP 数据核字第 20253RC940 号

国际物流
Guoji Wuliu

主　　编	桑小娟　吴勇　王荣
出版发行	东南大学出版社
社　　址	南京市四牌楼 2 号(邮编:210096)
出 版 人	白云飞
网　　址	http://www.seupress.com
策划编辑	孙松茜
责任编辑	孙松茜
责任校对	子雪莲
封面设计	王　玥
责任印制	周荣虎
经　　销	全国各地新华书店
印　　刷	广东虎彩云印刷有限公司
开　　本	700mm×1000mm　1/16
印　　张	22
字　　数	444 千字
版　　次	2025 年 8 月第 1 版
印　　次	2025 年 8 月第 1 次印刷
书　　号	ISBN 978-7-5766-2186-0
定　　价	88.00 元

(本社图书若有印装质量问题，请直接与营销部联系。电话:025-83791830)

总　序

在当今时代,高等教育如同一艘巨轮,承载着为国家和社会培育高素质专业人才的重任,破浪前行。习近平总书记高瞻远瞩,强调要全面提升高等教育质量,以契合经济社会发展的新需要。高等教育的终极目标,便是锻造出一批能顺应时代浪潮、引领行业风骚的卓越人才。遵循教育、教学及人才成长的规律,更新教育理念,将促进人的全面发展与满足社会需求视为衡量人才培养质量的"金标准",构建起一个开放、灵活、互通、多样的教育生态,是当务之急。

面对新时代对高等教育人才培养提出的全新挑战,我们深刻认识到,新文科建设从理念、内容、方法、手段和评价等方面对传统学科的发展提出了一系列变革要求。商科专业作为与社会经济发展紧密相连的重要学科,其课程设置、教材选择和教学方式必须与时俱进,以确保培养出的学生能够精准对接社会经济发展的实际需求。教材作为教学活动的核心载体,是知识传承与创新的关键媒介,其质量直接关系到人才培养的成效。一本高质量的教材,宛如一盏明灯,为学生照亮专业领域内的探索之路。

在这样的背景下,我们组织编写了这套产教融合系列教材。本系列教材的编写团队汇聚了来自高校的学科教师、教育技术领域专家和行业一线的专家,借助他们深厚的理论功底和丰富的实践经验,最大化显现教材技术性和知识性,确保教材内容的适应性和科学性。

本系列教材的编写特色主要体现在以下几个方面:

一、行业参与,突出实践性

本系列教材以培养学生的实践能力为核心目标,组织行业专家深度参与教材编写,将行业最新的动态、技术、案例和需求融入教材,确保教材内容紧贴行业实际。教材内容选取了大量的实际案例,这些案例涵盖了经管领域的多个层面,从企业的日常运营到复杂的市场策略,从宏观经济政策的实施到微观经济行为的分析,让学生在学习理论的同时,能够通过案例分析深入理解知识的应用场景和解决实际问题的方法。此外,教材还设计了丰富的实践教学环节,如模拟实训、项目实践、企业调研等,引导学生在实践中锻炼技能、提升素养,增强解决复杂问题的能力。

二、技术赋能,内容丰富灵活

本系列教材紧跟时代步伐,适应人工智能发展和智慧教育需要,以技术赋能为导向,融合媒体资源,实现交互、共享、自适应等功能,以形态多样、直观形象、可听可视、可练互动的多样形式体现数智化时代"个性化""实时化""混合化"的学习特点;坚持贯彻习近平新时代中国特色社会主义思想,以学科融合的主题编排结构化知识,编写体例新颖,采用了图文并茂、案例引导、问题驱动等多种方式,确保教材内容丰富、多元、灵活,以满足国家人才培养需要和学生个性化情境化学习需求。

三、立德树人,服务学生终身全面发展

党的二十大提出,应持续推进教育数字化转型,建设全民终身学习的学习型强国。商科人才不仅要具备扎实的专业知识,更要具备如沟通能力、团队协作能力、创新思维能力、决策能力等综合能力。本系列教材适应数智化时代的要求,既指向情感态度、道德情操、价值观、知识技能等关键品格和能力,帮助学生实现德智体美劳的综合发展,又注重培养学生的创造发展性和多场景适应能力,促进学生多元智能创造性发展。比如,将音频、视频等学习材料技术整合,提供数智化探索与对话的新场景;通过案例分析、小组讨论、项目实践等方式,锻炼学生的沟通与协作能力;通过设置开放性问题和创新性任务,激发学生的创新思维和解决问题的能力;通过模拟决策场景,培养学生的决策能力和风险意识等等。

我们深知,尽管我们在教材编写过程中付出了大量努力,但由于时间和编者水平的局限性,本系列教材难免存在不足之处。但我们坚信,通过不断的实践检验和修订完善,本系列教材将能够更好地服务于商科专业的人才培养,为区域经济发展贡献一份力量。我们恳请行业专家、广大教师、学生关注我们的教材,帮助持续改进教材内容,使其更加贴合新的时代需求和社会发展,成为广大学习者们探索专业领域道路上的一盏明灯。

赵 彤

前　言

　　《"十四五"现代物流发展规划》的颁布，标志着我国物流业开启了"数字化、智慧化、国际化"的新征程。在当今技术进步日新月异、智能化和信息化席卷全球的时代大潮中，国际物流的运作效率与品质直接关乎国家经济的蓬勃生机与国际竞争力。国际物流和国际贸易的业务和技能都在面临新的挑战，对相关人才的能力和能力培养也提出了新要求。基于此，我们编写了《国际物流》教材。

　　本教材分为三个部分。第一部分基础篇，主要介绍国际物流的基础知识。第二部分运作篇，主要介绍国际物流运作。本教材选用了全真的世界技能大赛（简称世赛）货代比赛的内容，包括9个世赛任务。从世赛具体实践任务开始，让学生接触到具体的任务，不仅避免了因学习的知识过于抽象而失去学习动力，还便于教师采用任务式教学法，贯彻以学生为中心的教学理念。第三部分创新篇，主要介绍国际物流技术与创新，让学生了解到物流行业中的前沿发展和实践趋势。

　　编者在本教材中引入世赛题目，用全套实践任务提供具体场景，表现出不同角色的利益关系，勾勒出整体知识画面，为的是避免学生学到的知识孤立化。为了降低学生接受世赛内容的门槛，在给学生提供全套世赛题目时，提供了配套的世赛题目解说视频供学生自学。提前布置学生自学世赛的任务，利用学生自主学习的能力筛选掉容易理解的问题，同时，要求学生把疑难问题汇总给教师，达到甄别教学内容的目的；教师重点讲解学生提出的问题，并将与该问题相关的所有理论知识都讲解清楚。在任务的牵引下，通过分任务目标，使学生达到自主预习、主动提问题、积极备考的学习状态。也就是说，在全学习周期都围绕世赛试题展开，在预习、教学过程及考核环节均有所体现，具体内容见链接内容。本教材主要有以下特色：

1. 引入世赛内容

　　所谓世赛，是世界技能大赛的简称，该赛事集各种实践技能项目于一体，其竞技水平代表了职业技能发展的世界先进水平。如今鲜有本科教学引入世赛内容，更不要说将世赛打造成一个较为成熟的教学模式了。本教材旨在完成一次创新，从本科实践教学要求出发，积极探索针对本科人才培养要求嵌入世赛内容，以弥补本科教学跟世赛转化成果结合不力的遗憾。

2. 从实践场景开始

　　编者引入整套世赛题目，往往是一系列动作的串联，前后内容有关联，比起单个案例服务于单个理论或知识点,其功能更为多样。世赛涉及的场景会使学习者对货代职业有更为直观的认知,不仅能搞清楚任务内容,还能明白货代中的角色关系和职责任务,从而能够启发学习者从利益及互动的角度理解知识框架。

3. 脚本式渐进理论学习

世界技能大赛货运代理项目里的任务基本都是以信件形式呈现,不同角色在信件里表达诉求,大部分文字是通俗易懂的表达,其间穿插了一些专业要求。编者挖掘了信件中的专业知识,以视频的形式进行讲解并链接到该模块,供学习者进行脚本式渐进理论学习。以数字资源的形式链接的视频讲解可以重复观看,不仅可以让学习者便捷地进行数字化学习,更能让其进行更为深入的自主学习。

4. 强化外语训练

编者选取的世界技能大赛的资料,都是纯英文文本,不仅真实呈现了实践场景,还引导学习者应用外语知识,强化外语训练,增强应用外语解决专业问题的能力,为培养全球化人才提供助力。

5. 融入课程思政的内容

习近平新时代中国特色社会主义思想给高等教育新阶段的发展指明了方向,高校教材融入课程思政的内容是趋势。本教材编写团队成员在教学实践中积累了丰富的课程思政素材及经验,课程思政的相关内容以数字资源形式链接到本教材中。

本教材是2023年江苏省高等教育教改课题——"基于世界技能大赛的'国际物流'数字化教学实践改革"(项目编号:2023JSJG792)的成果之一。

本书由桑小娟、吴勇、王荣主编,周海花、顾静、董帮应、丁茗、汤玮、陈玉山、崔玲俐(杭州堡森国际物流有限公司营销总监)、刘钢(江苏墨城国际物流有限公司总经理)为副主编。本书的内容比较广泛,涉及许多新理论、新技术,由于我们水平有限,如有疏漏和不足之处,殷切希望读者批评指正。

编　者

2025年6月

0-1 云视频

0-2 云阅读

0-3 云思考

0-4 云作业

目 录

第一部分 基础篇

第一章 国际物流概论 ………………………………………………………… 3
第一节 国际物流概述 ………………………………………………………… 3
第二节 国际物流发展历程 …………………………………………………… 7
第三节 国际物流环境 ………………………………………………………… 11
第四节 国际物流发展趋势与挑战 …………………………………………… 18

第二章 国际物流系统 …………………………………………………………… 21
第一节 国际物流系统概述 …………………………………………………… 21
第二节 国际物流系统的构成 ………………………………………………… 22
第三节 国际物流系统网络和节点 …………………………………………… 26
第四节 国际物流通道 ………………………………………………………… 27

第三章 全球供应链管理 ………………………………………………………… 33
第一节 供应链管理基础知识 ………………………………………………… 33
第二节 供应链的类型与结构 ………………………………………………… 39
第三节 供应链管理的关键要素与供应链技术创新 ………………………… 41

第二部分 运作篇

第四章 世赛任务模块一 ………………………………………………………… 49
第一节 港口 …………………………………………………………………… 51
第二节 贸易术语 ……………………………………………………………… 55
第三节 海运航线 ……………………………………………………………… 62
第四节 海关 …………………………………………………………………… 66

第五章　世赛任务模块二　72
第一节　集装箱概述　75
第二节　集装箱运输　77
第三节　散杂货运输　89
第四节　多式联运　98

第六章　世赛任务模块三　108
第一节　海运进出口合同　111
第二节　货运代理　115
第三节　国际物流法规与标准　123

第七章　世赛任务模块四　129
第一节　提单　132
第二节　订舱单　136
第三节　国际物流单证　140

第八章　世赛任务模块五　164
第一节　内陆运输　168
第二节　内陆运输承运人　174
第三节　拖车业务　176
第四节　国际物流主要参与方　179

第九章　世赛任务模块六　183
第一节　国际航空运输　186
第二节　航空运费及成本构成　195
第三节　国际航空经营管理　201

第十章　世赛任务模块七　210
第一节　国际航空运单　213
第二节　国际航空其他单证　226
第三节　国际航空货物运输组织　230

第十一章　世赛任务模块八　235
第一节　内陆承运人选取　237
第二节　运输服务质量管理　240

第十二章　世赛任务模块九 ·················· 246
第一节　国际铁路运输 ·················· 249
第二节　国际物流投诉及索赔 ·················· 260
第三节　国际铁路运输单证 ·················· 263
第四节　国际货物运输保险 ·················· 266

第三部分　创新篇

第十三章　国际物流技术创新 ·················· 299
第一节　国际物流技术概述 ·················· 300
第二节　国际物流信息系统 ·················· 304

第十四章　跨境电商国际物流 ·················· 311
第一节　跨境电商国际物流概述 ·················· 312
第二节　跨境电商国际物流的运作流程 ·················· 317
第三节　跨境电商国际物流模式 ·················· 320

第十五章　绿色国际物流与可持续发展 ·················· 330
第一节　绿色国际物流概述 ·················· 331
第二节　可持续发展理论与国际物流 ·················· 332
第三节　绿色国际物流的实施策略 ·················· 335

参考文献 ·················· 338

第一部分

基础篇

第一章　国际物流概论

▶ 学习目标

1. 了解国际物流的定义和功能。
2. 理解国际物流的特点与挑战。
3. 了解国际物流系统。
4. 理解国际物流系统的特点。

▶ 导入案例

作为全球最大的货物贸易国和第二大消费市场,中国国际物流业承担着连接国内国际双循环的核心枢纽功能。2024 年全国社会物流总额达 360.6 万亿元,同比增长 5.8%,连续三年保持稳中有进态势。跨境电商的爆发式增长与"一带一路"倡议的深化实施,推动行业向智能化、绿色化、全球化方向升级。2024 年一季度,我国跨境电商进出口 5 776 亿元,增长 9.6%,其中,出口 4 480 亿元、进口 1 296 亿元。

第一节　国际物流概述

一、国际物流的定义

国际物流(International Logistics,IL)是指物品从一个国家(地区)的供应地向另一个国家(地区)的接收地的实体流动过程。

广义的国际物流研究的范围包括国际贸易物流、非贸易物流、国际物流投资、国际物流合作、国际物流交流等领域。其中,国际贸易物流主要是指定组织货物在国际间的合理流动;非贸易物流是指国际展览与展品物流、国际邮政物流等;国际物流合作是指不同国别的企业完成重大的国际经济技术项目的国际物流;国际物流投资是指不同国家物流企业共同投资建设国际物流企业;国际物流交流则主要是指物流科学、技术、教育、培训和管理方面的国际交流。

狭义的国际物流主要是指当生产和消费分别在两个或在两个以上的国家(地区)独立进行时,为了克服生产和消费之间的空间距离和时间间隔,对货物(商品)

进行物流性移动的一项国际贸易或国际交流活动,从而完成国际货物(商品)交易的最终目的,即实现卖方交付单证、货物和收取货款,而买方接受单证、支付货款和收取货物的贸易对流条件。

国际物流的实质是根据国际分工的原则,依照国际惯例,利用国际化的物流网络、物流设施和物流技术,实现货物在国际的流动与交换,以促进区域经济的发展与世界资源的优化配置。国际物流的总目标是为国际贸易和跨国经营服务,即选择最佳的方式与路径,以最低的费用和最小的风险,保质、保量、适时地将货物从某国(地区)的供方运到另一国(地区)的需方。

1-1 云思政

二、国际物流的功能

国际物流在全球化的商业环境中扮演着至关重要的角色,其功能可以概括为以下几个方面:

(一)运输功能

组织和管理货物的国际运输,包括选择合适的运输方式(海运、空运、陆运、多式联运等)。

(二)仓储功能

提供货物存储服务,包括提供保税仓库和非保税仓库以及库存管理和控制。

(三)包装功能

确保货物在运输过程中的安全性,选择合适的包装材料和方法。

(四)装卸与搬运功能

在货物的装卸过程中,确保操作的安全性和效率性。

(五)信息处理功能

收集、处理和传递物流信息,包括货物追踪、库存状态、运输安排等。

(六)订单处理功能

管理订单流程,包括从接收订单到货物配送的整个环节。

（七）配送功能

将货物从仓库配送到客户手中,包括制订配送计划和进行路线优化。

（八）客户服务功能

提供客户咨询、投诉处理和售后服务,确保客户满意度。

（九）风险管理功能

识别和评估物流过程中的风险,并采取措施进行风险预防和控制。

（十）成本控制功能

管理物流成本,包括运输成本、仓储成本、保险成本等。

（十一）合规性与法规遵从功能

确保物流活动遵守国际贸易相关规则、法律法规以及海关规定和安全标准等。

（十二）供应链协调功能

协调供应链上下游各方,确保供应链的顺畅运作。

（十三）采购与供应功能

管理原材料和商品的采购流程,确保供应链的稳定性。

（十四）需求预测功能

通过市场分析和历史数据,预测市场需求,指导库存和生产计划。

（十五）逆向物流功能

管理退货、维修和回收等逆向供应链活动。

（十六）环境保护与可持续发展功能

推动绿色物流实践,减少物流活动对环境的影响。

（十七）技术应用与创新功能

应用最新技术,如物联网、自动化、区块链等,以提高物流效率和降低成本。

（十八）国际贸易支持功能

提供与国际贸易相关的服务,如贸易术语解释、国际结算等。

这些功能共同构成了国际物流的框架,确保货物能够安全、高效、经济地从生产地运输到消费地。

三、国际物流的特点

国际物流是全球供应链管理的重要组成部分,它涉及跨越国界的物品流动和管理。以下是国际物流的一些主要特点:

(一)跨国界性

国际物流涉及不同国家和地区,需要遵守各国的法律法规和标准。

(二)复杂性

国际物流的物流过程更为复杂,包括多种运输方式(如海运、空运、陆运、铁路运输等)和多个物流节点。

(三)风险性

由于涉及多个国家,国际物流面临更多的风险,如政治风险、汇率风险、运输途中的损失或损害等。

(四)协调性

进行国际物流活动需要在不同国家、不同文化和不同法律体系之间进行协调,以确保物流流程的顺畅。

(五)时效性

国际物流对时间要求较高,快速的货物运输和配送对于满足市场需求至关重要。

(六)成本敏感性

运输成本、关税、保险费用等对国际物流的总成本有显著影响。

(七)信息技术的依赖性

国际物流高度依赖信息系统来跟踪货物、管理库存和协调供应链。

(八)法规遵从性

国际物流活动必须遵守国际贸易相关规则、法律法规、海关规定和各种国际公约。

(九)环境和可持续性

国际物流越来越注重减少环境影响和可持续发展,采用绿色物流实践。

（十）供应链整合性

国际物流需要与供应链的其他环节（如采购、生产、销售等）紧密整合。

（十一）客户服务

进行国际物流活动需要提供高质量的客户服务，包括准确的货物追踪信息和灵活的配送选项。

（十二）技术和创新

国际物流活动需要利用最新的物流技术和创新，如自动化、物联网（IoT）、区块链等，以提高效率和降低成本。

（十三）灵活性和适应性

能够适应不断变化的市场需求、贸易政策和技术进步。

（十四）安全和保障

进行国际物流活动需要确保货物在整个运输过程中的安全，并采取措施防止盗窃和损失。

（十五）全球化影响

全球经济和贸易政策的变化对国际物流有着直接的影响。

第二节　国际物流发展历程

一、国际物流发展阶段

国际物流的起源和演变是一个逐步发展和完善的过程，与全球经济的发展趋势紧密相关。国际物流的起源与演变大体可以分为如下阶段：

（一）起源阶段

国际物流的起源可以追溯到20世纪50年代，当时物流设施和物流技术得到了极大的发展，配送中心的建立和电子计算机的应用标志着物流管理的现代化。立体无人仓库的出现以及一些国家物流标准化体系的建立，都是这一时期的重要特点。

（二）发展阶段

进入20世纪60年代，随着国际贸易的扩展和活跃，国际的大数量物流开始形成,大型物流工具(如 20 万吨的油轮和 10 万吨的矿石船等)应运而生,促进了物流技术的进一步发展。

(三) 石油危机后的变革阶段

20 世纪 70 年代的石油危机对国际物流产生了深远影响。物流服务水平的提升和物流速度的要求增加,促使国际物流向更高效的方向发展。在这一时期,国际集装箱和集装箱船的大发展显著提高了散杂货的物流水平,使物流服务水平得到显著提升。

(四) 信息化与标准化阶段

20 世纪 80 年代,国际物流领域出现了物流信息和电子数据交换(EDI)系统,这标志着国际物流进入了信息化时代。几乎每一个物流活动环节都有信息支撑,物流质量与服务的提升在很大程度上依赖于信息技术的应用。

(五) 现代物流的集成化阶段

20 世纪 90 年代初至今,国际物流的概念和重要性被广泛接受,物流国际化成为全球性的共同问题。物流设施、技术、服务、货物运输、包装和流通加工等方面都实现了国际化。国际物流合作被认为能够促进世界经济的繁荣,体现了"物流无国界"的理念。

国际物流的发展历程显示了从简单的货物运输到集成化、信息化、自动化的现代物流系统的转变,这一转变与全球经济一体化和科技进步紧密相连。

二、中国国际物流业的发展历程

改革开放以来,中国国际物流业也取得了一定的发展,但与发达国家相比,在基础设施、管理技术水平以及服务质量等方面仍有较大差距。加快国际物流业的发展,对于适应国际贸易的步伐和世界经济竞争具有重要意义。[1]

中国国际物流业的发展历程是一个从起步到快速发展、再到逐步成熟的过程。以下是中国国际物流业发展的几个重要阶段:

(一) 起步阶段

在改革开放初期,中国国际物流业开始起步,这一时期物流业主要以运输和仓储为主,服务功能相对单一。

---

[1] 杨子刚,郭庆海.经济全球化背景下国际物流的发展现状及趋势[J].中国流通经济,2007,21(11): 17-20.

(二) 快速发展阶段

随着中国加入 WTO,国际贸易的快速增长推动了物流业的快速发展。物流企业开始提供更加综合的服务,包括运输、仓储、配送、信息处理等。同时,政府也开始重视物流业的发展,出台了一系列政策支持物流业的现代化和国际化。

(三) 技术进步与创新阶段

进入 21 世纪,尤其是近十年来,中国物流业在技术进步和创新方面取得了显著成就。数字化、自动化、智能化技术的应用,如无人仓、无人机配送等,大大提高了物流效率和服务质量。

(四) 国际合作与出海战略阶段

中国物流企业开始积极拓展国际市场,通过建立海外仓和跨境物流网络,提升国际竞争力。例如,菜鸟网络正在构建全球智慧物流网络,以实现 72 小时内全球必达的目标。

(五) 绿色低碳与安全韧性阶段

近年来,中国国际物流业越来越注重绿色低碳和安全韧性的发展。物流企业在提高效率的同时,也在努力减少对环境的影响,提高物流网络的安全性和稳定性。

(六) 市场整合与转型阶段

中国物流业正在从传统的服务提供商转型为端到端解决方案供应商。通过整合线上线下资源,物流企业能够提供更快速、透明的即时配送服务,满足新零售时代的需求。

(七) 政策支持与规划阶段

中国政府对物流业给予了政策上的支持,包括基础设施建设投资、税收减免等,以促进物流行业的复苏和增长。例如,《"十四五"现代物流发展规划》提出了构建国际国内物流大通道的目标。

中国国际物流业的发展历程是一个不断进化的过程,随着技术的进步、市场的需求变化以及政策的支持,物流业将继续向更加高效、智能、绿色的方向发展。

三、国际物流管理科学的发展历程

国际物流管理科学的发展经历了多个阶段,每个阶段都伴随着技术进步、经济全球化以及政策支持的变化。以下是国际物流管理科学发展的详细历程:

(一) 20 世纪 50 年代至 80 年代初

在这一时期,物流设施和物流技术得到了极大的发展。配送中心的建立、电子计算机的广泛应用、立体无人仓库的出现,以及一些国家物流标准化体系的建立,都是这一阶段的特点。物流系统的改善促进了国际贸易的发展,物流活动开始超出一国范围,但物流国际化的趋势还没有得到人们的重视。

(二) 20 世纪 80 年代初至 90 年代初

随着经济技术的发展和国际经济往来的日益扩大,物流国际化趋势开始成为世界性的共同问题。美国和日本等国家开始强调改善国际性物流管理,以降低产品成本、改善服务、扩大销售,并在激烈的国际竞争中获得胜利。这一阶段物流国际化的趋势局限在美、日和欧洲一些发达国家。

(三) 20 世纪 90 年代初至今

这一阶段国际物流的概念和重要性已为各国政府和外贸部门所普遍接受。贸易伙伴遍布全球,必然要求物流国际化,即物流设施国际化、物流技术国际化、物流服务国际化、货物运输国际化、包装国际化和流通加工国际化等。世界各国广泛开展国际物流方面的理论和实践方面的大胆探索,并形成共识:只有广泛开展国际物流合作,才能促进世界资源的优化配置。

四、推动国际物流管理科学发展的要素

(一) 技术进步与创新

技术是推动国际物流管理科学发展的关键因素。从早期的机械化、自动化到现代的智慧化,技术的应用提高了物流效率和服务质量。物联网、云计算、大数据、5G 通信等技术的发展,推动了智慧物流行业的快速发展。

(二) 政策支持

各国政府对物流业给予了政策上的支持,包括基础设施建设投资、税收减免等,以促进物流行业的复苏和增长。例如,中国政府发布的《物流业调整振兴规划》中提出了加快国际物流和保税物流发展的任务。

(三) 市场需求的变化

随着国际贸易的增长,市场对物流服务的需求也在不断变化,要求物流服务更加个性化、灵活和高效。这促使物流企业不断创新服务模式,提高服务质量,以满足市场需求。

(四)教育与研究

物流管理作为一个专业领域,得到了学术界和市场的深入研究。例如,《物流研究》期刊就是专注于物流领域的学术研究,涵盖了物流理论与政策、供应链管理与采购等多个方面。

(五)国际合作与出海战略

中国物流企业开始积极拓展国际市场,通过建立海外仓和跨境物流网络,提升国际竞争力。例如,菜鸟网络正在构建全球智慧物流网络,以实现72小时内全球必达的目标。

总体来看,国际物流管理科学的发展历程是一个不断进化的过程,涉及经济、技术、政策和市场等多个方面。随着全球化的深入发展,国际物流管理科学将继续扮演着至关重要的角色。

第三节 国际物流环境

一、经济环境

国际物流的经济环境受到全球经济增长、贸易政策、货币汇率等多方面因素的影响。国际物流经济环境的分析涉及多个层面,包括全球经济趋势、贸易政策、市场需求、货币汇率、运输成本、经济重心转移、贸易波动性、市场策略、盈利能力、政策支持等因素。

(一)全球经济趋势

全球经济的增长或衰退直接影响国际物流的需求。例如,2023年国际贸易行情动荡,需求减弱和供给恢复导致运价下滑,影响了相关物流公司的业绩。同时,全球经济复苏的不确定性也给国际物流带来了挑战。

(二)贸易政策

各国的贸易政策,包括关税、配额和贸易协定,对国际物流有着显著影响。政策变化可能会改变贸易流向和物流网络的布局。例如,中美贸易摩擦对全球供应链和物流网络产生了深远影响。

(三)市场需求

市场需求的变化会直接影响国际物流的流量和流向。随着全球经济重心逐渐向发展中国家转移，新兴市场的崛起为国际物流提供了新的机遇。

（四）货币汇率

货币汇率的波动会影响跨国公司的定价策略和成本结构，进而影响国际物流的需求和成本。

（五）运输成本

运输成本的上升，尤其是海运和空运成本，对国际物流行业构成压力。例如，2021年国际集装箱市场运价持续上涨，对国际物流运输和贸易产生了巨大影响。

（六）经济重心转移

随着全球制造业中心向亚洲等地区转移，国际物流的需求和网络布局也随之变化。

（七）贸易波动性

全球贸易的波动性增加，尤其是在疫情后，许多国家的经济复苏缓慢，导致物流需求的变化和市场竞争的加剧。

（八）市场策略

物流企业需要根据经济环境的变化调整市场策略，以保持竞争力和盈利能力。例如，顺丰在2023年通过多元化布局和新业务的发展，实现了营收和利润的增长。

（九）盈利能力

经济环境的变化对物流企业的盈利能力有直接影响。企业需要通过优化运营效率、降低成本和提高服务质量来应对经济波动。

（十）政策支持

政府的政策支持，如减税降费、优化营商环境等，对国际物流行业的发展起到积极作用。

综上所述，国际物流经济环境是多维度的，受到全球经济、贸易政策、市场需求等多种因素的影响。物流企业需要密切关注这些因素的变化，以制定有效的战略应对市场挑战。

近年来，全球经济重心逐渐向发展中国家转移，特别是金砖国家等新兴市场的崛起，为国际物流提供了新的机遇。同时，全球贸易的波动性和不确定性增加，尤其是在新冠疫情后，许多国家的经济复苏缓慢，导致物流需求的变化和市场竞争的加剧。此外,国际物流成本的上升,尤其是运输成本的飙升,也对企业的盈利能力和市场策略产生了重要影响。

二、政治与经济环境

国际物流的政治与经济环境是多维度的,包括各国的贸易政策、关税政策和国际关系等,涉及全球经济趋势、政治稳定性、贸易政策、货币汇率、运输成本、经济转型升级、内需扩大与经济重心转移、平台组织与资源配置、政策支持、国际合作等多个方面。

(一)全球经济趋势

全球经济增长和贸易重心正在从发达国家转向发展中国家,全球供应链正加快重构。这一趋势为国际物流提供了新的机遇,同时也要求物流企业适应新的市场环境和需求变化。

(二)政治稳定性

全球政治格局与经贸规则的重塑,使构建国际物流供应链体系的外部发展环境异常复杂。大国博弈和地缘政治的多重角力带来巨大不确定风险,这对国际物流企业的运营策略和风险管理提出了更高要求。

(三)贸易政策

贸易政策,包括关税、配额和贸易协定,对国际物流有着显著影响。政策变化可能会改变贸易流向和物流网络的布局。例如,中美贸易摩擦对全球供应链和物流网络产生了深远影响。

(四)货币汇率

货币汇率的波动会影响跨国公司的定价策略和成本结构,进而影响国际物流的需求和成本。国际物流企业需要及时有效地应对人民币汇率波动风险,以清除企业经营障碍,降低企业经营损失。

(五)运输成本

全球运输能力疲弱、集装箱周转不畅、港口超负荷、劳动力短缺等问题,造成主要港口严重拥堵,货物运输长期延误,港口承受着极大运营压力。这些问题导致航运价格、集装箱价格飙升,对进出口贸易产生不利影响。

(六)经济转型升级

经济转型升级与国际物流枢纽功能完善互为支撑。在产业转型升级的过程中,国际物流枢纽的功能更加完善、辐射范围逐步拓展,推动产业链迈向全球价值链中高端。

(七)内需扩大与经济重心转移

扩大内需以及经济重心由沿海向内陆转移推动内陆型国际物流枢纽跨越式发展。内陆地区依托陆港、空港及发达的交通网络,与现代供应链组织、产业组织等精准对接,形成具备国际竞争力的要素集聚和配置平台。

(八)平台组织与资源配置

国际物流枢纽是多式联运和信息汇聚的组织平台,更是产业组织高效衔接、运输组织流程优化的重要节点,具有资源配置的功能。因此,应该充分发挥国际物流枢纽的组织平台作用,提升综合物流服务能力,推动现代产业发展驱动力由要素驱动向组织驱动转换,全面提升物流枢纽的要素资源配置能力。

(九)政策支持

政府的政策支持,如减税降费、优化营商环境等,对国际物流行业的发展起到积极作用。例如,中国政府提出加快国际物流体系建设,打造智慧海关,助力外贸企业降本提效。

(十)国际合作

加强国际沟通与合作,积极参与全球物流治理合作,可以共同营造良好的国际物流环境,提高我国在全球经济中的话语权。

综上所述,国际物流的政治与经济环境是复杂且动态变化的,物流企业需要密切关注这些因素的变化,以制定有效的战略应对市场挑战。

近年来,地缘政治紧张局势加剧,尤其是中美之间的贸易摩擦,对全球供应链和物流网络产生了深远影响。各国在制定贸易政策时,往往会考虑到国家安全和经济利益,这使得国际物流面临在合规性和政策方面更多的风险。此外,国际物流企业需要应对不同国家的监管法律法规和市场准入要求,这对其运营效率和成本控制提出了挑战。

三、社会文化环境

社会文化环境对国际物流的影响主要体现在消费者行为和市场需求的变化上。国际物流的社会文化环境涉及多个方面,包括文化差异、消费者行为、法律法规、语言和教育、宗教和节日、物流人才培养、国际合作、物流服务品牌、信息化和标准化建设等。

(一) 文化差异

文化是社会发展的一种体现,具有地域性和阶段性,是群体性的现象。文化差异指的是不同群体、不同国家或地区的人们因为不同的教育、社会和工作环境,从而有不同的思维方式。在全球化发展的今天,物流企业将服务范围扩张到国际范围时,会遇到文化差异带来的难题。在不同国家的文化背景下,物流管理理念也各有不同。

(二) 消费者行为

国际物流需要考虑目标市场国家的文化、价值观和礼仪,了解和分析目标市场国家的消费者行为、消费习惯,做到产品描述、客户支持和营销材料的本地化,以确保信息准确传达,避免误解。

(三) 法律法规

不同国家的法律法规对物流企业的运营有着重要影响。例如,不同国家的进出口清关、检测法规条例各异,国际物流的发展需要高水准的管理水平。

(四) 语言和教育

语言和教育是国际物流中的一个重要因素。为了保证信息传达准确,避免误解,应该确保与目标市场的客户进行有效的语言沟通,包括翻译产品描述、客户支持和营销材料等。

(五) 宗教和节日

文化冲突可能涉及一系列问题,例如宗教信仰、节日、风俗习惯等。卖家需要表现出尊重和理解,以避免得罪客户。这可能需要调整产品定价策略、销售活动时间或营销策略,以适应目标市场的文化特点。

(六) 物流人才培养

随着"一带一路"倡议的实施,中国的物流业对物流人才的数量和质量都提出了高要求。当前培养模式不能完全适应"一带一路"下的人才需求,因此构建满足"一带一路"需求的国际物流人才培养体系非常必要。

(七) 国际合作

国际合作对国际物流至关重要,因此应该加强与联合国及国际运输行业组织、各国政府的沟通与交流,增进相互了解;加强政策协调,推动标准互联互通,以营造良好的国际物流环境。

（八）物流服务品牌

培育国际化物流服务品牌，利用和引导国内外多元资本支持民营物流企业拓展国际市场，打造国际化的物流服务品牌，为国际物流体系发展构筑专业化、国际化的品牌形象。

（九）信息化和标准化建设

加快推进互联网、物联网、云计算、大数据、移动智能终端、区块链为代表的新一代信息技术在物流领域的商业化和市场化应用，使物流领域蕴含的海量信息、数据，转变成最重要的物流资源和要素，为国际物流体系发展和产业链升级注入新动能。

国际物流的社会文化环境对物流企业的运营策略、服务模式和人才培养等方面都有着深远的影响。物流企业需要深入了解和适应目标市场的文化特点，以提高服务质量和市场竞争力。

随着全球化的深入，消费者对物流服务的期望不断提高，要求更短的交付时间和更高的服务质量。同时，文化差异也可能影响物流管理的方式和效率。例如，不同国家对时间的重视程度不同，可能导致在交付和服务上的理解差异。此外，环保和可持续发展的意识增强，促使物流企业在运营中更加注重绿色物流和可持续发展策略。

四、技术环境

技术环境是推动国际物流发展的重要因素。近年来，数字化、自动化和智能化技术的应用在物流行业中不断深化。移动互联网、大数据、云计算和物联网等新技术的广泛应用，推动了网络货运、数字仓库和无接触配送等新模式的出现。这些技术不仅提高了物流效率，还增强了供应链的透明度和响应能力。此外，人工智能和机器学习的应用正在改变物流的运营模式，使得物流企业能够更好地预测需求、优化运输路线和提升客户体验。国际物流技术环境正在经历快速的变革，以下是一些关键的趋势和技术发展：

（一）自动化

自动化技术如自动存储和检索系统（ASRS）、自动引导车辆（AGVs）和内部物流自动化正在改变物流操作，提高效率和安全性。例如，Exotec 的 Skypod 和 Addverb Technologies 的 Dynamo AGV 正在帮助电子商务仓库提高效率。

（二）物联网（IoT）

物联网（IoT）技术通过传感器和智能设备网络实现实时跟踪和监控，增强了供应链的透明度和效率。

（三）区块链

区块链技术作为数字账本，允许多个网络共享重要数据，同时保证数据不被泄露或损坏。例如，ShipChain 使用区块链进行货物跟踪，而 Steamchain 提供了一个简化支付方法的区块链平台。

（四）高级数据分析

物流企业收集大量数据，通过采用良好的数据管理实践，可以将这些数据转化为高级统计数据，以预测需求变化并做出数据驱动的决策。例如，FACTIC 通过其 SaaS 平台进行高级数据分析，为食品和饮料行业提供预测分析解决方案。

（五）机器人技术

近年来，机器人技术是物流创新中最引人注目的发展之一。机器人技术的应用让仓库操作发生了巨大变化。

（六）增强现实（AR）

增强现实（AR）技术通过提供实时洞察和增强操作效率，正在改变物流行业。例如，DHL 通过其 Vision Picking 试点项目在物流中使用 AR，提高了拣选效率和生产力。

（七）高级地理定位技术

高级地理定位技术提供了货物的精确位置和状态，从而优化路线规划和运输效率。

（八）人工智能（AI）

人工智能（AI）在物流中的作用不断扩大，它通过分析大数据来预测客户需求和优化供应链。AI 还有助于加快物流工人的入职流程，并改善最后一公里物流，通过实时分析交通情况来找到最佳路线。

（九）可持续性

随着对环境问题的日益关注，可持续物流实践变得越来越重要。例如，DHL 致力于到 2050 年将其物流相关排放减少到净零。

（十）供应链风险管理

在风险管理方面，使用大数据和预测分析来减轻供应链风险，如原材料短缺、供应商网络中的破产或货物在海关滞留等问题。

这些趋势和技术的发展正在推动国际物流行业向更高效、更可持续和更客户导向的方向发展。随着技术的不断进步，我们可以预见未来物流行业的操作将更加数字化、敏捷和地理分散，以满足全球经济的需求。

综上所述，国际物流环境是一个复杂的系统，涉及经济、政治、社会文化和技术等多个方面的因素。理解这些环境因素对于物流企业制定战略、优化运营和提升竞争力至关重要。

第四节　国际物流发展趋势与挑战

一、国际物流的发展趋势

国际物流的发展趋势主要体现在以下几个方面：

（一）大数据和供应链风险管理

随着全球化的发展，供应链变得越来越复杂。利用大数据技术，企业可以更好地预测和降低供应链风险，如原材料短缺、供应网络中断或货物滞留在海关等问题。

（二）物联网提升可见性

物联网技术通过连接传统未联网的资产和对象，提高了供应链的可见性，增强了供应链的弹性和透明度。

（三）人工智能的应用

人工智能在物流领域的应用正在增加，从需求预测到包裹分拣，再到客户服务，人工智能正在改变整个供应链的运作方式。

（四）物流可持续性

环境、社会和治理（ESG）因素在物流行业中的重要性日益增加。企业正在寻求可持续的物流解决方案，如使用替代燃料和电动汽车，以减少碳排放并提高效率。

（五）多式联运和运输结构优化

随着电商的兴起，多式联运、铁路快运、内河水运等方式得到发展，以提高运输效率并降低成本。

（六）数字化转型

物流行业的数字化转型取得显著成效，智慧物流应用场景更加丰富，物流数字化转型对于提升服务质量和效率起到了关键作用。

（七）全球化和网络化

现代物流业正在全球范围内加速集中，并通过国际兼并与联盟，形成大型物流企业。同时，物流网络的全球化和网络化是现代物流发展的重要特征。

（八）绿色物流

绿色物流概念日益受到重视，企业在物流活动中采取措施以减少对环境的影响，如优化货物运输结构和采用绿色包装。

（九）服务系列化和市场化

现代物流服务正向系列化和市场化方向发展，提供从市场调查到教育培训等增值服务，并采用市场机制进行经营。

（十）信息化和智能化

现代物流日益信息化和智能化，信息技术和智能化技术在物流行业的应用越来越广泛，提高了物流效率和响应速度。

这些趋势反映了国际物流行业在技术、环境、市场等方面的持续创新和发展。

二、国际物流面临的挑战

了解国际物流面临的挑战对于理解该领域的复杂性和正确处理实际操作中可能遇到的问题至关重要。国际物流面临的主要挑战如下：

（一）供应链风险管理

全球供应链面临诸多挑战，如原材料短缺、供应网络中断或货物滞留在海关等问题，以及全球事件如冲突、通货膨胀和疫情等可能带来的影响。专注于减轻供应链风险的技术初创公司正在获得显著的投资，例如 Everstream 利用预测分析进行全球每个港口的实地监控，以便在问题影响客户之前发现中断风险。

（二）物联网增强供应链可见性

物联网的崛起成为关键工具之一，它极大提高了供应链的可见性。通过物联网，供应链的每一个环节可以变得更加清晰可见，从而增强整个供应链的弹性和透明度。

1. 物流数字化转型

现代物流企业需要利用现代信息技术推动物流要素在线化数据化，开发多样化应用场景，实现物流资源线上线下联动。物流数字化转型取得显著成效，智慧物流应用场景更加丰富。

2. 国际物流网络延展

我国国际航运、航空物流基本通达全球主要贸易合作伙伴，但国际物流网络的不断延展和优化仍面临挑战，需要加强国际、国内物流通道衔接，推动国际物流基础设施互联互通。

3. 物流成本控制

物流降本增效仍需深化，多式联运体系不完善，全链条运行效率低、成本高，需要进一步优化运输结构和提升物流服务供给对需求的适配性。

4. 物流创新能力

物流产业规模虽大，但规模经济效益释放不足，缺乏具有全球竞争力的现代物流企业。需要提升物流企业的创新能力，培育具有国际竞争力的物流企业。

5. 绿色低碳与安全韧性

现代物流发展需遵循绿色环保理念，提升物流可持续发展能力，同时提高物流安全治理水平和应对突发事件的能力。

6. 国际合作与规则对接

推动建立国际物流通道沿线国家协作机制，加强便利化运输、智慧海关等方面合作，并逐步建立适应国际铁路联运特点的陆路贸易规则体系。

这些挑战要求物流企业、政府和相关机构采取有效措施，加强合作，以促进国际物流行业的健康发展。

1-2 云阅读

1-3 云习题

1-4 云习题

1-5 云作业

第二章　国际物流系统

学习目标

1. 掌握国际物流系统的核心概念与特征理解国际物流系统的定义、总目标及基本特点（国际性、复杂性、风险性）。

2. 解析国际物流系统的构成要素与功能，识别并描述国际物流系统的七大核心子系统（运输、仓储、检验、信息、配送、装卸、流通加工）的功能与作用。

3. 理解国际物流网络与节点的战略意义，阐释国际物流系统网络的结构（节点与连线的逻辑关系）及其对全球贸易的支撑作用。

4. 探讨国际物流通道的运作机制与发展趋势，说明国际物流通道的定义、构成要素（集货运输、干线运输、配送运输）及其对国际贸易的推动作用。

导入案例

2-1 云阅读

第一节　国际物流系统概述

一、国际物流系统概念

国际物流系统（International Logistic System），是由商品的包装、储存、运输、检验、流通加工和其前后的整理、再包装以及国际配送等子系统组成。其中，储存和运输子系统是物流的两大支柱。国际物流通过商品的储存和运输，实现其自身的时间和空间效益，满足国际贸易活动和跨国公司经营的要求。

二、国际物流系统总目标

国际物流的总目标是为国际贸易和跨国经营服务。即选择最佳的方式与路径,以最低的费用和最小的风险,保质、保量、适时地将货物从某国(地区)的供方运到另一国(地区)的需方。国际物流是为跨国经营和对外贸易服务,使各国物流系统相互"接轨"。

三、国际物流系统特点

与国内物流系统相比,国际物流系统具有国际性、复杂性和风险性等特点。

(1) 国际性是指国际物流系统涉及多个国家(地区),系统的地理范围大。这一特点又称为国际物流系统的地理特征。国际物流跨越不同地区和国家,跨越海洋和大陆,运输距离长,运输方式多样,这就需要合理选择运输路线和运约方式,尽量缩短运输距离,缩短货物在途时间,加速货物的周转并降低物流成本。

(2) 在国际经济活动中,生产、流通、消费三个环节之间存在着密切的联系,由于各国社会制度、自然环境、经营管理方法、生产习惯不同,一些因素变动较大,因而在国际上组织好货物从生产到消费的流动,是一项复杂的工作。国际物流的复杂性主要包括国际物流通信系统设置的复杂性、法规环境的差异性和商业现状的差异性等。

(3) 国际物流的风险性主要包括政治风险、经济风险和自然风险。政治风险主要是指由于所经过国家的政局动荡,如罢工、战争等原因造成货物可能受到损害或灭失;经济风险又可分为汇率风险和利率风险,主要是指从事国际物流必然要发生的资金流动,因而产生汇率风险和利率风险;自然风险是指在物流过程中,可能因自然因素,如海风、暴雨等,而引起的风险。

第二节 国际物流系统的构成

国际物流系统子系统

国际物流系统是一个复杂的系统,它由多个子系统构成,以输入—转换—输出结构呈现如图2-1所示:

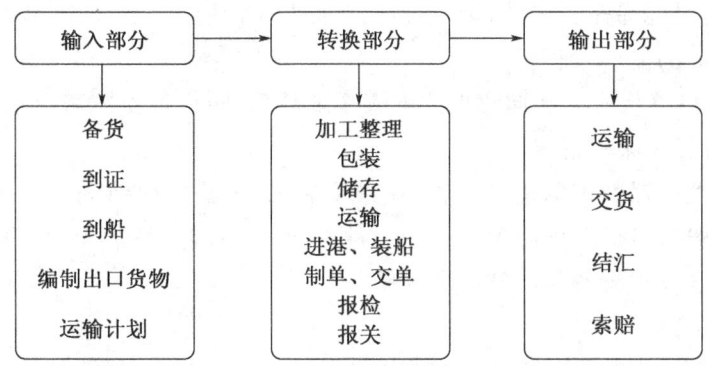

图 2-1 国际物流系统的构成图

在这个复杂的系统中,核心子系统包括如下:

(一)运输子系统

1. 运输方式

(1)海运:成本低,适合大宗货物的长距离运输,但速度较慢,受天气和海洋条件影响较大。海运广泛用于国际贸易中的大宗商品、集装箱货物等。

(2)空运:速度快,运输时间短,适合高价值、急需或易腐货物的运输,如电子产品、医药品、生鲜食品等,但成本较高。

(3)铁路运输:运输量大,成本低,适合大宗货物的中长途运输,但灵活性相对较差,需要固定的线路和站点。

(4)公路运输:灵活性强,能够实现门到门服务,但运输量有限,适合短途或中短途运输。

(5)多式联运:结合多种运输方式,实现货物的无缝衔接和高效运输,能够充分利用各种运输方式的优势,降低综合成本。

2. 运输管理

为了提高运输效率和准确性,需要进行运输管理,譬如从全局角度考虑运输路线的规划和优化,实时监测运输车辆的位置和运输时效,合理安排车辆、货物和交通工具。

3. 运输风险

由于路线长、环节多、涉及面广、手续繁杂,运输过程中存在较大的风险性,如货物损坏、丢失、延误等,需要通过投保等方式进行风险控制。

(二)仓储子系统

1. 仓储功能

(1)储存:为商品提供临时存放的空间,使其在流通过程中处于一种相对停滞的状态，这种停滞是必要的，因为商品流通是一个由分散到集中、再由集中到分散的源源不断的流通过程。

(2) 保管：确保商品在储存期间的安全和品质，防止货物损坏、变质、丢失等。

2. 保税区和保税仓库

保税制度是对特定的进口货物，在进境后，尚未确定内销或复出的最终去向前，暂缓缴纳进口税，并由海关监管的一种制度。在国际物流中，主要在各国的保税区和保税仓库进行商品的储存和保管。

3. 库存控制

通过科学的库存控制策略，如 JIT(准时制生产)、EOQ(经济订货量)等，降低库存成本，提高资金周转率。

4. 自动化技术

先进的仓储管理系统(WMS)和自动化分拣系统能够提高仓储效率和准确性。

(三) 商品检验子系统

1. 检验内容

确定交货品质、数量和包装条件是否符合合同规定，如对货物的规格、型号、质量、数量、包装等进行检验。

2. 检验方式

(1) 抽样检验：从大批量货物中抽取一定数量的样品进行检验，以代表整批货物的质量。

(2) 全数检验：对所有货物逐一进行检验，适用于批量较小或质量要求较高的货物。

3. 检验结果处理

如发现问题，可分清责任，向有关方面索赔，保障交易双方的权益。

(四) 国际物流信息子系统

1. 信息采集

收集进出口单证的作业过程、支付方式信息、客户资料信息、市场行情信息和供求信息等。

2. 信息处理

对采集到的信息进行分类、整理、分析和存储，以便于后续的查询和使用。

3. 信息传递

通过网络、通信等技术手段，将信息及时、准确地传递给相关的各方，如运输公司、仓储企业、客户等。

4. 信息系统

建立功能完善的信息系统，为国际贸易和跨国经营提供信息支持，提高物流系统的整体运作效率。

（五）配送子系统

1. 配送流程

包括货物的分拣、包装、运输和交付等环节。分拣是将货物按照客户的需求进行分类和整理；包装是将货物进行适当的包装，以保护货物和方便运输；运输是将货物从配送中心运送到客户手中；交付是将货物交给客户，并办理相关的交接手续。

2. 配送策略

根据客户需求、货物特点和配送距离等因素，制定合理的配送策略，如集中配送、分散配送、直接配送等。

3. 配送效率

通过优化配送路线、提高运输工具的利用率、加强配送人员的培训等措施，提高配送效率，降低配送成本。

（六）装搬系统

1. 装卸作业

包括货物的装卸和搬运作业，是国际货物运输和仓储子系统的桥梁和纽带。装卸作业的效率直接影响到运输和仓储的效率。

2. 装卸设备

使用各种装卸设备，如叉车、起重机、传送带等，提高装卸作业的效率和安全性。

3. 搬运方法

根据货物的重量、体积、形状等特点，选择合适的搬运方法，如人工搬运、机械搬运、自动化搬运等。

（七）流通加工系统

1. 加工内容

对货物进行必要的加工，以满足客户的特殊需求，如重新包装、标签粘贴、产品组装、分装、混合等。

2. 加工目的

提高货物的附加值，方便货物的运输和销售，满足客户的个性化需求。

3. 加工方式

根据货物的特点和客户需求,选择合适的加工方式,如手工加工、机械加工、自动化加工等。这些子系统应该有机地联系起来,统筹考虑,全面规划,以建立适应国际竞争要求的国际物流系统。

第三节 国际物流系统网络和节点

一、国际物流系统网络

国际物流系统网络是指由多个收发货的节点和它们之间的连线所构成的物流抽象网络以及与之相伴随的信息流网络的有机整体。

国际物流系统网络是一个复杂的结构,它涉及全球范围内的货物运输、存储和交付,如图2-2所示。这个网络通过B2B、B2C或C2C供应链网络,促进了相关各方之间的贸易和创业活动。物流公司通过陆路、空运和海运提供货物运输服务,同时适应经济模式的变化和数字化进程。

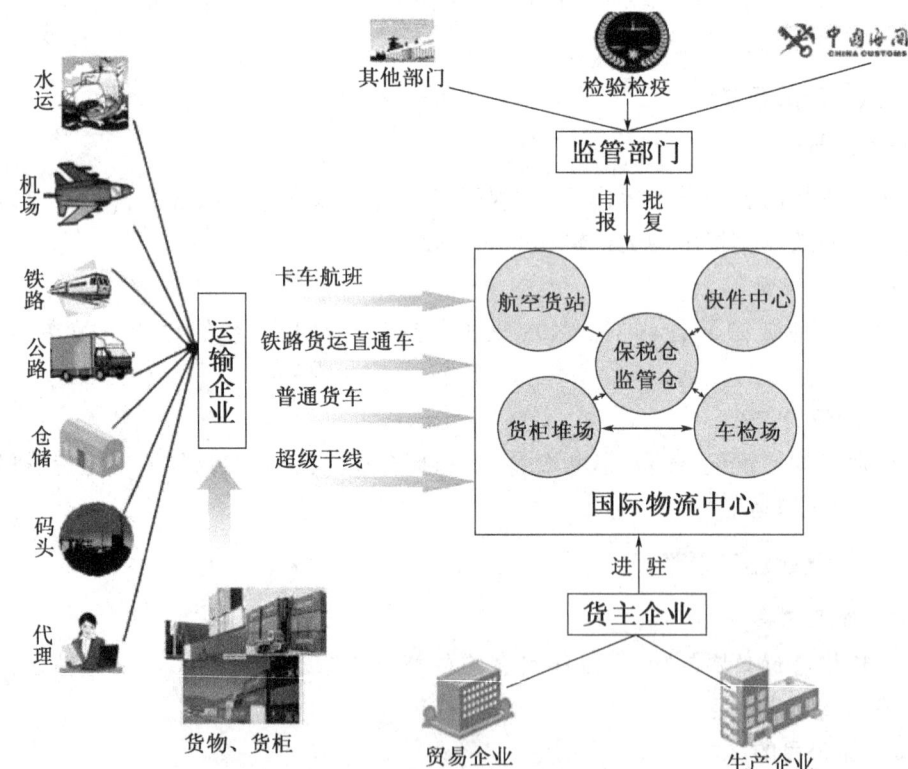

图2-2 国际物流系统网络图

二、国际物流系统节点

国际物流系统节点主要发挥着收发货的功能,主要指进、出口国内外的各层仓库,如制造厂仓库、中间商仓库、口岸仓库、国内外中转点仓库以及流通加工配送中心和保税区仓库。国际贸易商品就是通过这些仓库的收入和发出,并在中间存放保管,实现国际物流系统的时间效益,克服生产时间和消费时间上的分离,促进国际贸易系统的顺利运行。连线是指连接上述国内外众多收发货节点间的运输,如各种海运航线、铁路线、飞机航线以及海、陆、空联合运航线。这些网络连线是库存货物的移动(运输)轨迹的物化形式;每一对节点有许多连线以表示不同的运输路线、不同产品的各种运输服务;各节点表示存货流动暂时停滞,其目的是更有效地移动(收或发)。信息流动网的连线通常包括国内外的邮件,或某些电子媒介(如电话、电传、电报以及目前的 EDI 电子数据交换等),其信息网络的节点则是各种物流信息汇集及处理之点,如员工处理国际订货单据、编制大量出口单证或准备提单或电脑对最新库存量的记录;物流网与信息网并非独立,它们之间是密切相关的。国际物流系统网络研究的中心问题是确定进出口货源点(或货源基地)和消费者的位置、各层级仓库及中间商批发点(零售点)的位置、规模和数量。从而决定了国际物流系统的合理布局和合理化问题。在合理布局国际物流系统网络的前提下,国际商品由卖方向买方实体流动的方向、规模、数量就确定下来了。即国际贸易的贸易量、贸易过程(流程)的重大战略问题,进出口货物的卖出和买进的流程、流向,物流费用国际贸易经营效益等,都一一确定出来了。完善和优化国际物流网络,有利于扩大我国国际贸易,提高我国跨国公司的竞争能力和成本优势。[①]

第四节　国际物流通道

一、国际物流通道定义

国际物流通道是指连接不同国家和地区,实现货物在国际间流动的运输网络。它不仅包括货物的物理运输,还涉及信息流、资金流等。国际物流通道的建设和发展对于促进国际贸易、优化资源配置、提高经济效率具有重要意义。例如,通过国际物流通道,可以实现商品的快速流通,降低运输成本,提高供应链的

---

① 张铎,王耀球.国际物流和国际物流系统网络[J].中国物流与采购,1999(10):26.

效率。

二、国际物流通道的构成

国际物流通道通常由多个收发货的"节点"和它们之间的"连线"所构成。节点可以是制造厂仓库、中间商仓库、货运代理人仓库、口岸仓库等。这些节点在物流通道中起到关键的集散和中转作用,如保税区和保税仓库,它们允许货物在不立即缴纳关税的情况下进行存储和处理。连线则是连接这些节点的运输线路,如海运航线、铁路线、飞机航线等。例如,中欧班列就是一个典型的国际物流通道,它通过铁路将中国与欧洲的多个城市连接起来,形成了一个高效的陆路运输网络。

三、国际物流通道的功能

国际物流通道的主要功能包括集货运输、干线运输、配送运输等。这些运输活动由节点组织和联系,确保货物从供应地向接收地的实体流动。

(一)集货运输

各个节点负责将分散的货物集中起来,以便进行干线运输。例如,制造厂仓库将生产出的商品集中存储,等待运输到下一个节点。

(二)干线运输

干线运输是国际物流通道的核心功能,负责将货物从一个主要节点运输到另一个主要节点。干线运输通常采用大型运输工具,如远洋货轮、铁路列车等,以实现大批量、长距离的货物运输。

(三)配送运输

配送运输负责将货物从干线运输的终点运输到最终客户手中。配送运输通常要求较高的灵活性和时效性,以满足客户的需求。

(四)信息传递

国际物流通道还具有信息传递的功能,通过信息流的整合,实现货物运输信息的实时追踪和优化调度。

(五)资金流动

资金流动在国际物流通道中也起到重要作用,它涉及物交易的支付、结算等环节,确保贸易的顺利进行。

此外,国际物流通道还具有促进区域经济发展、增强国家物流体系竞争力、支持国际贸易和供应链管理等重要作用。通过优化国际物流通道的建设和管理,可以提高物流效率,降低物流成本,推动全球经济的进一步发展。

四、国际物流通道的重要性

建立完善的国际物流系统网络对于降低物流费用、提高客户服务水平、扩大国际物流量、提高企业的物流竞争能力和成本优势至关重要。

国际物流通道的重要性体现在多个方面,它们对于全球经济、国际贸易以及各国之间的互联互通都有着深远的影响。

(一)促进国际贸易

国际物流通道是国际贸易的桥梁,它们使得不同国家和地区之间能够交换商品和服务,从而促进了全球经济的增长和发展。

(二)提高效率

通过优化物流通道,可以减少货物在运输过程中的时间和成本,提高整体供应链的效率。这对于保持竞争力和满足客户需求至关重要。

(三)支持全球供应链

国际物流通道支持全球供应链的运作,确保原材料、半成品和成品能够及时、安全地从生产地运输到消费地。

(四)增强经济互联性

物流通道加强了不同经济体之间的联系,促进了资源的全球优化配置,有助于各国经济的互补和共同发展。

(五)创造就业机会

物流行业本身就是一个重要的就业领域,而国际物流通道的发展会进一步创造更多的就业机会,包括运输、仓储、物流管理等多个环节。

(六)促进区域经济发展

国际物流通道的建设和改善可以带动沿线地区的经济发展,提高当地产业的竞争力,吸引外资和促进旅游业。

(七)提高应急响应能力

在面对自然灾害、公共卫生事件等紧急情况时,国际物流通道的畅通对于快速响应和救援物资的运输至关重要。

(八) 支持创新和技术发展

随着物流技术的进步,如自动化、物联网、区块链等,国际物流通道的效率和安全性得到了提升,这也推动了相关技术和创新的发展。

(九) 增强国家战略地位

对于一些国家而言,控制重要的国际物流通道可以增强其在全球经济和政治中的战略地位。

(十) 促进文化交流

物流通道不仅是商品交换的途径,也是文化交流的渠道。它们促进了不同文化之间的理解和尊重,有助于构建一个更加和谐的世界。

(十一) 环境可持续性

随着对环境保护意识的提高,国际物流通道的建设和运营越来越注重环境影响,推动了绿色物流和可持续发展的实践。

(十二) 增强经济韧性

在全球化的背景下,国际物流通道的多样性和灵活性有助于经济体在面对冲击时保持韧性,减少对单一通道的依赖。

总之,国际物流通道是全球经济体系中不可或缺的一部分,它们对于促进经济增长、提高生活质量、加强国际合作等方面都发挥着关键作用。

2-2 云思政

五、国际物流通道的发展趋势

随着全球化和信息技术的发展,国际物流通道正朝着更加集成化、网络化、标准化和便利化的方向发展。例如,中欧班列等国际铁路运输组织水平的提高,以及国际航空物流和国际航运服务能力的提升,都是国际物流通道发展的重要趋势。

（一）技术驱动趋势

1. 数字化转型

数字化将彻底改变国际物流的面貌，物流行业将通过数字平台实现全链条的智能管理，自动化技术将广泛应用于仓储、运输、配送等各个环节。例如，数字孪生技术将被广泛应用于物流流程的优化中，能够实时模拟和预测物流链条中的各类情况，并作出调整；物联网与大数据技术的应用，使物流公司可以在全球范围内实时监控货物，提升运输的精确度与透明度。

2. 智能化升级

随着人工智能、机器学习等技术的发展，国际物流通道将更加智能化。智能算法可以优化物流路径，提高运输效率，降低物流成本。例如，利用人工智能技术对物流数据进行分析和预测，可以提前发现潜在的物流瓶颈和问题，从而及时调整物流计划。

3. 自动化设备应用

自动化港口、无人船、无人机等自动化设备将在国际物流通道中得到广泛应用。自动化港口可以提高货物装卸效率，降低人工成本；无人船可以在恶劣天气条件下进行货物运输，提高运输的安全性和可靠性；无人机则可以用于快速配送小件货物，特别是在偏远地区。

（二）多元化发展

1. 运输方式多样化

国际物流通道将更加注重多式联运的发展，实现海运、空运、铁路运输、公路运输等多种运输方式的无缝衔接。例如，中欧班列与海运、空运等其他运输方式相结合，形成了多条中欧陆海联运通道。这种多式联运模式可以充分发挥各种运输方式的优势，提高物流效率，降低运输成本。

2. 通道布局多元化

除了传统的陆上、海上和空中物流通道外，新的物流通道也在不断涌现。例如，北极航道的开发为连接大西洋和太平洋提供了新的海上运输通道；同时，随着跨境电商的快速发展，航空物流通道的重要性也在不断提升。

（三）绿色化转型

1. 低碳运输

国际物流通道将更加注重低碳运输，减少碳排放。例如，推动新能源汽车在物流运输中的应用，开展新能源汽车集装箱运输。此外，优化运输路线和提高运输效率也是降低碳排放的重要途径。

2. 绿色包装

在物流过程中,将推广使用环保材料制成的包装,减少包装废弃物的产生。例如,推动物流包装绿色化、减量化、可循环。

3. 绿色基础设施建设

对物流枢纽场站、仓储设施等进行绿色化升级改造,使用节能设备和清洁能源。例如,建立船用清洁燃料供应保障体系。

(四) 全球化与区域合作

1. 全球化布局

随着全球化进程的不断深入,国际物流通道将更加注重全球布局。物流企业将加强与全球各地的合作伙伴的合作,建立全球性的物流网络。例如,通过在海外设立分支机构、建立海外仓等方式,实现物流服务的全球化覆盖。

2. 区域合作加强

区域经济一体化的推进将促进国际物流通道的区域合作。例如,"一带一路"倡议的实施加强了沿线国家之间的物流合作。通过加强区域合作,可以实现物流资源的共享和优化配置,提高区域物流的整体效率。

(五) 市场需求驱动

1. 定制化服务

随着客户需求的多样化,国际物流通道将更加注重提供定制化的物流服务。例如,根据客户的特殊需求,提供个性化的运输方案、仓储方案和配送方案。这种定制化服务可以更好地满足客户的个性化需求,提高客户满意度。

2. 快速响应能力

在市场竞争日益激烈的背景下,国际物流通道需要具备快速响应的能力。例如,跨境电商的快速发展对物流的时效性提出了更高的要求。物流企业需要通过优化物流流程、提高运输效率等方式,实现快速响应。

综上所述,国际物流通道是国际贸易和全球供应链的重要组成部分,其发展和优化对于促进全球经济的互联互通和可持续发展具有重要作用。

2-3 云习题

2-4 云习题

第三章 全球供应链管理

➡ 学习目标

1. 理解供应链管理的核心概念。
2. 熟悉供应链管理的流程。
3. 了解供应链的类型与结构。
4. 掌握供应链管理的关键要素。
5. 了解供应链技术创新。

➡ 导入案例

3-1 云阅读

第一节 供应链管理基础知识

供应链管理(Supply Chain Management，SCM)是现代企业运营中的一项核心职能，它涉及从原材料获取、生产制造、产品配送到最终用户手中的整个流程。以下是供应链管理的一些基础知识点：

一、供应链的定义

供应链是生产和交付最终产品或服务过程中，涉及的所有环节和活动的集合，包括供应商、制造商、分销商、零售商和消费者。

二、供应链管理的目标

供应链管理(SCM)的目标是协调和整合供应链中的所有活动，以提高效率、降低成本、增强客户满意度，并最终提高企业的竞争力。以下是供应链管理的一些主要目标：

(一)成本最小化

通过优化采购、生产、库存管理、运输和物流等环节,降低整个供应链的运营成本,进而达到成本最小化。

(二)提高效率

简化流程,减少不必要的步骤和浪费,以提高供应链的运作效率。

(三)库存优化

通过准确的需求预测和库存管理来进行库存优化,减少库存积压和缺货情况,实现库存成本的最小化。

(四)提高客户满意度

确保产品或服务能够快速、可靠地交付给客户,提高客户服务水平,进而提高客户满意度。

(五)增强供应链的灵活性和响应性

增强供应链的灵活性和响应性,使供应链能够快速适应市场变化,如需求波动、供应中断等。

(六)提高供应链的透明度

提高供应链的透明度,通常是通过实时数据共享和信息流通,提高供应链各环节的可见性,以便更好地监控和控制。

(七)风险管理

风险管理,通常是通过识别、评估和管理供应链中的潜在风险来减少不确定性和潜在损失。

(八)可持续发展

可持续发展,通常是通过实施环保和社会责任措施,确保供应链的长期可持续性。

(九)创新和改进

不断寻求创新的方法和技术,以提高供应链的性能和竞争力。

(十)合作与协同

促进供应链各参与方之间的合作,通过共享信息和资源,实现协同效应。

（十一）全球供应链管理

对于跨国公司，管理全球供应链，确保不同地区的供应链协调一致，以适应不同市场的特定需求和法规。

（十二）敏捷供应链

敏捷供应链，通常是通过建立一个能够快速适应市场变化和客户需求的供应链来保持竞争力。

（十三）供应链整合

整合供应链中的不同环节和流程，以实现更高效的运作。

（十四）供应链弹性

确保供应链在面对突发事件（如自然灾害、政治动荡、经济危机等）时能够快速恢复。

（十五）供应链的可扩展性

确保供应链能够随着业务增长而扩展，以支持企业的长期发展。

供应链管理是一个复杂的过程，需要跨部门和跨组织的协调。通过实现这些目标，企业可以提高其供应链的竞争力，从而在激烈的市场竞争中获得优势。

三、供应链流程

供应链流程是指在供应链中从原材料采购到最终产品交付给客户的一系列步骤。这些流程通常包括以下几个关键环节：

（一）需求规划

(1) 预测市场需求。
(2) 确定产品需求计划。

（二）供应商管理

(1) 选择和管理供应商。
(2) 谈判合同和价格。
(3) 确保供应商的质量和交付能力。

（三）采购

(1) 下订单给供应商。
(2) 管理订单和供应商的交付时间表。

（四）物料管理

(1) 跟踪物料的接收和存储。

(2) 管理库存水平。

（五）生产计划

(1) 根据需求计划安排生产。

(2) 管理生产进度和产能。

（六）制造

(1) 将原材料转化为成品。

(2) 质量控制和产品检验。

（七）库存管理

(1) 存储成品以备销售。

(2) 监控库存水平，以避免过剩或缺货。

（八）订单处理

(1) 接收客户订单。

(2) 处理订单的录入和确认。

（九）物流和配送

(1) 将产品从仓库运输到客户。

(2) 管理运输方式和路线。

（十）客户服务

(1) 提供售后服务。

(2) 处理退货和换货。

（十一）逆向物流

(1) 处理退货、回收。

(2) 实施退货政策和流程。

（十二）供应链协同

(1) 与供应链中的其他企业合作，共享信息和资源。

(2) 协同规划、预测和补货。

（十三）供应链风险管理

（1）识别潜在的供应链风险。

（2）制定应对策略以减轻风险。

（十四）供应链绩效评估

（1）定期评估供应链的效率和效果。

（2）根据反馈进行改进。

（十五）信息技术管理

使用 ERP（企业资源规划）、WMS（仓库管理系统）、TMS（运输管理系统）等信息技术工具来支持供应链流程。

（十六）供应链网络设计

（1）确定生产和仓储设施的最佳位置。

（2）优化供应链网络结构。

（十七）产品生命周期管理

管理产品从引入市场到退市的整个生命周期。

（十八）供应链可持续性

（1）确保供应链活动对环境的影响最小化。

（2）实施社会责任和环境责任。

这些流程相互关联，并且需要跨部门和跨组织的协调。有效的供应链管理能够确保这些流程的顺畅运作，以提高整体供应链的效率和响应能力。

四、供应链战略

供应链战略是企业战略规划的重要组成部分，它从企业战略的高度对供应链进行全局性规划。供应链战略的核心目的是通过优化供应链的各个环节，包括原材料的获取和运输、产品的制造或服务的提供、产品的配送以及售后服务等，来实现为企业获取竞争优势的目的。以下是供应链战略的几个关键点：

（一）全局性规划

供应链战略突破了一般战略规划仅仅关注企业本身的局限，通过在整个供应链上进行规划，以实现整个供应链价值最大化。

（二）有效性与反应性供应链

根据产品的需求模式，供应链战略可以划分为有效性供应链战略和反应性供应链战略。有效性供应链战略适用于需求稳定且可预测的功能性产品，而反应性供应链战略适用于需求不可预测且生命周期短的创新性产品。

（三）战略匹配

供应链战略需要与企业的基本竞争战略相匹配。例如，有效性供应链战略与低成本竞争战略相匹配，反应性供应链战略与差异化或目标集聚的竞争战略相匹配。

（四）战略合作关系

建立战略性合作伙伴关系是供应链战略管理的重点，也是供应链管理的核心。供应链管理的关键在于供应链各节点企业之间的联接和合作，以及相互之间在设计、生产、竞争策略等方面良好的协调。

（五）信息技术的支持

供应链战略的实施往往需要强大的信息技术支持，包括 ERP（企业资源规划）、WMS（仓库管理系统）、TMS（运输管理系统）等，以实现信息流、物流、资金流的集成和协同。

（六）风险管理

供应链战略还包括对潜在风险的识别、评估和管理，以减少不确定性和潜在损失。

（七）供应链的可持续性

供应链战略也需要考虑环境和社会责任，实现供应链的长期可持续性。

（八）供应链创新与应用

供应链战略鼓励创新，通过整合资源和流程优化，促进产业跨界和协同发展，提高产品和服务质量。

（九）全球供应链布局

供应链战略还涉及全球供应链的布局，通过优化全球供应链，提高企业的全球竞争力。

（十）提高供应链安全发展水平

加强供应链风险监测与预警分析，提高风险识别能力，确保国际循环安全可靠。

供应链战略的制定和实施是一个复杂的过程,需要考虑企业的内外部环境、企业文化、品牌价值、管理团队等因素以及与供应商、客户之间的关系。通过有效的供应链战略,企业可以提高其供应链的竞争力,从而在激烈的市场竞争中获得优势。

第二节　供应链的类型与结构

供应链的类型与结构可以根据不同的标准进行分类。常见的分类方式包括按供应链的复杂性分类、按供应链的控制力度分类、按供应链的稳定性分类、按供应链的所有权结构分类、按供应链的地理范围分类、按供应链的产品类型分类。

一、按供应链的复杂性分类

（一）直接型供应链

直接型供应链结构简单,通常涉及单个供应商直接向单一或少数客户供货。

（二）扩展型供应链

扩展型供应链涉及多个供应商和多个客户,供应链的复杂性增加。

（三）网络型供应链

网络型供应链中的每个节点都可能与其他多个节点相连,形成一个复杂的网络。

二、按供应链的控制力度分类

（一）紧密型供应链

紧密型供应链中的各环节紧密合作,共享信息,协调行动,以提高整体效率和响应速度。

（二）松散型供应链

松散型供应链中的各环节相对独立,合作程度较低,信息共享和协调行动较少。

三、按供应链的稳定性分类

（一）稳定型供应链

稳定型供应链中的需求量和供应量相对稳定，变化不大。

（二）动态型供应链

动态型供应链中的需求量和供应量变化频繁，需要灵活应对。

四、按供应链的所有权结构分类

（一）垂直一体化供应链

垂直一体化供应链中的多个环节由同一家企业拥有和控制，如从原材料采购到最终产品销售的全过程。

（二）水平一体化供应链

水平一体化供应链中的企业通过合作共享资源和能力，但各自保持独立。

（三）混合型供应链

混合型结合了垂直一体化和水平一体化的特点，既有内部控制的环节，也有外部合作的环节。

五、按供应链的地理范围分类

（一）本地供应链

本地供应链中的所有环节都位于同一地区或国家。

（二）区域供应链

区域供应链跨越几个地区或国家，但仍然在相对较近的地理范围内。

（三）全球供应链

全球供应链跨越多个国家和地区，涉及全球范围内的原材料采购、生产、分销和销售。

六、按供应链的产品类型分类

（一）功能性产品供应链

功能性产品供应链适用于需求稳定、生命周期长、标准化程度高的产品。

（二）创新性产品供应链

创新性产品供应链适用于需求不稳定、生命周期短、创新性强的产品。

（三）混合型产品供应链

合型产品供应链结合了功能性产品和创新性产品的特点。

供应链的结构设计需要根据产品特性、市场需求、企业战略等多种因素综合考虑，以实现成本效益最大化和客户满意度提升。

第三节　供应链管理的关键要素与供应链技术创新

一、供应链管理的关键要素

供应链管理（SCM）的关键要素涵盖了从原材料采购到最终产品交付给客户的整个流程中的所有重要组成部分。以下是供应链管理的一些关键要素：

（一）供应链战略规划

(1) 确定供应链的长期目标和方向。

(2) 与企业的整体战略相协调。

（二）需求规划

(1) 预测市场需求。

(2) 制订需求计划以指导生产和采购。

（三）供应商管理

(1) 选择和管理供应商。

(2) 建立长期合作关系以确保物料供应的稳定性和质量。

（四）采购管理

(1) 管理采购订单和合同。

(2) 优化采购流程以降低成本和提高效率。

（五）生产计划与控制

(1) 安排生产活动以满足需求计划。

(2) 监控生产进度并进行调整以应对变化。

（六）库存管理

(1) 控制库存水平以减少成本和避免缺货或过剩。

(2) 实施有效的库存策略，如 JIT（及时制）或 EOQ（经济订货量）。

（七）物料需求计划（MRP）

(1) 确保生产所需的物料及时可用。

(2) 协调生产计划与物料供应。

（八）企业资源规划（ERP）

(1) 集成企业内部的所有业务流程。

(2) 提供实时数据以支持决策。

（九）运输管理

(1) 选择最佳的运输方式和路线。

(2) 管理运输成本和时间。

（十）仓库管理

(1) 管理仓库的布局、存储和拣选操作。

(2) 实施自动化和优化技术以提高效率。

（十一）订单处理

(1) 处理客户订单的接收、确认和履行。

(2) 提供客户服务以确保订单准确性和及时交付。

（十二）客户关系管理（CRM）

(1) 管理与客户的关系以提高满意度和忠诚度。

(2) 收集客户反馈以改进产品和服务。

（十三）逆向物流

(1) 管理退货、维修和回收过程。

(2) 实施有效的退货政策和流程。

（十四）供应链风险管理

(1) 识别和评估供应链中的潜在风险。

(2) 制定应对策略以减轻风险。

（十五）供应链绩效评估

(1) 定期评估供应链的效率和效果。

(2) 使用关键绩效指标（KPI）来衡量和改进供应链性能。

（十六）信息技术（IT）

(1) 使用先进的 IT 系统来支持供应链管理。

(2) 实施供应链管理软件，如 SCM（供应链管理）系统、WMS（仓库管理系统）和 TMS（运输管理系统）。

（十七）供应链协同

(1) 与供应链中的其他企业合作，共享信息和资源。

(2) 实施协同规划、预测和补货（CPFR）。

（十八）供应链网络设计

(1) 确定生产和仓储设施的最佳位置。

(2) 优化供应链网络结构以提高效率。

（十九）可持续性

(1) 确保供应链活动对环境的影响最小化。

(2) 实施社会责任制和环境责任制。

（二十）创新与技术

(1) 采用新技术和创新方法来提高供应链的效率和响应性。

(2) 持续改进和适应市场变化。

这些要素共同构成了供应链管理的核心。通过有效管理这些要素，企业可以提高供应链的竞争力，降低成本，提高客户满意度，最终实现更好的财务表现。

二、供应链技术创新

供应链技术创新在国际物流领域发挥着至关重要的作用，它不仅能够提高物流效率，降低成本，还能增强供应链的透明度和响应能力。以下是国际物流领域供应链技术创新的几个关键方面：

（一）智能化技术应用

人工智能（AI）、数字孪生等智能技术在供应链物流行业中加速落地，推动新一轮降本增效探索与模式创新。

（二）平台模式深化

供应链的复杂性和变动性突显了协同平台的价值，支持端到端可视化，促进供应链数字化转型。

（三）无人技术应用

国内仓储自动化不断创新，无人驾驶技术在政策试点支持下逐步落地，提升物流自动化水平。

（四）产业链供应链韧性

强化科技创新是提升产业链供应链韧性的关键途径，包括加强基础研究和推动应用研究。

（五）数字化转型

企业通过数字化技术实现快速发展，促进产业价值转移，重塑全球商业模式。

（六）供应链可视化和智能化

推动感知技术在供应链关键节点的应用，实现供应链可视化，提高敏捷制造能力。

（七）供应链金融创新

供应链金融服务实体经济，拓宽中小微企业的融资渠道，确保资金流向实体经济。

（八）绿色供应链

倡导绿色制造和流通，建立逆向物流体系，推动形成绿色制造供应链体系。

（九）全球供应链构建

融入全球供应链网络，提高全球供应链安全水平，参与全球供应链规则制定。

（十）ERP技术趋势

ERP系统的未来趋势包括云的兴起、移动ERP的多设备体验、集成人工智能和物联网以及更强大的ERP分析功能。

（十一）跨境物流新蓝海

企业应准备"出海"，构建72小时必达的全球智慧物流网络，数字化运营助力"国际本土化"。

这些创新技术的应用和发展，不仅提高了国际物流的效率和透明度，还增强了企业的市场竞争力和应对复杂挑战的能力。随着技术的不断进步，供应链技术创新将继续引领国际物流行业的未来发展。

3-2 云习题　　　3-3 云习题

第二部分

运作篇

游泳篇

第四章　世赛任务模块一

◐ 学习目标

1. 理解港口的基本概念。
2. 掌握港口的分类方法。
3. 应用港口知识。
4. 理解贸易术语的背景与概念。
5. 熟悉《国际贸易术语解释通则》(Incoterms)。
6. 理解海运航线的概念与特点。
7. 掌握海运航线的分类方法。
8. 理解海关的定义与职能。

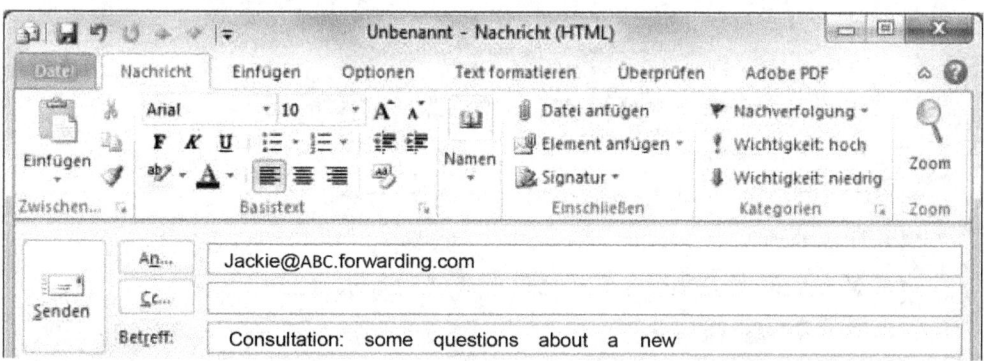

Dear Jackie,

　　We have a new shipment from Nanjing to Ohio, US by sea. Since it is our first shipment to Ohio, I don't know which unloading port to choose. Can you recommend me three basic ports on the east coast of the United States close to Ohio? The goods are Children's toy scooter, HS code is 9503001000, based by DAP. By the way, what is DAP? If the trade term is DAP, which of the following expenses shall be covered by us?

　　——the inland freight to the port of loading

　　——export customs clearance fee

　　——charges at port of loading

—ocean freight to Ohio

—charges at port of discharge

—import customs clearance fee

—import taxes

—delivery fee to designated location

Looking forward to your reply soon! Thank you for your help. Best regards,

Helen

Nanjing Shuguang Toys Co., Ltd.

No. 67, Xiongzhou West Road, Liuhe District, Nanjing, Jiangsu, China

Tel：+86-025-66784453

E-mail：Helen@shuguang.com

任务模块一解读：

这是一封来自买方货主的咨询邮件，一般国际贸易买卖双方不会自行操办国际物流实务，而是委托货代操办。邮件中的关键信息和诉求如下：

(1) 新货物运输需求：

货物将从南京运往美国俄亥俄州，这是首次向俄亥俄州发货。

(2) 港口选择咨询：

请求推荐三个靠近俄亥俄州的美国东海岸的基本港口。

(3) 贸易术语咨询：

询问 DAP(Delivered At Place,目的地交货)的含义。

(4) 费用咨询：

如果贸易术语是 DAP，需要明确以下费用由谁承担：

①到装货港的内陆运费

②出口清关费

③装货港费用

④海运至俄亥俄的费用

⑤卸货港费用

⑥进口清关费

⑦进口税

⑧到指定地点的交货费

(5) 联系方式：

①发件人：Helen

②公司：南京曙光玩具有限公司

③地址：中国江苏省南京市六合区雄州西路67号
④电话：+86-025-66784453
⑤邮箱：Helen@shuguang.com

邮件表达了对推荐港口和贸易条款解释的迫切需求，并希望尽快得到回复。

从专业角度来说，该场景中客户咨询了两个问题：①到美国的这批货应选择哪个基本港卸货？②有关DAP贸易术语的问题，直接涉及两个知识点：a. 海运港口选择问题；b. 贸易术语。

在实践中，选择海运到世界不同港口的前提是先确定航线，然后再确定航运公司。另外，该客户列出了8种费用，咨询哪些是买方付，哪些是卖方付。这些费用其实主要由贸易术语决定，大部分涉及与海关相关的费用，客户提供的HS编码是海关编码，故本章涉及另外两个知识点：①航线；②海关。

4-1 云视频

第一节 港 口

一、港口的概念

港口是位于海、江、河、湖、水库沿岸，具有水陆联运设备以及条件以供船舶安全进出和停泊的运输枢纽。港口是水陆交通的集结点和枢纽处，是工农业产品和外贸进出口物资的集散地，也是船舶停泊、装卸货物、上下旅客、补充给养的场所。

二、港口分类

（一）一般分类

1. 基本港（Base Port）

基本港是指在班轮运价表中载明定期或经常靠泊的港口。大多数为位于中心的较大口岸，港口设备条件比较好，货载多而稳定。被定为基本港口就不再限制货量。运往基本港的货物一般均为直达运输，无需中途转船。但有时也因货量太少，船方决定中途转运，由船方自行安排，承担转船费用。按基本港运费率向货方收取运费，不得加收转船附加费或直航附加费，并应签发直达提单。

不同的运输公司可能会有不同的基本港(也称为母港或主港)。基本港的选择通常取决于以下几个因素：

(1) 公司总部或主要运营基地：运输公司的总部或主要运营基地所在位置会影响其基本港的选择。

(2) 航线网络：运输公司根据其航线网络和服务覆盖范围选择基本港，以确保运输效率和连接性。

(3) 货物流量：如果某个港口是公司货物进出口的主要集散地，那么该港口可能会成为其基本港。

(4) 运输成本：运输公司可能会选择成本效益较高的港口作为基本港，以降低运营成本。

(5) 合作伙伴和代理网络：运输公司可能根据其合作伙伴和代理的网络布局来选择基本港。

(6) 港口设施和服务：港口的设施、服务水平、作业效率以及是否能满足特定货物类型的需求也是选择基本港的考虑因素。

(7) 客户偏好：客户的需求和偏好也会影响运输公司选择哪些港口作为基本港。

(8) 市场竞争和策略：运输公司可能会根据市场竞争状况和自身发展策略来调整其基本港的布局。

因此，即使是相同的地理位置，不同的运输公司可能会根据自身的业务需求和战略规划选择不同的基本港。在选择运输公司时，了解其基本港的布局对于确保货物运输的效率和成本效益是非常重要的。

基本港的确切列表可能会根据不同的标准和航运公司的定义而有所不同。也就是说不同公司设定的基本港有所区别，通常世界比较著名的港口都被各大国际运输公司选作为本港，以下是比较著名的基本港。

①新加坡港(Singapore)：东南亚地区的重要航运中心，世界最繁忙的港口之一。

②上海港(Shanghai)：中国最大的港口，也是世界上最大的集装箱港口之一。

③香港(Hong Kong)：历史上一直是重要的国际贸易港口，拥有先进的物流设施。

④鹿特丹港(Rotterdam)：荷兰的港口，欧洲最大的港口之一，以其高效的货物处理能力而闻名。

⑤安特卫普港(Antwerp)：比利时的港口，是欧洲的主要集装箱港口之一。

⑥纽约/新泽西港(New York/New Jersey)：美国东海岸的主要港口，拥有广

泛的航线网络。

⑦洛杉矶/长滩港(Los Angeles/Long Beach)：美国西海岸的两个相邻港口，共同组成了美国最大的集装箱港口综合体。

⑧汉堡港(Hamburg)：德国的港口，是欧洲最重要的港口之一，以其冷藏货物和汽车运输而知名。

⑨迪拜港(Dubai)：位于阿拉伯联合酋长国，是中东地区的重要航运和物流中心。

⑩巴拿马的科隆港(Colon，Panama)：位于巴拿马运河的大西洋端，是重要的转运港口。

这些港口由于其规模、设施、航线网络和地理位置，通常被视为国际航运和贸易的枢纽。

2．非基本港(Non-Base Port)

凡基本港以外的港口都称为非基本港。非基本港一般除按基本港收费外，还需另外加收转船附加费，达到一定货量时则改为加收直航附加费。例如新几内亚航线的侯尼阿腊港(Honiara)，便是所罗门群岛的基本港；而基埃塔港(Kieta)，则是非基本港。运往基埃塔港的货物运费率要在侯尼阿腊港货物运费率的基础上增加转船附加费 43.00 美元(USD)/FT。

（二）按用途分类

港口按用途分，有商港、军港、渔港、工业港、避风港等。

1．商港(Commercial Port)

定义：商港是用于商业目的的港口，主要处理货物和乘客的运输。

功能：提供货物装卸、存储、运输服务；有时也提供客运服务，如邮轮和渡轮。

特点：通常配备有集装箱码头、散货码头、滚装/滚卸码头等，以适应不同类型的货物。

例子：新加坡港、上海港、鹿特丹港等。

2．军港(Naval Port)

定义：军港是专门用于军事目的的港口，供海军舰艇停泊、补给和维护。

功能：支持海军舰队的运作，包括舰艇的基地、潜艇的泊位、武器和物资的存储。

特点：具有高度安全性和保密性，通常不对公众开放。

例子：美国诺福克海军基地、俄罗斯塞瓦斯托波尔港等。

3．渔港(Fishing Port)

定义：渔港是专为渔船和渔业活动服务的港口。

功能：提供渔船的停泊、渔货的装卸、加工和销售以及渔业资源的管理。

特点：通常配备有渔货市场、冷库、渔船维修设施等。

例子：挪威卑尔根渔港、日本东京筑地市场等。

4．工业港（Industrial Port）

定义：工业港是为工业生产和原材料运输服务的港口。

功能：支持重工业和制造业的原材料进口和成品出口，如矿石、石油、化学品等。

特点：通常与工业园区或工厂直接相连，配备有专用的装卸设施和管道。

例子：德国汉堡港的工业区、中国天津港的石化区等。

5．避风港（Sheltered Harbor/Refuge Harbor）

定义：避风港是为船只提供避难的港口，特别是在恶劣天气条件下。

功能：提供安全的锚地和避风设施，保护船只免受风暴、大风等自然条件的影响。

特点：通常位于天然或人工的避风区域，水深适中，易于船只进出。

例子：希腊圣托里尼岛的避风港、澳大利亚悉尼港的某些区域等。

每种港口类型都有其独特的设计和运营要求，以满足特定的使用需求和环境条件。港口的设计和管理需要考虑地理位置、水深、气候、货物类型、安全要求等多种因素。

（三）按港口功能分

港口历来在一国的经济发展中扮演着重要的角色。国际运输将全世界连成一片（见图4-1），而港口是运输中的重要环节。

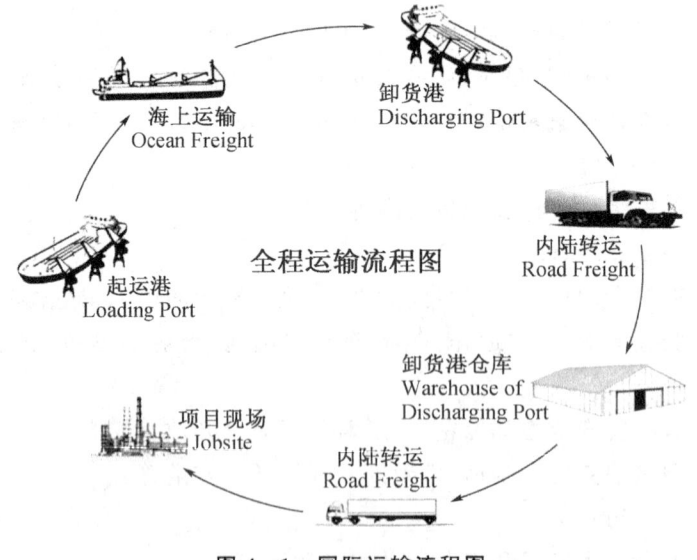

图4-1　国际运输流程图

参与国际运输的国家一般都具有自己的海岸线和功能较为完善的港口。港口的功能可归纳为以下四个方面：

1. 物流服务功能

港口首先应该为船舶、汽车、火车、飞机、货物、集装箱提供中转、装卸和仓储等综合物流服务，尤其是提供多式联运和流通加工的物流服务。

2. 信息服务功能

现代港口不但应该为用户提供市场决策的信息及其咨询，而且还要建成电子数据交换（EDI）系统的增值服务网络，为客户提供订单管理、供应链控制等物流服务。

3. 商业功能

港口的存在既是商品交流和内外贸存在的前提，又促进了它们的发展。现代港口应该为用户提供方便的运输、商贸和金融服务，如保险、融资、货代、船代、通关等。

4. 产业功能

建立现代物流需要具有整合生产力要素功能的平台，港口作为国内市场与国际市场的接轨点，已经实现从传统货流到人流、货流、商流、资金流、技术流、信息流的全面大流通，是货物、资金、技术、人才、信息的聚集点。

第二节　贸易术语

一、贸易术语产生的背景及原因

在没有电报的时代，欧洲商人为了做生意，要每天花好几个小时写信，给远方的合作伙伴、交易对象、代理人，比做买卖的时间还要长。为什么要花这长时间？因为通信太慢，频次也不可能太多，所以好不容易写封信，要尽可能写细点，传达正确的信息。有了电报网络之后，时间是减少不少，例如在19世纪末，英国和澳大利亚之间两个商人传递信息只需要1.8天，但收费特别高。从美国拍往欧洲的电报，收费有多高？一个单词十美金。那个时候十美金是一个普通工人一个星期的收入。如果拍一封电报，一般来说，少则需要十个词，而十个词一百美金，费用太高了。于是大家都想长话短说，但是远隔万里的货物交易有太多的环节和风险需要交代清楚了，怎么把细节问题简洁化呢？贸易术语就是基于这样的背景产生的。

在国际贸易中需要制定贸易术语的主要原因包括以下几点：

（一）规范交易

贸易术语为国际贸易活动提供了一套标准化的交易条件和规则，有助于明确双方的权利和义务，减少交易中的不确定性和风险。

（二）解决语言障碍

国际贸易涉及不同国家和地区之间的交易，涉及不同的语言和文化。通过制定贸易术语，可以消除因语言障碍而导致的误解和纠纷，确保双方对交易条件的理解一致。

（三）简化交易程序

贸易术语的使用可以简化交易程序，减少双方在交易过程中的沟通和协商，提高交易的效率和便利性。

（四）规避风险

贸易术语明确了货物的交付、运输、保险和责任转移等方面的规定，有助于双方在交易中规避潜在的风险，确保交易顺利进行。

（五）促进国际贸易发展

贸易术语的制定有助于促进国际贸易的发展，增强各国之间的贸易合作和互信，为跨境贸易提供了一种通用的交易语言和规则。

总的来说，贸易术语的制定有助于规范国际贸易活动，简化交易程序，降低交易风险，促进国际贸易的发展。因此，在国际贸易中制定贸易术语是非常必要的。

二、贸易术语的概念

贸易术语（Trade Terms）也被称为价格术语（Price Terms），是在长期的国际贸易实践中产生的，用来表示成交价格的构成和交货条件，确定买卖双方风险、责任、费用划分等问题的专门用语。

为了适应国际贸易的快速发展和国际贸易实践领域发生的新变化，国际商会先后制定《国际贸易术语解释通则》（*International Rules for the Interpretation of Trade Terms*，缩写为 INCOTERMS）的修订工作，最近的版本以《国际贸易术语解释通则2020》（简称 Incoterms 2020）为准。

三、贸易术语的分类

Incoterms 2020 总共包括 11 个贸易术语，每一种术语都有不同的规则，这 11 个贸易术语简写开头分别是字母 CDEF，故通常把它们分为 C 组、D 组、E 组和 F 组，它们在交货地点、出口手续、租订运输工具责任及费用、保险、进口手续、风险转移、运输方式等方面都有异同，具体见表 4-1。

表 4-1 11种常用贸易术语对比

术语性质	国际代码	英文含义	中文含义	交货地点	出口手续	租订运输工具责任及费用	保险费用	进口手续	风险转移	运输方式	注意问题	各组特点
E组	EXW	Ex Works	工厂交货	出口国买方指定地点	买			买	交货时	各种	卖方要保管货物 不装车 不清关	启运合同 实际性交货 卖责最小买责最大
F组	FOB	Free On Board	装运港船上交货（港口）	出口国买方指定装运港船上交货	卖		买	买	货物装上船	海运内河	船货不衔接 空舱费仓储费 谁违约谁负责	装征性交货
F组	FAS	Free Alongside Ship	装运港船边交货（港口）	出口国买方指定装运港船边交货	卖		买	买	船边交货	海运内河		运费未付
F组	FCA	Free Carrier	货交承运人	出口国买方指定承运人	卖		买	买	货交承运人	各种		卖方不负责保险费
C组	CFR	Cost and Freight	成本加运费（目的港）	出口国装运港	卖	卖方要租到适合航行的船	买	买	货物装上船	海运内河		运输合同 象征性交货 运费已付 凭单交货 卖方买了保险 买方负责
C组	CIF	Cost, Insurance and Freight	成本保险费加运费（目的地）	出口国装运港	卖		卖	买	货物装上船	海运内河	装船通知（卖）及时投保（买）	
C组	CPT	Carriage Paid To	运费付至（指定目的地）	出口国买方	卖	卖方一直负责到指定目的地的承运人手里	买	买	货交承运人	各种	风险转移地和费用地不同	
C组	CIP	Carriage and Insurance Paid To	运费保险费付至指定目的港	出口国买方承运人	卖		卖	买	货交承运人	各种		
D组	DAP	Delivered At Place	运送至目的地指定地点	进口国目的指定地点	卖		卖	买	交货时	各种	买方卸货	进口国交货 实质性交货
D组	DPU	Delivered at Place Unloaded	运输至目的地指定地点并卸货		卖		卖	卖	交货时	各种	卖方卸货	
D组	DDP	Delivered Duty Paid	完税交货指定目的地		卖		卖	卖				卖责大买责小 买方卸货	

(一) 从运输方式角度分

1. 适用于任何运输方式的贸易术语(共 7 个)

(1) EXW(Ex Works):工厂交货。卖方只需将货物准备好,买方负责从卖方所在地提货并承担所有运输费用和风险。

(2) FCA(Free Carrier):自由承运人。卖方将货物交给第一承运人,之后的运输费用和风险由买方承担。

(3) CPT(Carriage Paid To):运费付至。卖方支付货物运输至指定目的地的运费,但风险在货物交给第一承运人时转移给买方。

(4) CIP(Carriage and Insurance Paid To):运费和保险费付至。与 CPT 类似,但卖方还需购买运输保险。

(5) DAP(Delivered At Place):目的地交货。卖方负责将货物运输到买方指定地点,但货物在运输途中的风险和费用由买方承担。

(6) DPU(Delivered at Place Unloaded):卸货后交货。卖方负责将货物运输并卸至买方指定地点,之后的风险和费用由买方承担。

(7) DDP(Delivered Duty Paid):完税后交货。卖方负责将货物运输到买方地点,并承担所有费用和税费,直至货物交付。

2. 仅适用于海运和内河运输的贸易术语(共 4 个)

(1) FAS(Free Alongside Ship):船边交货。卖方将货物送到港口,并放置在船边,之后的装船费用和风险由买方承担。

(2) FOB(Free On Board):离岸价。卖方完成装船并将货物交付给买方,风险在货物过船舷时转移给买方。

(3) CFR(Cost and Freight):成本加运费。卖方负责支付货物运输至目的港的运费,但风险在货物过船舷时转移给买方。

(4) CIF(Cost,Insurance and Freight):成本、保险费加运费。与 CFR 类似,但卖方还需购买运输保险。

(二) 从交货地点与风险转移角度分

从交货地点与风险转移角度来看,贸易术语有些是买方责任,有些是卖方责任。具体见图 4-2。

图4-2 国际贸易术语交货地点与风险转移图

四、常见国际贸易术语比较

在现实中,比较常见的贸易术语有两组:海运组(FOB、CFR、CIF)和运输不限组(FCA、CPT、CIP)。每一组内三种保险及费用有差异,其他都类似,但两组之间的区别比较明显,具体见表4-2。

国际商会每隔一段时间就会根据实践的需求修改部分规则,先后更新了好几个版本,目前最新的 Incoterms 即 Incoterms 2020 较之前的版本,其主要变化包括:

(1)对安全要求的强调,特别是在运输中的货物安全。

(2)对电子运输记录的适应性,以适应数字化贸易文件的趋势。

(3)为提高清晰度和一致性,Incoterms 2020 中对 DAP、DPU 和 DDP 术语更新了结构,具体比较见表4-3。

表 4-2 两组常见国际贸易术语比较表

两组贸易术语	运输方式	风险界限	交货地点	买卖双方承担的责任不同	货物装卸费用负担	卖方承担的责任和费用	运输单据性质	两组共同点
FOB CFR CIF	水上运输	装运港装上船	装运港船上	FOB买方:运输费和保险费 / CFR买方:保险费 CFR卖方:海运费 / CIF卖方:海运费和保险费	卖方负责装船费用 FOB Stowed / FOB Trimmed / FOB ST驳船费 ; 买方负责装船费用 FOB liner terms / FOB Under tackle ; 卖方负责费用: Liner Terms / Ex Tackle / Landed / 驳船费 ; 买方负责费用: Ex ship's hold	CIF>CFR>FOB	海运提单具有物权凭证的性质	象征性交货 ; 装运合同 ; 进口手续进口方办 ; 出口手续出口方办
FCA CPT CIP	各种运输	货交承运人	货交承运人	FCA买方:海运费和保险费 / CPT买方:保险费 CPT卖方:运输费 / CIP卖方:运输费和保险费	由货交承运人承担	CIP>CPT>FCA	航空运单铁路运单等不具有物权性质	FCA和FOB一样,由买方办理运输和保险 ; CPT和CFR一样,卖方办理运输买方办理保险 ; CIP和CFR一样,由卖方办理运输和保险

表 4-3　D 组过期贸易术语对比表

国际代码	英文含义	中文含义	交货地点	出口手续	租订运输责任及费用	保险费用	进口手续	风险转移	运输方式	特点	各组问题
DES	Delivered Ex Ship	目的港船上交货（指定目的港）	进口国指定目的港	卖	卖		买	目的地交货时	海河内河	卖方不卸货	实际性交货
DEQ	Delivered Ex Quay	目的港码头交货（指定目的港）	进口国指定目的港	卖	卖		买	目的地交货时	海河内河	卖方负责卸货费用及风险	卖方承担交货前的一切风险和费用
DAF	Delivered At Frontier	边境交货（指定地点）	两国边境指定地点交通工具上	卖	卖		买	目的地交货时	各种运输	交货地点于两国边境	2010 国际贸易术语通则中已取消
DDU	Delivered Duty Unpaid	未完税交货（指定目的地）	进口国指定目的地	卖	卖		买	目的地交货时	各种运输	卖方不卸货	

Incoterms 是国际贸易合同中的重要组成部分,它们帮助交易双方明确各自的责任界限,减少误解和争议。在使用 Incoterms 时,应确保合同中明确指定了适用的贸易术语和相关条件。

4-2 云阅读

第三节　海运航线

一、海运航线概念

海运航线是指船舶在两个或多个港口之间,从事海上旅客和货物运输的线路。

4-3 云思政

二、海运航线的特点

海运航线是连接各要素的纽带,是船舶在海运空间系统中运行或行进所循的轨迹,在海运空间系统中起着承上启下作用。海上运输的航线分布于各大洋之间,这也是海运较其他运输方式的优势所在。如何才能最有效地利用这一优势,是系统组织中重要的问题。航线在系统中受其他要素的制约,在选择航线时,要考虑到货物、船舶以及港口各要素的状况,对系统组织作全面的评估后方能作出合理的选择方案,是一个相对被动的要素。

三、海运航线的类型

海上运输的路线同其他各种运输方式相比,具有投资少、天然形成的特点,同时也更多地受到自然条件的影响和制约,这种影响和制约明显地表现在航线分类上。根据不同的分类标准可以将海运航线分为不同的类型。

（一）根据行经水域分

1. 远洋航线

远洋航线又称为大洋航线，是指国与国之间或地区间经过一个或数个大洋的国际海上运输线路。如中国至美国、欧洲一些国家的海上运输航线，统称为远洋运输航线。

2. 近洋航线

近洋航线是指一国各海港至邻近国家海港间的海上运输航线。如中国至日本、韩国各港口的海上运输航线。

3. 沿海航线

沿海航线是指一国沿海区域各港口间的运输线。如上海港至大连港的海上运输航线。

4. 环球航线

环球航线是指将太平洋、大西洋和印度洋连接起来进行航行的航线。

（二）根据航线有效时间分

1. 季节性航线

随季节的改变而改变的航线称为季节性航线。由于船舶航行受自然条件特别是大洋洋流、季风等因素的影响，而大洋洋流、季风又会因气候的变化而改变方向或流量，例如，随着季节的变化，洋流的方向、流量，风的方向、风力也会随之发生变化。为了借助风力和洋流，节省运力，加快速度，船舶通常在不同的季节走不同的航线。例如，为避免北太平洋冬季的海雾与夏季的风暴，远东到北美西海岸各港航线夏季偏北，冬季南移。

2. 常年航线

不随季节的改变而改变的航线。

（三）根据运力、运程和运量分

1. 主干航线

主干航线又称干线，是指连接枢纽港口或中心港口的海上航线，主要指的是世界主要的集装箱班轮航线。这类航线连接世界各集装箱枢纽港口，航行大型集装箱船舶。如全球集装箱班轮的主干航线有：远东/北美、远东/欧洲、欧洲/北美航线，包括环球钟摆式航线在内，是全球集装箱运输的三大主干航线。世界主要集装箱枢纽港大多坐落在这3条航线上。

2. 分支航线

分支航线又称支线，是指连接分流港口或称交流港口的海上航线，这是为主干航线提供服务的海上运输线。支线上运行的船舶多为小型船舶,其连接的港口多为地方枢纽港或分流港口。

(四)根据组织形式分

1. 直达航线

直达航线是指在水运范围内,船舶从起运港(始发港)到终点港,不在中途靠泊港口、装卸货物或增减驳船的运输航线。直达航线具有运输速度快、船舶周转快、节省费用等优点,但它要求在两港口之间有较稳定的货流。这类航线在班轮运输中多为主干航线。

2. 中转航线

中转航线是指在水运范围内,船舶从始发港至终点港,在中途靠泊港口、装卸货物或使用驳船的运输航线。

(五)根据发船时间分

1. 定期航线(班轮航线)

定期航线(班轮航线)是指在水运范围内,船舶定线、定点、定期的航线。这类航线现在多为集装箱班轮航线,通常是指定时间、定航线、定船舶、定货种、定港口的"五定"航线。在设定航线特别是班轮干线航线时,不仅要考虑到货物的情况、航线情况等,还要考虑到港口的综合条件,包括自然条件、腹地状况、装卸能力、仓储能力、装卸效率等在内的一系列的参数都在必须在考虑的范畴之内。

2. 不定期航线

不定期船运输是指相对于定期船运输而言的另一种船舶劳动方式。它和班轮运输不同,不定期船运输没有预订的船期表,没有固定的航线和停靠港口,而是追随货源,须依据船舶所有人和承租人双方签订的租船合同安排船舶就航的航线,该航线称为不定期航线。不定期船主要从事大宗货物的运输,如谷物、石油、矿石、煤炭、木材、砂糖、化肥、磷矿石等,一般都是整船装运。

(六)根据航海技术分

1. 大圆航线

大圆航线是地球圆体上两点之间最短的航程线。但它与所有子午线相交成不等的角度(子午线和赤道除外),即沿大圆弧航行时,必须时刻改变航向。

2. 恒向线航线

恒向线航线不是地球面上两点之间的最短航程线(子午线和赤道除外),但在低纬度或航向接近南北时,它与大圆航线的航程相差不大。

3. 等纬圈航线

若两地在同一纬度,则沿纬度圈航行,即计划航迹为90°或270°。它是恒向线航线的特例。

4. 混合航线

为了避开高纬度的航行危险区,在设置纬度限制的情况下,采用大圆航线与等纬圈航线相结合的最短航程航线。

另外,在大洋航行中,两地相距较远,根据具体情况整个航程可能并不采用一种固定航线。

(七) 根据气候、气象条件分

1. 气候航线(Climatic Route)

气候航线是指在最短航程航线的基础上,考虑了航行季节的气候条件和可能遭遇到其他因素而设计的航线。如航路设计图和《世界大洋航路》中推荐的航线。

2. 气象航线(Weather Route)

气象航线是指气象定线公司在航线的基础上,再根据中、短期天气预报,考虑气象条件和船舶本身条件后,向航行船舶推荐的航线。

在上述各种航线的基础上,确定的航行时间最少、船舶周转最快、营运效率最高的航线称为最佳航线(Optimum Route)。

四、海运航线的形成

世界各地的水域,在港湾、潮流、风向、水深及地球球面距离等自然条件限制下,可供船舶航行的一定线路,即称为航路。海上运输承运人在许多不同的航路中,综合考虑主客观因素,为达到最大的经济效益所选定的营运通路称为航线。航线的形成主要取决于以下几方面的因素:

(一) 安全因素

安全因素是指船舶航行的路线须考虑到自然界的种种现象,如风向、波浪、潮汐、水流、暗礁及流冰等。因为上述种种现象会影响到船舶航行的安全。

(二) 货运因素

货运因素是指该航线沿途货运量的多寡。货运量多,航行的船舶多,则必定是繁忙的航线。

(三) 港口因素

港口因素是指船舶途经和停靠的港口水深是否适宜,气候是否良好,航道是否宽阔,有无较好的存储装卸设备,内陆交通条件是否便利,港口使用费是否低廉以及燃料供应是否充足。

(四)技术因素

技术因素是指船舶航行时从技术上考虑选择最经济且快速的航线航行。除上述因素外,国际政治形势的变化,有关国家的经济政策、航运政策等也会对航线的选择和形成产生一定的影响。航线选择的好坏,直接关系到航运业的经济效益,因此,航运公司都十分重视航线的选择。

4-4 云阅读

第四节 海 关

一、海关的定义与职能

(一)海关的定义

海关是一个国家或地区的政府机构,负责监管和管理国家的边境,确保货物和人员的合法进出。它执行国家法律、法规和国际条约,对进出口商品征收关税,进行风险评估,打击走私和非法贸易活动,同时促进贸易便利化和国家经济安全。

(二)海关的职能

1. 监管职能

(1) 对进出口货物和旅客进行监管,确保遵守国家法律法规。

(2) 执行安全检查,防止违禁品和危险物品的流通。

2. 征税职能

(1) 对进出口商品征收关税和其他税费,为国家财政收入做出贡献。

(2) 实施税收优惠政策,促进特定行业或区域的经济发展。

3. 统计职能

(1) 收集和分析进出口数据,为国家经济决策提供依据。

(2) 发布贸易统计报告,供政府、企业和研究机构参考。

4. 打击走私职能

(1) 通过执法行动和国际合作,打击走私和非法贸易活动。

(2)加强边境控制,提高走私活动的发现和打击效率。

5．便利贸易职能

(1)通过简化流程和提高透明度,降低贸易成本,促进国际贸易。

(2)推动电子数据交换和自动化通关,提高通关效率。

6．国际合作职能

(1)与其他国家的海关机构和国际组织合作,共同应对全球性挑战。

(2)参与制定和执行国际海关标准和最佳实践。

7．政策制定与执行职能

(1)参与制定与国际贸易相关的国家政策和法规。

(2)执行国家贸易政策,保护国内产业和消费者利益。

8．公共安全与健康职能

(1)防止传染病和有害生物的传入,保护国家生态安全和公共卫生。

(2)监管食品、药品等敏感商品的进出口,确保质量安全。

9．知识产权保护职能

(1)防止侵犯知识产权的商品流通,保护创新和创意产业。

(2)与权利人合作,提高侵权商品的识别和打击能力。

二、HS 编码

HS 是 Harmonized Commodity Description and Coding System 的简称,即商品名称和编码协调制度。HS 编码是一种由世界海关组织(WCO)制定的国际通用的商品分类和编码系统。其主要目的是统一各国对进出口商品的分类和编码,以促进国际贸易的便利性和透明度。以下是 HS 编码的一些详细说明:

（一）编码结构

前六位:国际通用部分,由 WCO 制定,全球统一。

后两位:国家或地区专用部分,由各国或地区根据本国或地区的需要自行制定。

后四位:可选扩展部分,某些国家或地区可能会进一步细分。

（二）编码层级

章(Chapter):前两位数字,表示商品的大类。

目(Heading):前四位数字,表示商品的中类。

子目(Subheading):前六位数字,表示商品的小类。

税率子目(Tariff Item):前八位数字,某些国家或地区会进一步细分。

(三)分类原则

具体优先:具体描述的商品优先于一般描述的商品。
从后向前:当商品可以归入多个分类时,应选择最后提及的分类。
从具体到一般:当商品可以归入多个具体分类时,应选择最具体的分类。

(四)应用领域

海关管理:用于海关统计、税收管理、进出口监管等。
国际贸易:用于国际贸易合同、运输单据、保险单据等。
物流管理:用于物流、仓储、供应链管理等。
经济统计:用于国家经济统计和分析。

(五)更新和维护

HS编码系统每五年进行一次修订,以适应国际贸易和商品的变化。
各国海关和相关机构需要根据修订后的HS编码调整本国或地区的编码。

(六)查询和使用

可以通过各国海关网站、国际贸易数据库或专业软件查询HS编码。
在实际应用中,需要根据商品的具体描述和特性,选择合适的编码。
示例:
6101 10 00:男式棉制针织衬衫,表示该商品属于第61章(针织或钩编服装)的第10目(男式衬衫)。
8708 20 00:柴油发动机,表示该商品属于第87章(车辆及其零件)的第820目(发动机及其零件)。

HS编码系统是一个动态发展的系统,随着国际贸易和科技的发展,其内容和结构也在不断更新和调整。

三、通关流程

通关流程是指货物在进出口时,需要经过的一系列海关监管流程。以下是一个标准的通关流程,在实践中可以根据需要进行调整或补充。

(一)准备阶段

收集并准备所有必要的文件,如商业发票、装箱单、合同、原产地证明、检验检疫证明等。

(二) 申报前准备

确定货物的 HS 编码(海关商品编码)。

核实货物是否需要特殊许可或证书,如进口许可证、卫生证书等。

(三) 申报环节

向海关提交货物申报单,包括所有必要的货物信息和文件。

申报单据通常包括:报关单、提货单、装箱单、商业发票等。

(四) 支付环节

根据海关的评估,支付相关的税费和关税。

(五) 查验环节

海关可能对货物进行实物查验,以确保申报的货物与实际相符,并符合进出口规定。

(六) 征税环节

海关根据货物的分类和价值,计算并确定应缴纳的税费。

(七) 放行环节

完成税费支付和查验后,海关将对货物进行放行。

放行意味着货物已经正式通过海关监管,可以进入国内市场或进行出口。

(八) 物流配送

货物放行后,安排货物的运输和配送,确保货物按时到达目的地。

(九) 后续监控

在某些情况下,海关可能会对已放行的货物进行后续监控或审计。

(十) 异常处理

如果在通关过程中发现问题或异常,需要及时与海关沟通并采取相应的补救措施。

(十一) 记录和归档

通关流程中的所有文件和记录应当妥善保存,以备未来查询或审计。

请注意,不同国家和地区的通关流程可能存在差异,上述流程是一个通用的概述。目前我国基本实现了通关电子化,具体流程如图 4-3 所示。

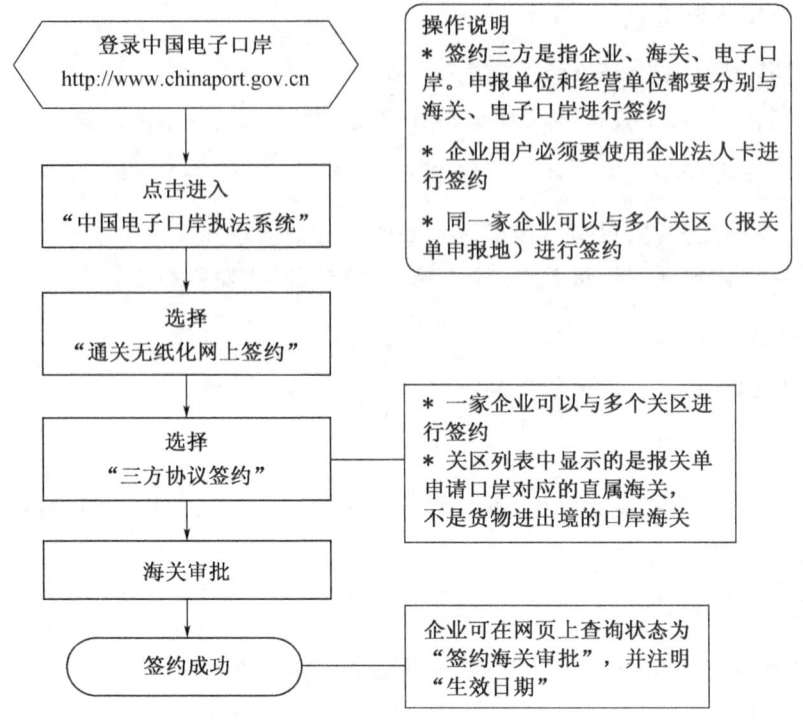

图 4-3　电子化通关流程图

四、关税和通关费用

(一) 关税

关税的计算涉及多个因素,包括货物的种类、价值、原产地、目的地以及相关的税率和费用标准。以下是关税及通关费用计算的基本步骤:

1. 确定适用税率

根据货物的 HS 编码(海关商品编码),查询相应的关税税率。

2. 计算关税基础

通常来说,关税的基础是货物的 CIF 价值(成本加保险费加运费)。

3. 计算关税金额

根据适用的税率,计算出应缴纳的关税金额。计算公式为:关税金额＝CIF 价值×关税税率。

4. 确定其他税费

除了关税外,还可能需要支付增值税、消费税等其他税费。

5. 计算其他税费

增值税通常基于货物的 CIF 价值加上关税金额来计算。消费税的计算方式可能因国家和货物种类而异。

（二）通关费用

通关费用可能包括报关费、查验费、仓储费、港口费等。

请注意，这只是一个大致的计算流程，实际的计算可能会更复杂，最后汇总总费用，即将关税、其他税费和通关费用加总，得到货物进口或出口的总费用。支付费用时，需要根据海关的要求，按时支付所有计算出的费用。并记录和凭证保存所有费用的支付凭证和相关记录，以备未来可能的审计或查询。此外，某些国家或地区可能还有特定的优惠政策或费用减免措施，这些也需要在计算时考虑进去。

4-5 云阅读

4-6 云习题

第五章　世赛任务模块二

◯ 学习目标

1. 理解集装箱的定义、特点及标准化的重要性。
2. 掌握集装箱的类型。
3. 理解集装箱运输的定义、特点及优势。
4. 集装箱运输业务及流程。
5. 掌握集装箱运输业务的各个环节。
6. 掌握集装箱运费的计算方法。
7. 集装箱交接地点与方式。
8. 理解集装箱交接地点。
9. 掌握常见海运集装箱的交接方式（如门到门、门到场、门到站等）。
10. 理解散杂货运输的定义、特点及适用场景。
11. 掌握散杂货的主要船型。
12. 理解散杂货运输流程。
13. 掌握散杂货运输费用的计算方法。
14. 理解多式联运的定义、分类及关键特点。
15. 掌握多式联运的流程。
16. 理解多式联运的组成要素。
17. 掌握多式联运的定价原理。
18. 理解多式联运的优越性。

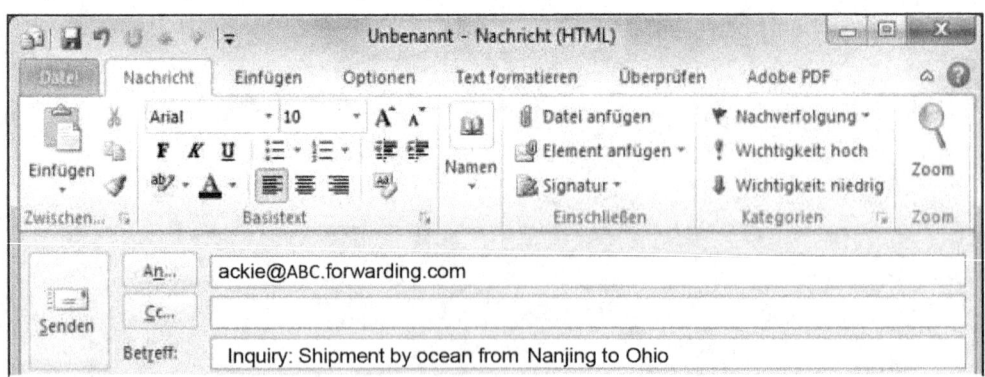

Dear Jackie,

　　Thank you for your detailed reply. We decide to ship the cargo by FCL, and the shipment is as follows. Please advise which kind and how many containers we need. Our cargo will arrive at the container yard on Dec 25th at the latest. No insurance required. Land transportation and customs clearance shall be completed by us. Please provide the CY-CY quotations of the lowest cost plan and fastest arrival plan for us to compare and quote us in CNY.

　　Goods: Barbie doll

　　Packing: 3 pcs/set; 8sets/ctn

　　Gross/Net Weight: 8.5/6 KGS per carton

　　Measurement: 48 cm * 64 cm * 60 cm * 100 cartons

　　Trade term: CIF Boston

　　POL: Shanghai POD: Boston

　　Thanks & Best regards.

　　Helen

　　Nanjing Shuguang Toys Co., Ltd.

　　No. 67, Xiongzhou West Road, Liuhe District, Nanjing, Jiangsu, China

　　Tel: +86-025-66784453

　　E-mail: Helen@shuguang.com

任务模块二解读:

这是客户 Helen 发给货运代理业务员 Jackie 的咨询邮件,邮件中提到的主要诉求和关键信息如下:

货物信息:

货物名称:芭比娃娃

包装:每套3个,每箱8套

毛重/净重:每箱8.5公斤/6公斤

尺寸:每箱48厘米×64厘米×60厘米

总箱数:100箱

贸易条款:

贸易术语:CIF(Cost, Insurance and Freight,成本、保险费加运费),目的地为波士顿。

运输信息:

装货港:上海(POL)

目的港:波士顿(POD)

时间要求：

货物最晚到达集装箱堆场的日期：12月25日

服务要求：

不需要保险。

陆地运输和清关由发件人负责。

询价要求：

需要提供CY-CY（集装箱堆场到集装箱堆场）的最低成本方案和最快到达方案的报价。

报价需要以人民币（CNY）为单位。

联系方式：

发件人：Helen

公司：南京曙光玩具有限公司

地址：中国江苏省南京市六合区雄州西路67号

电话：+86-025-66784453

邮箱：Helen@shuguang.com

邮件中还提到决定使用整箱（FCL，Full Container Load）进行货物运输，并请求提供相关的运输方案和报价。

从专业角度来说，该场景中客户咨询了两个问题：

1. 如何选择并计算集装箱数量；

2. 提供相关的运输方案和报价。

直接涉及两个知识点：

1. 集装箱及集装箱运输的概念、集装箱类型及尺寸；

2. 集装箱装载方式、运输流程及运费计算。

在实践中，海运基于货物的形态、包装方式以及运输的效率和安全性，分为集装箱运输和散货运输。虽然如今集装箱运输占大比例，但仍有一些海运是散货运输，散货运输比集装箱运输更早发展，其业务形式及运输费用计算方法对集装箱运输影响很大；随着集装箱运输的发展及法律的完善，基于集装箱衍生出新的运输模式，即多式联运。故本章拓展另外两个知识点：

1. 海运散货运输业务及运输费用；

2. 多式联运。

5-1 云视频

第一节　集装箱概述

集装箱是一种标准化的、用于运输货物的大型容器,广泛应用于国际贸易和物流领域。以下是集装箱的定义及其相关特点:

一、集装箱的定义

集装箱是一个大型、可封闭的运输设备,设计用于方便地在不同的运输模式(如海运、陆运、铁路)之间进行转运。它们通常由钢或其他耐用材料制成,具有统一的尺寸和规格,以便使用标准的装卸设备进行操作。

二、集装箱的特点

(一)标准化

国际标准化组织(ISO)定义了集装箱的尺寸和类型,最常见的尺寸包括20英尺(6.1米)和40英尺(12.2米)长的标准集装箱。

(二)可封闭性

集装箱具有密封门,可以锁闭,确保货物在运输过程中的安全。

(三)方便适用于多式联运

集装箱设计允许它们在不同的运输方式之间轻松转移,如从卡车到火车或从船到卡车。

(四)装卸便捷

集装箱的角柱和底座设计使得它们可以使用起重机和其他装卸设备进行快速装卸。

(五)适应性强

集装箱可以运输各种类型的货物,包括干货、冷藏货物、散装货物、液体货物等。

(六)经济性

由于装卸效率高和运输成本低,集装箱运输是一种经济的运输方式。

三、集装箱类型和尺寸

(一) 集装箱类型

集装箱有多种类型,可以适应不同的运输需求。

1. 干货集装箱(Dry Container)

干货集装箱是最常见的类型,用于运输各种普通货物。

2. 冷藏集装箱(Reefer Container)

冷藏集装箱内置制冷设备,用于运输需要冷藏的食品和药品。

3. 开顶集装箱(Open Top Container)

开顶集装箱顶部可以打开,适合运输大型机械设备或散装货物。

4. 平板集装箱(Flat Rack Container)

平板集装箱底部是平板,适合运输超长、超宽或超重的货物。

5. 散货集装箱(Bulk Container)

散货集装箱用于运输散装货物,如谷物、煤炭等。

6. 挂衣集装箱(Garment Container)

挂衣集装箱内部有挂衣杆,适合运输成衣。

(二) 集装箱尺寸

集装箱的尺寸是标准化的,常见的尺寸包括:

1. 20 英尺集装箱(20′GP)

长 20 英尺(6.1 米),宽 8 英尺(2.4 米),高 8.5 英尺(2.6 米)。

2. 40 英尺集装箱(40′GP)

长 40 英尺(12.2 米),宽和高与 20 英尺集装箱相同。

3. 40 英尺高柜(40′HC)

长 40 英尺,高 9.5 英尺(2.9 米),宽与 20 英尺和 40 英尺集装箱相同。

在理论上,40 英尺集装箱可以装的货比 20 英尺多一倍;但实际上,国际标准化组织(ISO)和国际海事组织(IMO)等机构制定了相关的标准和规定,40 英尺集装箱有载重限制,最大载重量通常在 26 500 到 30 480 磅(约 11.9 到 13.8 吨)之间,而 20 英尺集装箱最大载重量通常在 24 000 到 28 000 磅(约 10.8 到 12.7 吨)之间。从体积来看,40 英尺集装箱是 20 英尺集装箱的 2 倍,但最大载重量不是。也就是说,大尺寸集装箱不能装载过重的货物,所以选择合适的集装箱时,需要考虑尺寸和类型,这样才能确保货物安全、提高运输效率和降低运输成本。

第二节　集装箱运输

集装箱运输是一种高度组织化和标准化的货物运输模式,主要用于国际贸易中的货物运输。以下是集装箱运输的概述:

一、集装箱运输的定义

集装箱运输是指以集装箱这种大型容器为载体,将货物集合组装成集装单元,以便在现代流通领域内运用大型装卸机械和大型载运车辆进行装卸、搬运作业和完成运输任务,从而更好地实现货物"门到门"运输的一种新型、高效率和高效益的运输方式。

二、集装箱运输的特点

(一) 高效益的运输方式

集装箱运输经济效益高主要体现在以下几方面:

1. 简化包装,大量节约包装费用

为避免货物在运输途中受到损坏,必须有坚固的包装,而集装箱具有坚固、密封的特点,其本身就是一种极好的包装。使用集装箱可以简化包装,有的甚至无须包装,实现件杂货无包装运输,可大大节约包装费用。

2. 减少货损货差,提高货运质量

由于集装箱是一个坚固密封的箱体,集装箱本身就是一个坚固的包装。货物装箱并铅封后,途中无须拆箱倒载,一票到底,即使经过长途运输或多次换装,不易损坏箱内货物。集装箱运输可减少被盗、潮湿、污损等引起的货损和货差,深受货主和船公司的欢迎,并且由于货损货差率的降低,减少了社会财富的浪费,也具有很大的社会效益。

3. 减少营运费用,降低运输成本

集装箱的装卸基本上不受恶劣气候的影响,船舶非生产性停泊时间缩短,又由于装卸效率高,装卸时间缩短,对船公司而言,可提高航行率,降低船舶运输成本;对港口而言,可以提高泊位通过能力,从而提高吞吐量,增加收入。

(二) 高效率的运输方式

传统的运输方式具有装卸环节多、劳动强度大、装卸效率低、船舶周转慢等缺点,而集装箱运输完全改变了这种状况。

普通货船装卸,一般每小时为35 t左右;而集装箱装卸,每小时可达400 t左右,装卸效率大幅度提高。同时,由于集装箱装卸机械化程度很高,因而每班组所需装卸工人数很少,平均每个工人的劳动生产率大大提高。

由于集装箱装卸效率很高,受气候影响小,船舶在港停留时间大大缩短,航次时间缩短,船舶周转加快,航行率大大提高,船舶生产效率随之提高,从而,提高了船舶运输能力,在不增加船舶艘数的情况,可完成更多的运量,增加船公司收入,这样的高效率导致高效益。

(三) 高投资的运输方式

集装箱运输虽然是一种高效率的运输方式,但是它同时又是一种资本高度密集的行业。

船公司必须对船舶和集装箱进行巨额投资。根据有关资料表明,集装箱船每立方英尺的造价约为普通货船的3.7~4倍。集装箱的投资相当大,开展集装箱运输所需的高额投资,使得船公司的总成本中固定成本占有相当大的比例,高达三分之二以上。

集装箱运输中的港口的投资也相当大。专用集装箱泊位的码头设施包括码头岸线和前沿、货场、货运站、维修车间、控制塔、门房,以及集装箱装卸机械等,耗资巨大。

为了开展集装箱多式联运,还需有相应的内陆设施及内陆货运站等,为了配套建设,就需要兴建、扩建、改造、更新现有的公路、铁路、桥梁、涵洞等,这方面的投资更是惊人。可见,没有足够的资金开展集装箱运输,实现集装箱化是困难的,必须根据国力量力而行,最后实现集装箱化。

(四) 高协作的运输方式

集装箱运输涉及面广、环节多、影响大,是一个复杂的运输系统工程。集装箱运输系统包括海运、陆运、空运、港口、货运站以及与集装箱运输有关的海关、商检、船舶代理公司、货运代理公司等单位和部门。如果互相配合不当,就会影响整个运输系统功能的发挥。如果某一环节失误,必将影响全局,甚至导致运输生产停顿和中断。因此,要求搞好整个运输系统各环节、各部门之间的高度协作。

(五) 适于组织多式联运

由于集装箱运输在不同运输方式之间换装时,无需搬运箱内货物而只需换装集装箱,这就提高了换装作业效率,适于不同运输方式之间的联合运输。在换装转运时,海关及有关监管单位只需加封或验封转关放行,从而提高了运输效率。

此外,由于国际集装箱运输与多式联运是一个资金密集、技术密集及管理要求很高的行业,是一个复杂的运输系统工程,这就要求管理人员、技术人员、业务人员等具有较高的素质,才能胜任工作,才能充分发挥国际集装箱运输的优越性。

三、集装箱运输业务及流程

集装箱运输业务涉及多个环节,包括货物的装载、运输、卸载等。从阶段划分,集装箱运输可以分为进港(车站)、在港口(车站)内移箱、出港(车站)三阶段,如图5-1所示。以海运为例,集装箱运输业务分为进港出港及港内流转。

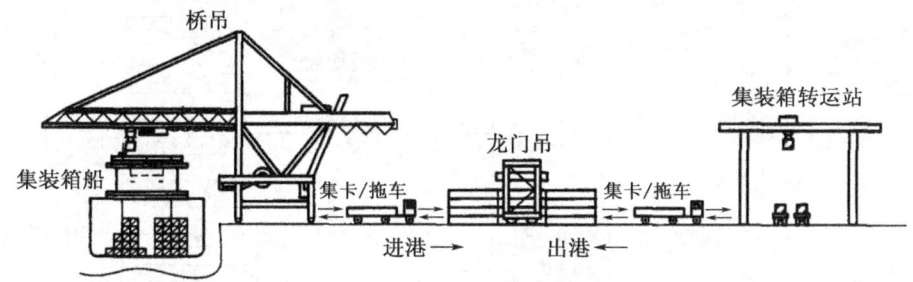

图 5-1 海运集装箱运输阶段图

(一)业务及费用关系

集装箱运输业务涉及多个参与方和环节,其业务关系如图5-2所示。

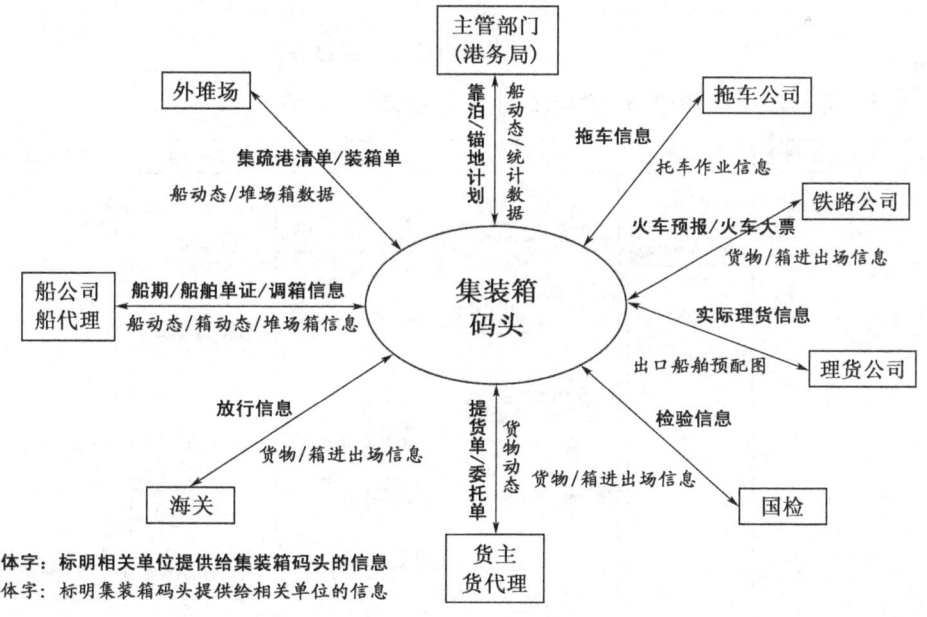

图 5-2 业务关系图

这些关系方共同构成了集装箱运输业务的复杂网络，它们之间的合作与竞争关系对整个集装箱运输行业的运作和发展起着至关重要的作用。

（二）集装箱流程

1. 进港流程（以海运出口为例，见图 5-3）

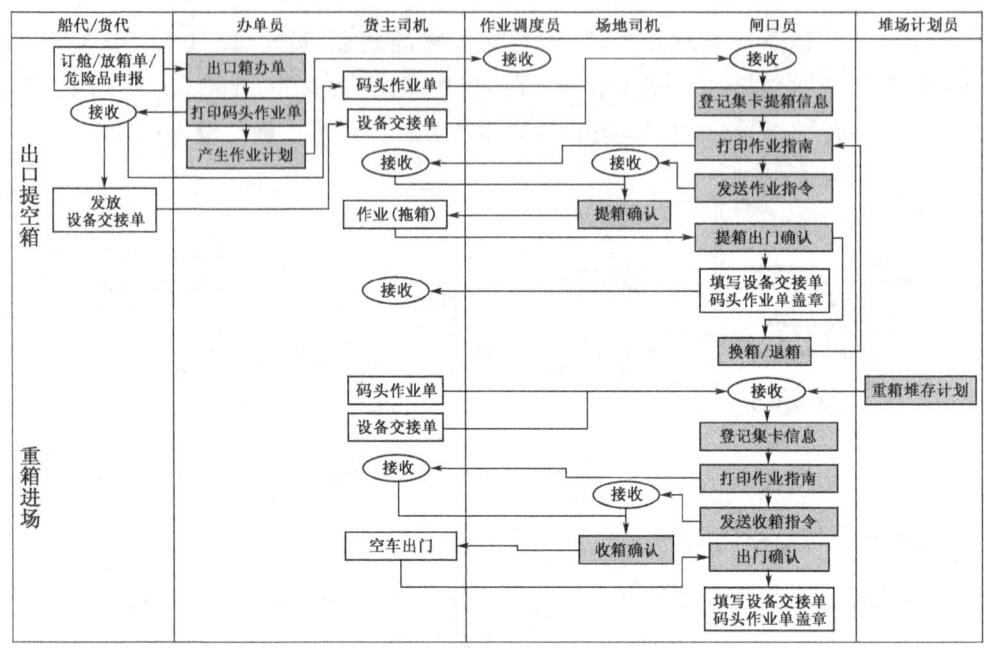

图 5-3 海运出口进港流程图

2. 码头内部移箱过程（供物流管理专业参考，见图 5-4）

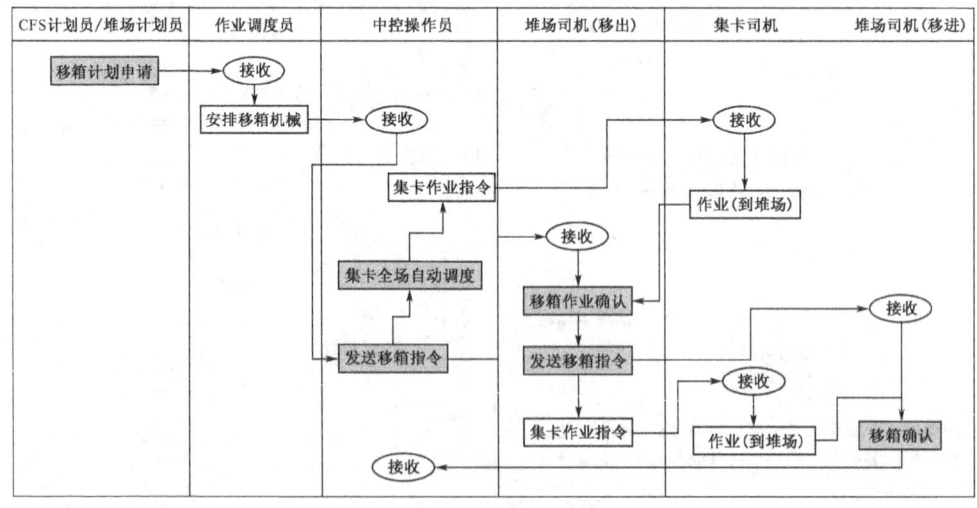

图 5-4 码头内部移箱流程图

移箱操作包括两部分:堆场之间移箱和堆场与货运站(包括拆箱区、装箱区、查验区、清洗修理区等)之间移箱。堆场之间移箱是指根据堆场分布情况,需要调整堆场箱位,由堆场计划员提出移箱计划申请;堆场与货运站是指:拆箱、装箱、港内查验、港内修箱、清洗箱等,由 CFS 计划员提出移箱计划申请。CFS 计划员移空箱时可以不指定箱号,但必须指定箱属性(如尺寸、类型、箱公司等),移重箱必须指明箱号。

堆场计划员移箱时,可以按区域指定或指定船名、航次、提单号、数量等。机械司机提箱时移箱,不需要移箱申请,由机械司机自行移动,系统自动记录移箱作业;港内移箱记录实际移箱次数,搬移费根据协议收取。

3. 离港流程(以海运进口为例,见图 5-5)

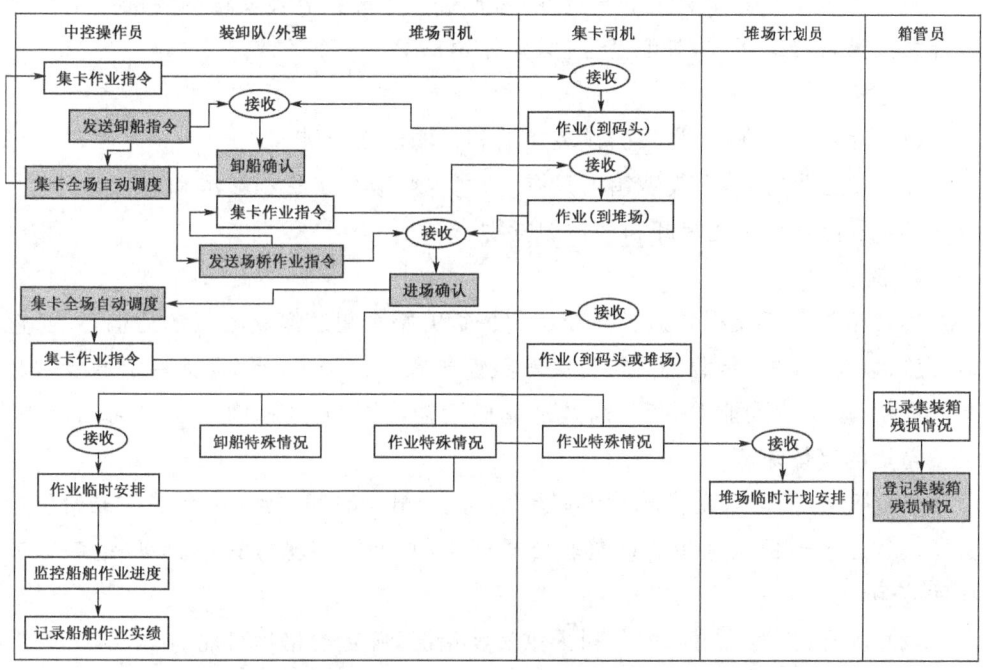

图 5-5 海运进口离港流程图

该流程图展示了船舶到港后围绕集装箱的作业流程,卸船海关同意放行后,围绕集装箱的工作就可以开始了。需要说明的是,有的港口同时装卸若干船,对集卡采用双向作业方式的全场调度会很繁忙,有可能产生一些失误,卸船时若发现集装箱残损,港口会安排处理通过对讲机报知调度操作员,调度操作员记录,最后由箱管值班员记录残损情况。

四、集装箱运输装载方式

集装箱装载方式分为整箱货(FCL,Full Container Load)和拼箱货(LCL,Less than Container Load),这两种方式在物流和国际贸易中非常常见。以下是关于这两种装载方式的详细说明:

(一)整箱货(FCL)

1. 定义

整箱货是指一个集装箱内的全部空间被一个货主的货物所占用。

2. 适用情况

整箱货适用于一个货主的货物足够填满一个或多个集装箱的情况。整箱货适合大批量货物的运输,如制造业、大型零售商等。

3. 优势

(1)装卸效率高,因为只需在装货港和目的港进行装卸。

(2)安全性高,整个集装箱内只有一种货物,减少了货物混淆和盗窃的风险。

(3)适合需要快速装卸和运输的货物。

4. 流程

集装箱整箱货流程涵盖了从托运到提货的整个集装箱整箱货的运输过程,包括订舱、装箱、报关、装载、卸载、清关等关键步骤。每个步骤都有其特定的要求和文件准备,确保货物能够顺利、高效地完成运输。图5-6以海运出口为例,展示了整箱货的具体流程。

(1)托运:托运人提供箱型、箱量、目的港、出运时间、货物品名等信息给货运公司。货运公司根据这些信息向船公司订舱,并询问装箱方式,包括厂地装箱或仓库装箱。

(2)订舱:货运公司向船公司提供货物情况,确定价格后订舱。

(3)订舱确认:船公司接受订舱后,会告知船名、船期、提单号等信息。

(4)提柜:出口商从船公司或堆场提取集装箱,然后在工厂或指定地点进行货物装箱。此阶段可能需要的文件包括船公司提柜单或柜号、装箱单。

(5)报关:在货物到达装货港之前,出口商需要准备一份完整的报关文件,包括出口货物报关单、商业发票、销售合同、装箱单、原产地证明等。

(6)重箱进场:货主提箱后自行装箱,然后把装满货物的集装箱送到集装箱堆场。

(7)海关放行:商检在装柜过程中进行货物检验,并在验货合格后进行封柜。

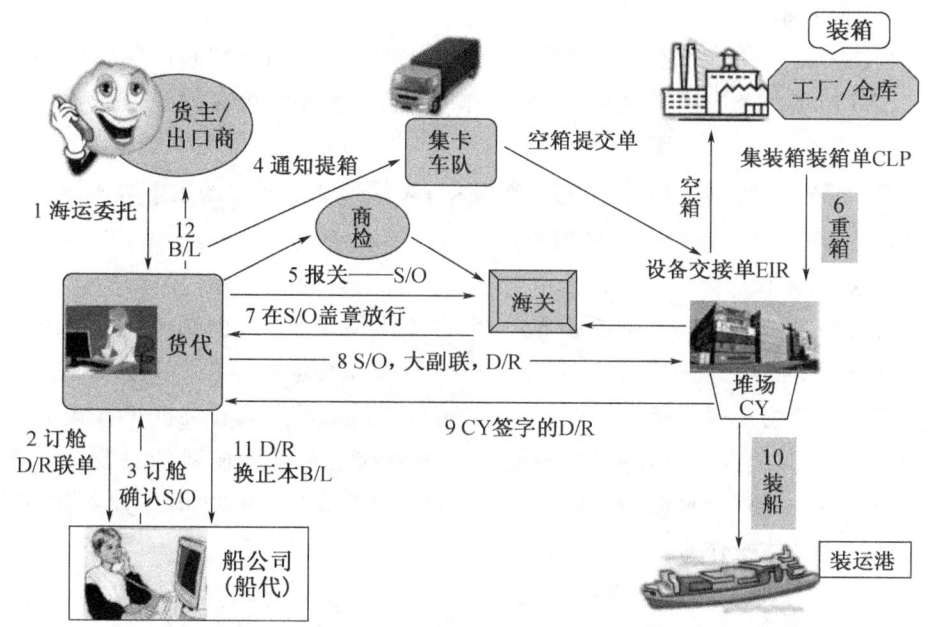

图 5-6 国际集装箱整箱货出口业务操作流程图

可能需要的文件包括商检证书(如有需要)和装箱单。集装箱集港后进行报关,报关成功海关方可放行。

(8) 场站收据流转:场站收据是指 Dock Receipt(D/R),是由承运人或其代理人签发的,证明货物已收到并准备装运的凭证。

(9) 集装箱堆场在场站收据签字:托运人可以凭借 D/R 向承运人或其代理人换取提单或其他多式联运单证。

(10) 装船:船公司将集装箱装到船上后离港。

(11) 换单:场站收据换成提单,场站收据最终被转换成提单。

(12) 签发提单给货主:货主拿到提单后,意味着出口阶段的货物运输和贸易文件处理过程结束。

当货物到达目的港后,船公司将集装箱卸到目的港的码头上,随后船公司通知提货人提货。提货人向目的港海关进行清关,把提单换成提货单,就可拿提货单提货。

(二) 拼箱货(LCL)

1. 定义

拼箱货是指多个货主的货物共同使用一个集装箱,每个货主只占用集装箱的一部分空间。

2. 适用情况

当一个货主的货物不足以填满一个集装箱时,多采用跟别的货主的货物一起拼箱。拼箱货适合小批量或多种类的货物运输,如小型零售商、电子商务等。

3. 优势

(1) 成本效益高,多个货主共享集装箱,降低了单个货主的运输成本。

(2) 灵活性高,适合小批量和多样化的货物运输需求。

4. 运输流程

与整箱货不同的是,完成拼箱实务的往往不是货主,而是 CFS(Container Freight Station,集装箱货运站)。货主往往会委托物流企业把货物送到 CFS,与其他货主的货物一起拼箱。在流程上,拼箱货在进出港方式及装拆箱方式上与整箱货不一样,其他都一样,都是集装箱在装货港被密封并运输到目的港。在目的港,集装箱被拆箱,货物被分发给各个收货人,如图 5-7 中的"出口方所在口岸"部分详示。具体操作步骤如下:

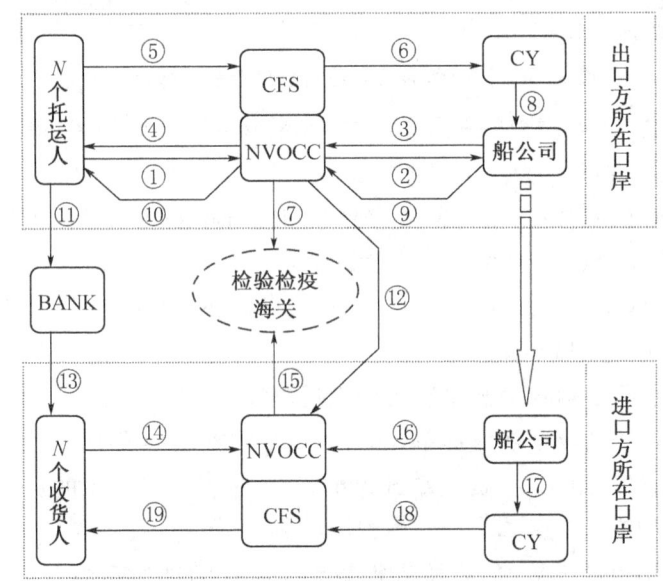

图 5-7 出口拼箱业务操作流程图

(1) 不同的托运人向无船承运人递交拼箱托运申请;

(2) 在接到托运人的托运单后,无船承运人本人以托运人的名义向船公司发出订舱申请;

(3) 船公司向无船承运人回复确认,即发送订舱确认书;

(4) 无船承运人根据船公司的订舱确认书,回复每一个托运人的托运申请,

并通知托运人在规定的时间之前将其所托运的货物运送到指定的货运站,等待拼箱;

(5) 不同托运人的货物集中到无船承运人指定的集装箱货运站(CFS,Container Freight Station);

(6) 无船承运人将所拼装的整箱货柜在"截港期"之前送往码头堆场(CY,Container Yard),等待装船;

(7) 无船承运人收集齐全每个人托运人的报关相关资料后再次向海关办理出口清关手续;

(8) 码头根据海关出具的货物出口放行条将货物装到装货联单(S/O,Shipping Order)指定的船舶上;

(9) 船公司与无船承运人结算完毕该票货物的所用相关费用后向其签发船公司提单(MB/L,Master Bill of Lading);

(10) 无船承运人与每一个托运人结算完相关运费后向其签发无船承运人提单,也称子提单或仓至仓提单(HB/L,House Bill of Lading);

(11) 托运人凭子提单向银行交单结汇;

(12) 发货港无船承运人与目的港无船承运人进行运输单据的转让交接。

至此,出口拼箱业务基本告一段落。

(三) 整箱货(FCL)和拼箱货(LCL)优劣比较

表 5-1 整箱货(FCL)和拼箱货(LCL)两种装载方式优劣比较表

	FCL	LCL	说明
装卸效率	高	低	FCL 只需在装货港和目的港进行一次装卸,而 LCL 可能需要在装货港和目的港进行多次装卸
安全性	高	低	FCL 整个集装箱内只有一种货物,减少了货物混淆和盗窃的风险。LCL 则需要更严格的管理和监控,以确保货物的正确装卸
单位货物运输成本	低	高	FCL 单位货物运输成本的可能较低,但总费用较高。LCL 的总费用较低,但单位货物的运输成本可能较高,尤其是考虑到拼箱服务费
灵活性	低	高	FCL 更适合大批量和单一种类的货物运输。LCL 适合小批量和多样化的货物运输需求

在选择集装箱装载方式时,货主需要根据货物自身的特性、运输需求和成本来考虑,选择最合适的装载方式。

五、集装箱交接地点

集装箱运输的交接地点是货物所有权和风险从卖方转移到买方的关键点,也是物流操作中的重要环节。以下是一些常见的集装箱运输交接地点:

(一) 工厂或仓库(Door)

货物在卖方的工厂或仓库装箱,然后直接交给运输公司。

(二) 集装箱堆场(Container Yard,CY)

集装箱在装货港或卸货港的集装箱堆场进行交接。这是整箱货最常见的交接地点之一。

(三) 集装箱货运站(Container Freight Station,CFS)

CFS是处理拼箱货的主要场所。在这里,来自不同货主的货物被集中、分类,并装入同一个集装箱进行运输。到达目的地的集装箱在CFS被拆箱,货物被分发给各个收货人。

(四) 港口(Port)

货物在港口的码头进行装卸,港口可以是装货港(Port of Loading,POL)或卸货港(Port of Discharge,POD)。

(五) 铁路站(Railway Station)

集装箱通过铁路运输,在铁路站进行交接,可能是发货地的铁路站或目的地的铁路站。

(六) 机场(Airport)

适用于需要空运的集装箱,交接在机场的货运区进行。

(七) 物流中心或配送中心(Logistics Center)

货物在物流中心或配送中心进行分拨和交接,这些中心通常具有仓储和分拣设施。

(八) 货运代理仓库(Forwarder's Warehouse)

对于拼箱货(LCL),货物在货运代理的仓库进行集中、装箱和交接。

(九) 保税仓库(Bonded Warehouse)

货物在保税仓库进行存储和交接,适用于需要暂时免税存储的货物。

（十）自由贸易区（Free Trade Zone）

货物在自由贸易区内进行交接，这些区域通常具有特殊的关税和税收政策。

（十一）边境口岸（Border Crossing）

货物在国与国之间的边境口岸进行交接，适用于跨国运输。

（十二）多式联运枢纽（Intermodal Terminal）

集装箱在多式联运枢纽进行不同运输模式的转换和交接。

（十三）指定地点（Named Place）

根据贸易合同的约定，货物在特定的地点进行交接，如 DAP（Delivered At Place）或 DDP（Delivered Duty Paid）条款下的指定地点。

每种交接地点都有其特定的操作流程和要求，选择合适的交接地点可以优化物流成本、提高运输效率，并减少货物在运输过程中的风险。在选择交接地点时，需要考虑货物的性质、运输方式、成本效益以及相关法律法规。

六、常见海运集装箱的交接方式

海运集装箱交接地点主要有三种，即工厂或仓库（Door）、集装箱堆场（CY）、集装箱货运站（CFS）。在集装箱运输中，整箱货和拼箱货在船货双方之间的交接方式有以下几种：

（一）门到门（Door to Door）

由托运人负责装载的集装箱，在其货仓或工厂仓库交承运人验收后，由承运人负责全程运输，直到收货人的货仓或工厂仓库交箱为止。这种全程连线运输，称为"门到门"运输。

（二）门到场（Door to CY）

由发货人货仓或工厂仓库至目的地或卸箱港的集装箱装卸区堆场。

（三）门到站（Door to CFS）

由发货人货仓或工厂仓库至目的地或卸箱港的集装箱货运站。

（四）场到门（CY to Door）

由起运地或装箱港的集装箱装卸区堆场至收货人的货仓或工厂仓库。

（五）场到场（CY to CY）

由起运地或装箱港的集装箱装卸区堆场至目的地或卸箱港的集装箱装卸区

堆场。

(六) 场到站(CY to CFS)

由起运地或装箱港的集装箱装卸区堆场至目的地或卸箱港的集装箱货运站。

(七) 站到门(CFS to Door)

由起运地或装箱港的集装箱货运站至收货人的货仓或工厂仓库。

(八) 站到场(CFS to CY)

由起运地或装箱港的集装箱货运站至目的地或卸箱港的集装箱装卸区堆场。

(九) 站到站(CFS to CFS)

由起运地或装箱港的集装箱货运站至目的地或卸箱港的集装箱货运站。

七、集装箱运费计算

集装箱运费的计算涉及多个因素,包括集装箱的类型、尺寸、运输距离、货物类型、港口费用等,大致构成包括运费和各种杂费。

(一) 计算公式

$$总运费=基本运费+港口费用+保险费用+其他费用$$

(二) 公式基本构成

1. 基本运费

不同类型集装箱的使用成本是不一样的,收费标准按照箱型确定,不同类型的整箱价格固定,使用的集装箱数量多,运费就成倍增加。箱型主要有:20英尺集装箱(20′GP)、40英尺集装箱(40′GP)、40英尺高柜(40′HC)、特种集装箱(如冷藏箱、开顶箱、平板箱等)。

2. 港口费用

(1) 装货港费用:包括装箱、港口安全费、码头费等。

(2) 卸货港费用:包括拆箱、清关、港口费等。

3. 保险费用(如果需要)

货物保险:根据货物价值和风险评估,可能需要购买运输保险。

4. "其他费用"根据具体情况会有差异,通常包括以下情况

(1) 内陆运输费:从发货地到装货港,或从卸货港到目的地的陆运费用。

(2) 仓储费:如果货物需要在港口或仓库中暂时存储。

(3) 特殊处理费:如危险品处理费、超重或超尺寸货物处理费等。

(4) 贸易条款：不同贸易术语下要求买卖双方负担的费用都不一样，具体参照任务一国际贸易内容。

(5) 货代公司服务费：货代公司为客户提供不同服务，会向客户收取相应的服务费，在实操中，客户可以向多家运输公司或货运代理询价，比较不同方案的总成本和服务。

(6) 合同和支付：在不同的国际贸易商务中，买卖双方会在合同中确定不同的运输合同条款，包括费用、责任、风险转移点等，具体费用根据合同约定进行支付。

在实际操作中，运费的计算可能会更加复杂，需要考虑具体的运输路线、货物特性、市场行情等因素。建议与专业的货运代理或运输公司合作，以获取准确的报价和专业的服务。

第三节　散杂货运输

一、散杂货运输的定义

散货运输业务是指运输没有包装或包装简单、不易于计数的大量货物，散杂货运输对象包括散装货物和件杂货物。散装货物又称散货，是指不加包装的块状、颗粒状、粉末状货物，如矿石、煤炭、散运的盐等。散货一般批量较大。件杂货是指除鲜活货物外一般货物的总称。它品种繁多，性质个异，包装形式不一。

散杂货运输可采用租船和订船两种。租船运输是指船舶所有人把船舶租给租船人。根据租船合同规定或租船人的安排来运输货物的方式，一般适用于大批量散货运输。订船是指发货人向船公司洽订舱位运输货物，一般适用于件杂货运输。这种方式通常用于小批量或特定需求的货物运输，发货人需要提前与船公司协商并支付相应的费用。

从世界主要运输大宗散杂货的港口进口到中国港口（天津、广州、青岛港）等货物，及中国港口（天津、辽宁鲅鱼圈、营口、秦皇岛港）等出口货物。

散杂货运输的常见品名和运输工具：大宗散杂货进口的商品主要有：煤炭、矿砂、谷物、化肥、饲料、大麦等产品，出口有焦炭、矾土等产品。

散杂货主要的运输工具：海运整船运输，也是租船运输。租船业务涉及的商品价值都偏低。

根据货物贸易的 CIF 和 FOB 的价格条款，确定租船方，租船运输方式有三种：定程租船（又称航次租船）、定期租船（简称期租）、光船租船，货运公司涉及的租船业务主要以航次租船为主，向船东支付约定的运费。

二、散杂货运输业务的特点

(一)大批量运输

散杂货通常以大批量形式运输,因为它们是原材料或初级产品。

(二)货物形态

散杂货的货物形态可能是液体、粉末、颗粒或不规则固体形态。

(三)装卸方式

散杂货一般使用专业设备如传送带、抓斗、泵等进行装卸。

(四)运输工具

散杂货的运输工具通常为散货船、散货集装箱、散装液体集装箱(如油轮)等。

三、散杂货的主要船型

(一)好望角型(8万吨以上)

好望角型是指强度体积都能安全通过好望角最恶劣天气的船舶,好望角附近常年风力大于8级,一般好望角型船舶特指大型散货船,长度在250~300米,吨位在15~20万吨之间。

(二)巴拿马型(7万吨以下)

巴拿马型是指在满载情况下可以通过巴拿马运河的大型散货船,即主要满足船舶总长不超过274.32米,型宽不超过32.30米的运河通航有关规定。根据需要,调整船舶的尺度、船型及结构来改变载重量,该型船载重量一般在6~7.5万吨之间。

(三)超灵便型(4万吨以上6万吨以下)

超灵便型是指适应不同港口条件的船,因其闻名于多样化的用途,且具有灵活性和适应性,它们能够在较小的港口进行装卸作业,并且吃水较浅。

(四)小灵便型(4万吨以下)

小灵便型是指一种载重量在1万吨至4万吨之间的散货船,因其具有超强的灵活性和适应性,需要在较小港口进行装卸作业时就优先使用这种船型。

四、散杂货的运输流程

从供需角度来说,散杂货运输的供给方和需求方的运输流程有一定的区别,以下从供给及需求两个角度分别介绍流程,分别供物流管理专业及国际贸易专业的读者分别参考。

(一)散杂货运输供给方运输流程(供物流管理专业参考)

完整的散杂货运输需要很多环节和岗位合作完成,在进口及出口环节,其工作内容及岗位职责也有所不同,下面以进口为例,按照进口卸船前后阶段分为进口卸船前、进口卸船及进口卸船后介绍运输流程,具体内容见表5-2。

表5-2 散杂货运输流程表

流程	岗位/角色	业务处理
进口卸船前流程	船、货代	船舶、货物信息向港方申报
	货运部	受理业务、办理手续,并把相关信息通知到各个业务部门
	调度计划员	编制船舶计划(句计划、五日计划、昼夜进出港计划等)及作业计划(昼夜作业计划等),船舶的预、确报管理
	当班调度员	根据计划员编制的昼夜作业计划进行当班的作业计划安排并生成作业指令,船舶的靠、移、离等船舶动态的管理
进口卸船作业	值班调度	安排船舶靠泊;根据计划员编制的昼夜作业计划安排作业线,并进行固机机械的安排;作业完成后对作业票进行审核、确认
	机械队	根据调度安排的作业线安排具体的作业机械(流机)及司机,作业完成后填写机械队作业票
	装卸队	根据调度安排的作业线进行装卸工的安排,作业完成后填写装卸队作业票
	库场队/理货班长	根据调度安排的作业线进行理货员的安排
	理货员	进行理货员作业,作业完成后填写作业票及里货票
	库管员/统计	作业完成后记录班次的理货信息形成理货台账(库存信息及出入库记录)

续表 5-2

流程	岗位/角色	业务处理
进口卸船后（提货）	货运业务员	货主提货业务受理、办理提货手续、编制货运计划,如果是外贸货要审核海关放行信息
	调度计划员	编制昼夜作业计划等
	值班调度	安排陆运作业(汽车、火车)、开出作业线、根据货运计划指定作业位置
	机械队	根据调度的作业指令安排作业机械及司机
	装卸队	根据调度的作业指令安排作业装卸工人
	理货班长	根据调度的作业指令安排理货员
	理货员	现场理货、记录清点的货物数量、残损、质量等信息,并与货主进行货物交接
	司机	持手续进闸到指定的库场进行装车,装完货后货主与理货交接完成后,司机持理货员开出的放行单出闸
	库管员/统计	作业完成后记录班次理货信息形成理货台账

(二) 散杂货运输需求方运输流程(供国际贸易专业参考)

国际散货运输流程涉及多个环节,确保从发货地到收货地的货物安全、高效运输。以下是国际散货运输的一般流程:

(1) 货物检验与合格证明:在装船前,对散货进行质量和数量检验,获取合格证明。

(2) 合同签订:买卖双方签订贸易合同,明确货物种类、数量、价格、装运港、目的港等条款。

(3) 订舱:根据货物数量和类型,与船运公司或货运代理签订运输合同,预订运输舱位。

(4) 货物集港:将货物运输到指定港口,准备装船。

(5) 装船:使用适合的装卸设备(如传送带、抓斗、泵等)将散货装入船舱。

(6) 货物固定:确保货物在船舱内稳固,防止运输途中移动或损坏。

(7) 获取提单或其他运输文件:从船运公司获取提单(Bill of Lading),这是货物运输的重要合同证明。

(8) 海运:散货船按照预定航线将货物运输到目的港。

(9) 海上风险管理:通过保险等方式管理运输过程中可能遇到的风险。

(10) 预计到达通知:货物接近目的港时,通知收货人准备接货。

(11) 货物跟踪：使用货物跟踪系统监控货物运输状态。

(12) 目的港清关：在目的港，办理货物的海关清关手续。

(13) 卸船：使用专业设备将散货从船舱中卸出。

(14) 货物检验：在目的港对货物进行再次检验，确保货物在运输过程中未受损害。

(15) 仓储：如有必要，将货物存储在港口仓库或堆场。

(16) 内陆运输：安排货物通过陆运、铁路或管道等方式运输到最终目的地。

(17) 交货：将货物交付给收货人，并获取收货确认。

(18) 文件结算：完成所有运输文件的结算工作，包括提单、商业发票、装箱单等。

(19) 支付结算：根据合同条款，完成货款的支付和结算。

(20) 运输后续服务：如有必要，提供售后服务，如退货处理、货物索赔等。

整个散货运输流程需要严格遵守国际和当地的法律法规，同时要求参与各方（包括发货人、收货人、货运代理、船运公司、保险公司等）之间有良好的沟通和协调。

五、散杂件货物与集装箱货物流程比较

在整个国际运输体系中，散杂货运输和集装箱运输共生，随着集装箱运输的发展，很多原来使用散货运输的货物也转型为集装箱运输，下面以内地到香港的散货运输为例，比较一下散杂货和集装箱运输在流程上的区别。

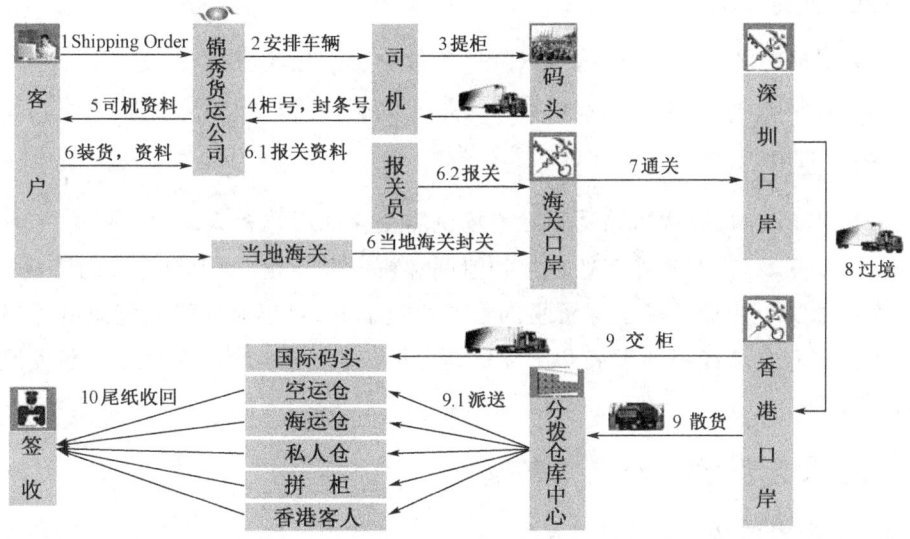

图 5-8　散杂件出口香港流程图

比较完整的散货运输和集装箱运输流程,发现大部分环节是重合的,明显的区别是散杂件货物比集装箱运输多了分拨环节,其他流程大致一样。

六、选择散杂件运输考虑的因素

(一) 关键因素

(1) 货物特性:不同散货的物理和化学特性影响运输和装卸方式。

(2) 船舶类型:根据散货类型选择适当的散货船,如自卸船、油轮等。

(3) 运输成本:包括海运费用、装卸费用、仓储费用等。

(4) 安全和环保:确保运输过程中符合安全规定,防止货物泄漏和污染。

(5) 市场行情:散货的供需状况影响运输需求和价格。

(二) 风险管理

(1) 货物保险:为货物投保,以降低运输过程中的风险。

(2) 合同条款:明确买卖双方的责任,如货物灭失或损坏的责任归属。

(3) 运输监控:使用技术手段监控货物状态和运输进度。

(三) 法规遵循

(1) 国际法规:遵守国际海事组织(IMO)等机构制定的运输规定。

(2) 国内法规:遵循货物起运国和目的国的法律法规。

(四) 业务优势

(1) 规模经济:大批量运输可以降低单位货物的运输成本。

(2) 专业服务:专业的散货运输公司提供定制化的运输解决方案。

(五) 业务挑战

(1) 市场波动:散货运输受国际市场供需变化的影响较大。

(2) 环境影响:需要妥善处理货物泄漏和粉尘等问题,减少对环境的影响。

海运散货运输业务是全球贸易的重要组成部分,对于原材料和能源的流通至关重要。随着全球经济的发展和国际贸易的增长,散货运输业务也在不断发展和创新。

七、散杂货的一般运输条款

(一) 班轮条款(Liner Terms)

班轮条款(Liner Terms),又称泊位条款(Berth Terms)或总兑条款(Gross

Terms),是指由船舶所有人负责雇佣装卸工人,并负责支付装卸及堆装费用。

具体地讲,在装货港,承租人只负责将货物送至码头、船边,并置于船舶吊钩之下,船舶所有人则在船舶吊钩所及之处接收货物在卸货港,船舶所有人负责在船舶吊钩之下交付货物,承租人则在船舶吊钩之下接收货物。至于费用的划分也完全以此为标准。

在航运实践中,有人误认为只要合同中订立了班轮条款,则此种运输就完全应按照班轮运输的条件来进行,其实不然。所谓的班轮条款,仅仅是在装卸费的分担问题上仿效了班轮的做法,即由船舶所有人承担装卸费用,而不涉及其他的权利和义务。

(二) 管卸不管装(F.I.)

出租人不负担装货费用条款(FREE IN,其实我们一般用作 FILO 就是 FREE IN & LINER OUT),俗称"管卸不管装"。出租人不负担装货费用条款(F.I.),又称舱内收货条款。在这一条款之下,船舶所有人在装货港只负责在舱内收货,装货费用由承租人负担;而在卸货港所发生的费用则由船舶所有人负担。

(三) 管装不管卸(F.O.)

该条款又称舱内交货条款(F.O.)。按照该条款,在装货港由船舶所有人支付装货费,在卸货港船舶所有人只负责舱内交付货物,而卸货费则由承租人负担。

(四) 不管装不管卸(F.I.O)

出租人不负担装卸费条款(F.I.O.),又称舱内收、交货条款。在此种条款下,船舶所有人只负责在舱内收、交货物,在装卸两港由承租人雇佣装卸工人,并承担装卸费用。

(五) 不管装卸、积载及平舱费用条款(F.I.O.S.T.)

出租人不负担装卸、积载及平舱费条款(F.I.O.S.T.),又称舱内收、交货并负责积载费用条款。该条款与班轮条款完全相反,船舶所有人不负责有关装卸的所有费用,所有雇佣装卸工人及有关的装卸费用均由承租人负担。在这一条款之下,装运大件货物所产生的绑扎费及需要的绑扎材料,也应该由承租人负担。不过,为了避免不必要的争议,在运输大件货时,合同中应订明"绑扎"(Lashed)的字样,以表明船舶所有人不负责绑扎费。同样,如果在上述规定后加上"垫舱"(Dunnages)的字样,表明出租人除了不负责上述费用之外,还不负担垫舱费用。

目前国内散货市场通常使用班轮条款(即管装管卸)、F.I.O(不管装,目的港不管卸)条款和 F.I.O.S.T(管装不管卸)条款三种。

5-2 云阅读

八、海运散货运输费用计算

散货运输适用于那些不便于装入集装箱的货物,如大宗商品(粮食、矿石、煤炭等)、超大件(机械设备、工程项目等)、危险品(化学品、油品等)等。散货运输的优势是可以灵活地根据货物的特点和客户的需求,安排合适的船舶和航线,节省装卸和仓储成本,提高运输效率。散货运输的缺点是受船期和舱位的限制,需要提前预订,而且运输过程中可能出现货损、货差等风险。

一般来说,散货运费由基本费率和附加费两部分组成。基本费率是指根据航线和货物等级确定的基本运价,通常以每重量吨(W)或每尺码吨(M)为计算单位。附加费是指根据货物特点、港口情况、市场变化等因素而增加的额外费用,通常以百分比或固定金额为计算单位。

在计算散货运费时,需要注意以下几个方面:

(一)货物等级

不同的货物根据其包装、装卸、保管等难易程度,被划分为不同的等级,从而影响基本费率的高低。一般来说,越难处理的货物,基本费率越高。

(二)计算标准

不同的货物根据其重量或体积,采用不同的计算标准来确定计费单位,通常有七种计费标准:

(1)重量法:W

(2)体积法:M

(3)从价法:Ad Valorem

(4)选择法:W/M;W or AD VAL;M or AD VAL;W/M or AD VAL;W/M Plus Ad Val.

(5)综合法:W & AD VAL;M & AD VAL.

(6)按件法

(7)议价法

在计算散货运费时,需要根据货物的实际情况,选择合适的计算标准。

(三) 附加费项目

不同的货物和航线,可能涉及不同的附加费项目,如超重附加费、超长附加费、洗舱费、港口附加费、港口拥挤费、选港费、直航附加费、燃油附加费、贬值附加费等。在计算散货运费时,需要根据运价表或合同,查明需要支付的附加费项目,并将其累加到基本费率中。

(1) 如果附加费为绝对数值则运费公式为:

运费总额＝货运数量(重量或体积)×基本费率＋附加费

(2) 如果附加费按百分比计算则运费公式为:

运费总额＝货运数量(重量或体积)×基本费率×(1＋附加费％)

(四) 货损货差

散货运输过程中,可能出现货物的损耗或短缺,称为货损或货差。一般来说,船公司会在合同中规定一定的货损或货差范围,超过该范围的部分,由船公司承担赔偿责任。在计算散货运费时,需要考虑货损或货差对运输成本的影响,并根据实际情况进行调整。

总之,国际海运业务散货收费的基本原理是根据航线和货物等级确定基本费率,再加上各种附加费用。在计算散货运费时,需要注意货物等级、计算标准、附加费项目和货损货差等因素,并根据新的运价信息和合同条款进行核实和调整。只有这样,才能准确地掌握散货运输的成本和利润,为国际贸易提供有效的支持。

(五) 运费计算步骤

(1) 首先了解货物品名、译名、特性、包装、重量、尺码(是否超重、超长)、装卸港(是否需转船、选卸港)等。

(2) 根据货物的品名,从货物分级表中找出该货物的等级和计算标准,如属未列名(N.O.E)货物,则参照性质相近货物的等级和计算标准计算。

(3) 已查知货物等级和计算标准后,再查找货物所属航线等级费率表,找出货物等级相应的基本费率。

(4) 查找有无附加费及其各种附加费的计算办法及费率;如果是从价运费,则按规定的百分比乘以 FOB 货值计算。

(5) 查到各种数据后,列式进行计算。

示例:某轮从上海港装运 10 吨,共计 11 立方米的蛋制品去英国普利茅斯港,要求直航,求全部运费。

按上述步骤计算过程如下:

(1) 查货物分级表知蛋制品为12级,计算标准为 W/M。

(2) 再从中国到欧洲地中海航线分级费率表查出12级货物的基本费率为116元/吨。

(3) 因该货物体积大于重量,所以运费吨应为11吨。

(4) 另从附加费率表中查知普利茅斯港直航附加费每运费吨为18元,燃油附加费35%。

(5) 代入计算公式:

$$运费总额=11\times[116\times(1+35\%)+18]=1\,920.60\,元$$

5-3 云视频

第四节　多式联运

一、多式联运定义

多式联运(Multimodal Transport 或 Intermodal Transport),简单来说是"多种运输方式组合而成的复合运输",它是区别于"单一方式运输"的一种运输组织形式。从广义上理解,凡是在一趟运输过程中采用两种或两种以上运输方式的运输活动都可以纳入多式联运的范畴,但显然这样的定义太过宽泛。由于技术的不断进步和发展形式的日趋多样,各国对于多式联运概念的界定也有所不同,如表5-3所示。

广义的多式联运涉及两种及两种运输方式以上的联合运输,包含了公铁、铁水、公水、空陆等所有跨运输方式的组合形式,以及各种大宗散货(煤炭、矿石、建材、粮食、石油等散货)、集装箱和半挂车等标准运载单元的多式联运等。广义的多式联运主要强调各种运输方式之间的无缝衔接,具有代表性的有美国的《冰茶法案》、我国的《物流业发展中长期规划(2014—2020年)》所指向的多式联运。

狭义的多式联运强调两种或多种运输方式在接续转运中,仅使用某一种标准化的运载单元或道路车辆,且全程运输中不对货物本身进行倒载,具有代表性的是欧盟所指向的多式联运。狭义的多式联运不包括大宗散货的多式联运以及跨运输方式换装时需要拆箱、倒载的厢式化多式联运(如空陆联运往往需要落地拆箱后重新集拼装车)。

表 5-3　不同区域多式联运的定义

地区	文件	定义
国际	《联合国国际货物多式联运公约》	按照多式联运合同,以至少两种不同的运输方式,由多式联运经营人将货物从一国境内接管货物的地点运到另一国境内指定交付货物的地点
美国运输部	/	在运输方式间可以互换的货物集装箱的运输
欧盟	《组合运输术语手册》	货物全程由一种且不变的运载单元或道路车辆装载,通过两种及以上运输方式无缝接续,且在更换运输方式过程中不发生对货物本身操作的一种货物运输形式
中国	《物流术语》GB/T 18354-2021	货物由一种运载单元装载,通过两种或两种以上运输方式连续运输,并进行相关运输物流辅助作业的运输活动

二、多式联运的分类

(一) 按运输方式组合分类

(1) 海铁联运(Sea-Rail Intermodal Transport):货物先通过海运到达港口,再通过铁路运输到内陆目的地。

(2) 陆海联运(Road-Sea Intermodal Transport):货物先通过公路运输到港口,再通过海运运输。

(3) 空陆联运(Air-Road Intermodal Transport):货物先通过空运到达机场,再通过公路运输。

(4) 空铁联运(Air-Rail Intermodal Transport):货物先通过空运到达机场,再通过铁路运输。

(5) 海空联运(Sea-Air Transportation):货物先通过海运到达港口附近,再通过空运到达最终目的地。

(6) 陆空联运(Land-Air Transportation):货物先通过公路运输到机场,再通过空运到达最终目的地。

(7) 陆海空联运(Land-Sea-Air Transportation):结合公路运输、海运和空运,适用于全球范围内的跨国货物运输。

(8) 铁海空联运（Rail-Sea-Air Transportation）：将铁路、海运和空运进行结合。

（二）按组织方式分类

(1) 协作式多式联运：两种或两种以上运输方式的运输企业，按照统一的规章或商定的协议，共同将货物从接管货物的地点运到指定交付货物的地点。

(2) 衔接式多式联运：由一个多式联运企业综合组织两种或两种以上运输方式的运输企业，将货物从接管货物的地点运到指定交付货物的地点。

每种类型的多式联运都有其适用的场景和优势，在选择多式联运类型时，需要根据货物特性、运输距离、时效与成本等，综合考虑做出最优的运输策略。

三、多式联运的关键特点

(1) 多种运输方式结合：货物在运输过程中至少使用两种不同的运输方式。

(2) 单一合同：通常由一个多式联运经营人（Multimodal Transport Operator，MTO）负责整个运输过程，并提供单一的运输合同。

(3) 责任统一：多式联运经营人对整个运输过程中的货物损失或损害负责。

(4) 优化物流成本：通过合理规划运输路线和方式，降低运输成本。

(5) 提高运输效率：减少货物在运输过程中的中转次数，缩短运输时间。

(6) 灵活性：可以根据货物特性和运输需求，灵活选择运输方式。

(7) 减少货物损耗：减少货物在中转过程中的搬运次数，降低损耗风险。

(8) 环境友好：优化运输方式，减少碳排放和环境影响。

四、多式联运的流程

多式联运是一种高效的运输方式，它结合了多种运输模式（如海运、陆运、铁路和空运）来完成货物从发货地到目的地的运输。图5-9所示是多式联运的典型运输流程。

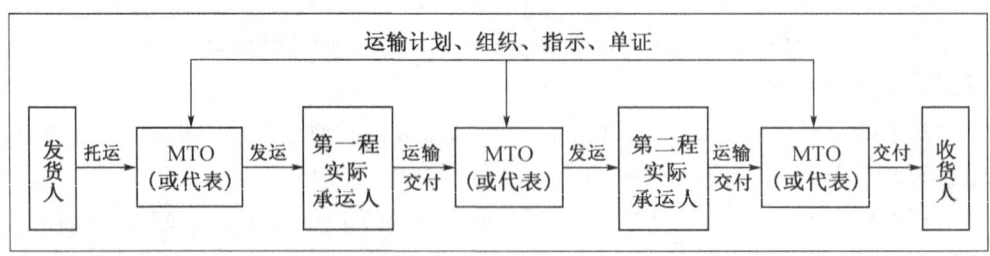

图5-9 多式联运流程图

（1）货物准备：货物在发货地被打包或装入集装箱。
（2）第一程运输：货物通过海运、陆运或空运等方式运输到第一个中转点。
（3）中转：在中转点，货物从一个运输工具转移到另一个运输工具。
（4）第二程运输：货物继续通过不同的运输方式运输到下一个中转点或最终目的地。
（5）清关：在必要的中转点或目的国进行海关清关。
（6）最终交付：货物运输到最终目的地，并交付给收货人。

在以上图中，可以看出多式联运中多角色的业务传递关系，实际操作中多式联运经营人会完成一系列的工作，具体如图5-10所示。

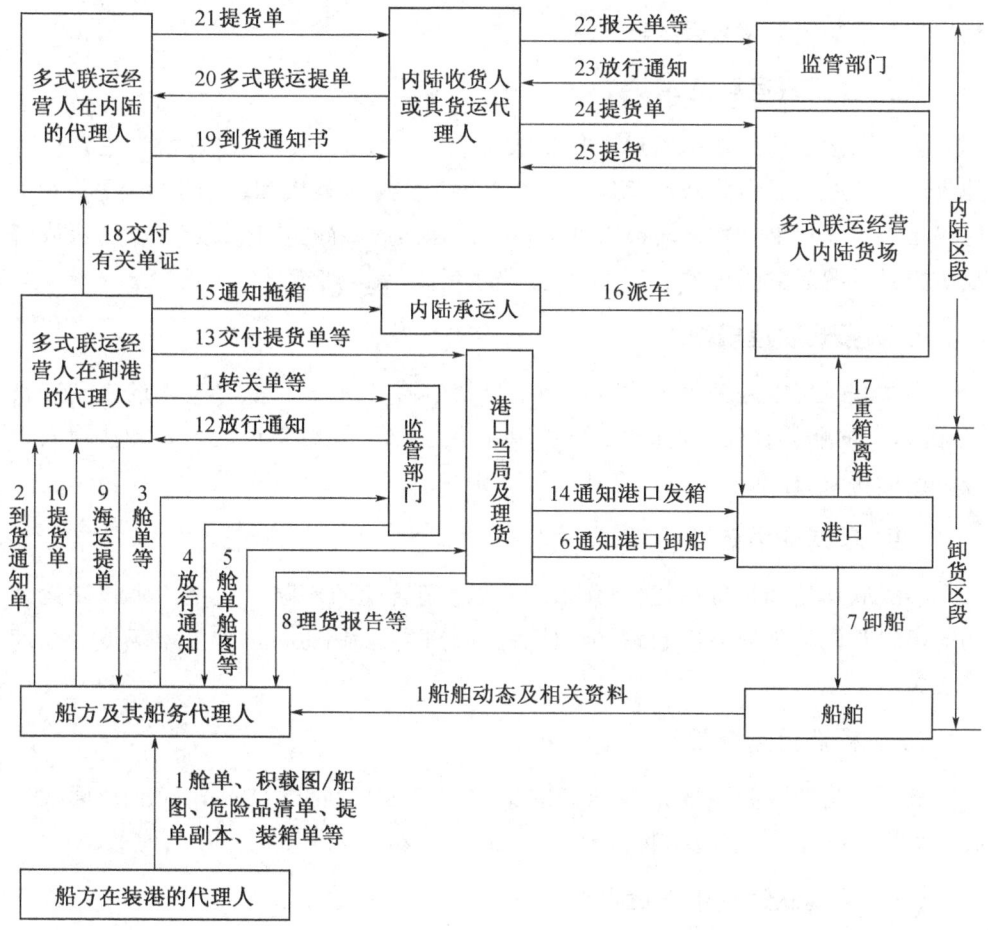

图5-10 多式联运代理流程图

五、多式联运的组成要素

无论是广义的还是狭义的多式联运,其组成均要包括以下要素:

(一) 多式联运经营人

多式联运经营人是指与托运人签订多式联运合同并对运输过程承担全部责任的合同主体。在国际多式联运活动中,只有多式联运经营人才有权签发多式联运提单,并且负责赔偿在整个联合运输过程中任何地方所发生的货物灭失或者损坏。由于国内运输并没有"多式联运提单"的概念,因此内贸多式联运并不需要严格意义上的多式联运经营人。多式联运经营人主要集中在外贸多式联运领域,并且主要是在国际集装箱多式联运中。

(二) 多式联运承运人

多式联运承运人是指以运送货物或者组织货物或承诺运送货物为主营业务并收取运费的人。多式联运承运人又可以分为实际承运人和缔约承运人:实际承运人是指实际从事货物运输或者部分运输的承运人;缔约承运人是指以明示或者默示方式承担运输责任的承运人,如无船承运人、无车承运人。

(三) 多式联运规则

多式联运规则是关于多式联运中的货物运输组织与管理、参与人的权利和义务、经营人的赔偿责任及期间、定价机制和违约处理、运输单证的内容和法律效力等方面的协议、标准或规范。多式联运规则是多式联运运作的核心。

(四) 多式联运站场

多式联运站场是货物在各种运输方式之间转运的实际发生地。多式联运站场既可以是铁路集装箱中心站、港口码头、公路货运站,也可以依托堆场或者仓库等设施。

(五) 标准化运载单元

标准化运载单元主要指国际标准集装箱、可脱卸箱体(Swap-body)、厢式半挂车(Semi-trailer),也包括物流台车(笼车)、集装袋等。

(六) 多式联运专用载运机具

多式联运专用载运机具主要包括铁路集装箱平车、厢式半挂车平车;整车货车或半挂车专用滚装船舶;铁路商品车运输专用车辆;公铁两用半挂车及其转换架等。

(七) 多式联运转运设施装备

多式联运转运设施和装备是实现多式联运运作机械化的重要条件,实现高效的多式联运所必需的转运设施装备包括但不限于:龙门吊、桥吊、集装箱堆高机、叉车、托盘等等。

(八) 多式联运信息系统

跨运输方式的信息交换共享和互联互通是多式联运运作的重要基础条件。通过多式联运信息系统,可以实现货物跨运输方式、全程的实时追踪和在线查询。

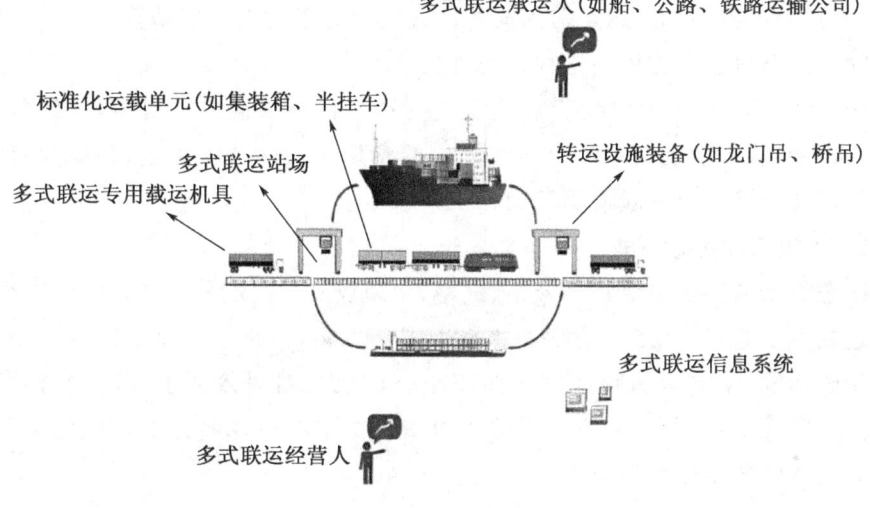

图 5-11 多式联运组成要素

六、多式联运的定价原理

(一) 多式联运的定价构成

以集装箱多式联运为例,运输费用包括运输总成本、经营管理费以及合理利润。其中运输总成本的大小与多种因素有关,影响最大的是集装箱交接方式与运输方式的构成,即包括运费、港站费用,也包括报关报检费等。下面列举两种交接方式的运费组成:

如果是拼箱交、拼箱接(LCL/LCL),即一个集装箱由两票或两票以上货物组成,采用站到站(CFS/CFS)的交接方式,其运费就包括从站到站之间的一切费用。

如果是整箱交、整箱接(FCL/FCL),即一个集装箱由一票货物组成,采用门到门(DR/DR)的交接方式,其运费就包括从门到门之间的一切费用。

(二) 多式联运计费方式

1. 多式联运计费方式类别

当前多式联运的计费方式主要分为三种:单一制、分段制和混合制。

(1) 单一制:指集装箱从托运到交付,所有运输区段均按照相同的运费率计算全程运费。比如,在西伯利亚大陆桥运输中采用的就是这种计费方式,即采用不分货种的以箱为计费单位的 FAK(Freight for All Kinds Rates)统一费率。

(2) 分段制:按照组成多式联运的各运输区段,分别计算海运、陆运、空运及港站等各项费用,然后合计为多式联运的全程费用,由多式联运经营人向货主一次计收,最后再由多式联运经营人与各区段的实际承运人分别结算。目前大部分多式联运的全程运费均采用这种计费方式。

(3) 混合制:从国内接收货物地点至到达国口岸采取单一费率,向发货人收取预付运费;从到达国口岸到内陆目的地的费用按实际成本确定,另向收货人收取到付运费。混合制一般适用于国际多式联运。

2. 比较三种运输方式

固态货物的运输主要包括公路、铁路、水路以及航空四种方式,其中公路是陆路运输的主要方式,水路运输则主要用于国际货物,铁路主要用于国内大宗货物的长距离运输,航空运输则适用于体积小、价值大、对时效要求较高的货物的运输。由于在航空运输中,一般会根据飞机货舱的形状采用特定的航空集装箱,故多式联运通常较少使用航空运输。

(1) 公路:运输灵活,但成本高昂

公路货物运输(HighwayTransportation)主要以载货汽车为主要运输工具,通过公路使货物产生空间位移的过程。从狭义上来说,公路货物运输即指汽车运输。

首先,其适应性强。由于公路运输网一般比铁路、水路网的密度要大十几倍,分布面也广,因此公路运输车辆可以"无处不到、无时不有"。公路运输在时间方面的机动性也比较大,车辆可随时调度、装运,各环节之间的衔接时间较短。尤其是公路运输对客、货运量的多少具有很强的适应性,汽车的载重吨位有小(0.25~1 t 左右)、有大(200~300 t 左右),既可以单车独立运输,也可以由若干车辆同时运输。

其次,其可以实现直达运输。由于汽车体积较小,中途一般也不需要换装,除了可沿分布较广的公路网运行外,还可离开路网深入到工厂企业、农村田间、城市居民住宅等地,即可以把旅客和货物从始发地门口直接运送到目的地门口,实现

"门到门"直达运输。

再次,其运量较小,成本高。大型矿车运量可以达到数百吨,但仍比火车、轮船少得多;由于汽车载重量小,行驶阻力比铁路大 9~14 倍,所消耗的燃料又是价格较高的液体汽油或柴油,因此,汽车运输成本仅低于航空运输。

最后,其准入门槛低。公路运输与铁路、水路、航空运输方式相比,所需固定设施简单,车辆购置费用一般也比较低。汽车驾驶技术比较容易掌握,对驾驶员的各方面素质要求相对也比较低,因此,公路货运准入门槛较低。

(2) 铁路:运输成本较低,经营体制受限

铁路是一种适宜于担负远距离的大宗客、货运输的重要运输方式。在我国这样一个幅员辽阔、人口众多、资源丰富的大国,铁路运输在目前甚至在可以预见的未来,都是综合运输网中的骨干和中坚,主要优点如下:

首先,铁路运输的准确性和连续性强。铁路运输几乎不受气候影响,一年四季可以不分昼夜地进行定期的、有规律的、准确的运转。

其次,铁路运输速度比较快。铁路货运路程每昼夜可达千公里,一般货车可达 100 km/h 左右,远远高于海上运输。

再次,铁路运输量比较大。铁路一列货物列车一般能运送 3 000~5 000 t 货物,远远高于航空运输和汽车运输。

最后,铁路运输成本较低。运输总成本中固定费用所占的比重大(一般占 60%),收益随运输业务量的增加而增长,平均成本也显著低于汽运。

但是铁路运输的缺点也很明显:

首先初期投资大。铁路运输需要铺设轨道、建造桥梁和隧道,建路工程艰巨复杂;需要消耗大量钢材、木材;占用土地,其初期投资大大超过其他运输方式。

其次不够灵活。铁路始发与终到作业时间长,不利于运距较短的运输业务;受轨道限制,灵活性较差。

(3) 水运:成本低运量大,受自然条件影响大

水运单次运量大,运距长,但运输速度较慢。水运单次运量较大,远洋 VLCC(油轮)和 VLOC(矿砂船)的单次运量可以达到 30 万吨和 40 万吨,内河船舶载重量一般也在数万吨。水运运距较长,平均运距大约在 1 500 公里左右,但行驶速度相比公路和铁路存在较大的劣势,一般常规货轮的行驶速度在 28~37 公里/小时之间,超级集装箱船的行驶速度可达到 55 公里/小时,时效性较差。

同时,水运受自然条件,即受海洋与河流的地理分布及其地质、地貌、水文与气象等条件和因素的明显制约与影响;水运航线无法在广大陆地上任意延伸,所以,水运要与铁路、公路和管道运输配合,并实行联运。

七、多式联运优越性

多式联运的优越性主要体现在以下几个方面：

（一）简化托运、结算及理赔手续

在多式联运方式下，无论货物运输距离有多远，由几种运输方式共同完成，且不论运输途中货物经过多少次转换，所有一切运输事项均由多式联运经营人负责办理。托运人只需订立一份运输合同，办理一次托运、一次费用支付、一次保险，省去了托运人办理托运手续的许多不便。

（二）缩短货物运输时间，减少库存，降低货损货差事故，提高货运质量

多式联运的各个运输环节和各种运输工具之间配合密切，衔接紧凑，货物所到之处中转迅速及时，大大减少了货物的在途停留时间，从而从根本上保证了货物安全、迅速、准确、及时地运抵目的地，因而也相应地降低了货物的库存量和库存成本。

（三）降低运输成本，节省各种支出

由于多式联运可实行门到门运输，因此对货主来说，在货物交由第一承运人以后即可取得货运单证，并据以结汇，从而提前了结汇时间。这不仅有利于加速货物占用资金的周转，而且可以减少利息的支出。此外，由于货物是在集装箱内进行运输的，因此从某种意义上来看，可相应地节省货物的包装，理货和保险等费用的支出。

（四）提高运输管理水平，实现运输合理化

对于区段运输而言，由于各种运输方式的经营人各自为政，自成体系，因而其经营业务范围受到限制，货运量相应也有限。而一旦由不同的运经营人共同参与多式联运，经营的范围可以大大扩展，同时可以最大限度地发挥其现有设备作用，选择最佳运输线路组织合理化运输。

（五）灵活性

多式联运为企业提供了灵活性，使他们能够灵活地响应客户的需求和需求。它还提供了单一模式运输所不具备的可扩展性，这意味着企业可以更轻松地根据市场情况进行增长并有效地管理供应链。

（六）更环保的选择

优化运输方式、运输时间和路线可以帮助企业做出环保选择并减少碳足迹。

（七）可靠性

选择多式联运意味着可以依靠多种运输方式而不是单一方式将货物运送到需要的目的地。无论是在应对道路封闭、港口罢工还是恶劣天气的情况，多式联运都可以在企业需要时为客户提供帮助，并保持企业在客户眼中的可靠性。

（八）安全与控制

多式联运使企业能够通过跟踪不同运输方式的货运来更好地控制其运营。这也意味着由于安全措施和监控系统的加强，他们可以放心高价值货物是安全的。

这些优越性使得多式联运成为现代物流中一个重要的运输方式，它通过整合不同的运输方式，提高了运输效率和服务质量，同时降低了成本和环境影响。

5-4 云思政

5-5 云习题

5-6 云习题

第六章　世赛任务模块三

🅾 学习目标

1．理解海运进出口合同的定义、作用及特点。

2．掌握海运进出口合同的类型。

3．熟悉海运进出口合同的主要内容和结构。

4．理解货运代理的定义、价值及类型。

5．掌握货运代理的主要职能。

6．理解货运代理的法律地位。

7．熟悉货运代理的流程。

8．掌握货运代理提单的法律地位、法律责任及双重代理的法律关系。

9．了解货运代理面临的挑战。

10．掌握货运代理的发展趋势。

11．理解国际物流法规与标准的定义、作用及发展历程。

12．掌握重要的国际物流法规。

13．理解国际运输法规的目的、重要性、基本原则及实施与监督机制。

14．掌握重要的运输法规。

15．了解国际物流法规的未来趋势，包括数字化与智能化、环保与可持续发展。

16．掌握国际运输单据标准。

17．理解国际货运代理标准。

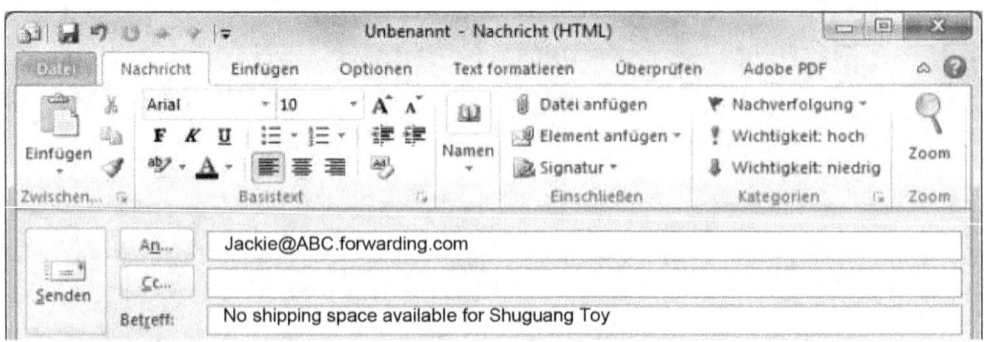

Dear Jackie,

I just received a notice from EMC informing us that the shipping space is very tight on the planned vessel because of the peak season and the one 20 feet container we booked for

Shuguang Toy has to be moved to the next available vessel. The cargo cannot be shipped in time.

SHIPPING COMPANY	ETD	TRANSPORT TIME	SEA FREIGHT QUOTATION
OOCL	SUN	33	18381.50
EMC	THUR	33	17174.00

The above is the voyage information of OOCL and EMC. It has been confirmed by EMC that cancellation of booking will be accepted and the sea freight we've paid will be returned.

Please write an email to Helen to explain the situation, express our apology and provide our solutions.

Thanks & Best regards.

Marnie

Team Manager Ocean Freight

AAAA Freight Forwarding (China) CO., LTD.

No. 45, Aot i Street, Jianye District, Nanjing, Jiangsu, China

Tel：+86-025-55316620

E-mail：Marnie@ABC.forwarding.com

任务三背景介绍：

这是一封来自买方货主的咨询邮件，一般国际贸易买卖双方不会自行操办国际物流实务，而是委托货代操办。邮件中的关键信息和诉求如下：

邮件中的关键信息和诉求如下：

紧急情况通知：

Helen从EMC收到通知，由于旺季导致船运空间非常紧张，预定的20英尺集装箱无法按时装运，需要推迟到下一班可用船只。

货物信息：

货物所属公司：Shuguang Toy（曙光玩具公司）。

船运公司和船期信息：

提供了OOCL和EMC两家船运公司的预计起航时间(ETD)和运输时间，以及海运费用报价。

OOCL:星期天起航,海运费用为18 381.50元。

EMC:星期四起航,海运费用为17 174.00元。

EMC 的确认信息:

EMC 已确认可以接受预订取消,并将退还已支付的海运费用。

诉求:

Marnie 需要给 Helen 写一封邮件,解释当前情况,表达歉意,并提供解决方案。

联系信息:

发件人:Marnie,职位:Ocean Freight 团队经理。

公司名称:ABC Freight Forwarding (China) CO., LTD.(ABC 货运代理有限公司)

公司地址:中国江苏省南京市建邺区奥体大街45号。

联系电话:+86-025-55316620。

电子邮件:Marnie@ABC.forwarding.com。

基于邮件内容,Marnie 需要撰写一封邮件给 Helen,邮件中应包含对当前船运紧张情况的解释,对预订集装箱无法按时装运的道歉,以及可能的解决方案,例如选择另一家船运公司的服务或等待下一班船只等选项。同时,应确保 Helen 知晓已支付费用将会退还的情况。这部分内容看似需要货运代理来协调处理,实际上最终是国际物流实务操作者来落地完成具体事务,需要从事国际物流业务的人员权衡服务和成本的关系,处理好客户关系等管理问题。同时要注意到,该邮件中客户委托货代公司寻找船公司,货主企业并不是实际托运人,货代公司与船公司也不是运输关系,复杂的关系需要各种合同锁定风险,签订进出口合同尤其重要。本任务涉及的直接知识点有两个:

1. 海运进出口合同;
2. 货代的定义以及他们的职能和素质要求。

在现实中纠纷中,合同优先适用,合同条款是解决纠纷的首要依据,但是当合同条款不明确或未作约定时,就要依赖相关法律法规进行补充和解释,因此国际法律法规知识也很重要。所以本任务拓展的知识点是国际物流法律法规。

6-1 云视频

第一节 海运进出口合同

一、海运进出口合同概述

进出口合同是指进口商和出口商之间就商品的买卖、交付、支付等事项达成的协议。

海运进出口合同通常由货主（出口商或进口商）与船东（承运人）之间签订。货主是指购买或出售货物的一方，负责支付货物的运输费用和管理相关事务。船东则是提供海上运输服务的公司或个人，负责运输货物到目的地。

在签订海运进出口合同时，货主和船东需要谈判并就合同的具体条款达成一致。在合同中会详细说明双方的权利和责任，详细规定货物的运输、交付、支付和其他相关事宜，包括货物描述、运输路线、运费、保险、风险责任等内容。双方签署合同后，就表示双方同意并遵守合同中的条款，确保货物安全、有序地进行海上运输。

二、海运进出口合同的作用

海运进出口合同在国际贸易中扮演着至关重要的角色，其主要作用包括：

（1）明确双方责任：合同详细规定了卖方和买方的责任，包括货物的提供、运输、支付和接收等。

（2）规范交易流程：合同为整个交易过程提供了清晰的指导，确保交易按照双方同意的条款进行。

（3）风险管理：通过规定风险转移点（如 FOB、CIF 等国际贸易术语），合同帮助双方管理和分配风险。

（4）价格和支付条款：合同明确了货物的价格、支付方式、支付时间和支付货币，减少支付纠纷。

（5）货物描述和质量保证：详细描述货物的规格、数量和质量标准，确保买方收到符合要求的货物。

（6）运输安排：规定货物的装运方式、装运港、目的港和运输工具，确保货物按时、安全地运输。

（7）保险条款：确定保险责任和保险费用的承担方，保护货物在运输过程中的安全。

（8）检验和验收：规定货物的检验和验收流程，确保货物符合合同规定。

(9) 违约责任：明确违约情况下的责任和赔偿机制，为解决违约问题提供依据。

(10) 不可抗力条款：规定不可抗力情况下的责任免除和合同调整机制。

(11) 争议解决：提供争议解决机制，如协商、调解、仲裁或诉讼，帮助双方解决合同执行过程中的争议。

(12) 法律适用和管辖：确定合同适用的法律和争议管辖的法院或仲裁机构。

(13) 合同生效和终止：规定合同的生效条件和终止条件，确保合同在特定情况下能够适时终止。

(14) 附加条款：根据双方的特殊需求，合同可能包含一些附加条款，如技术要求、售后服务等。

(15) 促进贸易信任：合同作为双方承诺的书面证明，增强了贸易双方的信任。

(16) 记录和证明：合同文件作为交易的正式记录，可用于证明交易的存在和双方的承诺。

(17) 遵守国际贸易规则：确保交易遵守国际贸易规则和相关法律法规，避免违法风险。

海运进出口合同是国际贸易中不可或缺的法律文件，有助于确保交易的顺利进行和双方权益的保护。在签订合同之前，建议双方仔细审阅合同条款，并在必要时寻求专业法律顾问的帮助。

三、海运进出口合同的特点

(1) 跨国性：海运进出口合同是涉及不同国家之间货物运输的合同，涉及国际贸易和跨境运输。

(2) 复杂性：海运进出口合同通常涉及多方，包括货主、承运人、保险公司等，合同条款较为复杂。

(3) 风险分散：海运运输存在多种风险，如货物损坏、丢失、延误等，合同会明确规定各方的责任和风险分担方式，从而降低风险。

(4) 长期性：有些海运进出口合同可能涉及长期合作关系，双方需要建立信任关系，并长期合作。

(5) 法律规范性：海上运输受到国际法律和国际公约的规范，合同中的条款通常遵循国际法律和相关规定。

(6) 依赖性：很多国际贸易依赖海运运输，海运进出口合同的签订对于货物的顺利运输至关重要。

总的来说,海运进出口合同是国际贸易中不可或缺的一环,其特点包括跨国性、复杂性、风险分散、长期性、法律规范性和依赖性。签订合同前,双方需要充分了解合同内容,遵循相关法律法规,以确保货物安全、有效地进行海上运输。

四、海运进出口合同的类型

海运进出口合同可以根据不同的标准进行分类,以下是一些常见的合同类型:

(一)海上货物运输协议或总合同

这是指承运人和托运人之间就一段时间内运输的货物总吨位、使用的船舶、运价、装运条件、起运港和目的港等达成的协议或订立的货运总合同。此类合同适用于大宗货物运输,并通常在分批装运时另行签发提单或另行订立航次租船合同。

(二)班轮运输合同

这种合同涉及承运人接受多个托运人的货物,将属于不同托运人的多批货物装载于同一船舶,按规定的船期,在一定的航线上,以规定的港口顺序运输。这种合同大多是以提单的形式表现和证明的,因此,件杂货运输又被称做提单运输。

(三)航次租船合同

由船舶出租人向承租人提供船舶或船舶的部分舱位,装运约定的货物,从一港运至另一港,由承租人支付约定的运费的合同。航次租船合同主要用于不定期船运输,是船舶出租人和承租人仅为某一特定航次使用船舶签订的协议。

(四)国际海上货物运输合同

与国内海上货物运输合同不同,国际海上货物运输合同涉及将货物从一国港口运往另一国港口的运输。在中国,两种合同中使用的运输单据不同,适用的法律也不同。

(五)散货运输合同、件杂货运输合同和集装箱货运输合同

这些合同根据承运货物的不同进行分类。散货是指未包装直接装载的货物,如谷物、糖、油等;件杂货是指包装成件或本身可计数的货物,如一箱衣物、一辆汽车等;集装箱货是指装载在集装箱中的货物。

这些类型展示了海运进出口合同的多样性,每种合同类型都有其特定的应用

场景和规定,以满足不同贸易需求和运输要求。

6-2 云阅读

五、海运进出口合同的主要内容和结构

海运进出口合同是国际贸易中用于规范货主与承运人的权利和义务的法律文件。以下是海运进出口合同的主要内容和结构:

(1) 合同标题和编号:明确合同的名称和唯一识别编号。

(2) 合同当事人:卖方(出口方)和买方(进口方)的名称、地址和联系方式。

(3) 货物描述:货物名称、规格、型号、数量、质量标准等详细信息。

(4) 价格条款:国际贸易术语(Incoterms),如 FOB、CIF、DAP 等,明确价格构成和风险转移点。

(5) 货物包装:包装方式、包装材料、包装要求等。

(6) 货物数量和重量:货物的具体数量和重量,以及允许的误差范围。

(7) 装运条款:装运时间、装运港、目的港、运输方式(如整箱 FCL 或拼箱 LCL)。

(8) 运输和保险:运输安排、运输责任、保险要求和保险条款。

(9) 支付条件:支付方式(如信用证、电汇、托收等)、支付时间、支付货币。

(10) 交货和接货:交货时间、接货地点、接货方式。

(11) 检验和验收:货物检验的时间、地点、方法和标准。

(12) 违约责任:违约情况下的责任和赔偿条款。

(13) 不可抗力:不可抗力条款,明确在不可抗力情况下的责任免除。

(14) 争议解决:争议解决方式,如协商、调解、仲裁或诉讼。

(15) 合同生效和终止:合同生效条件、合同终止条件。

(16) 附加条款:根据双方协商可能增加的其他特殊条款。

(17) 签字盖章:双方代表的签字和公司盖章,确认合同的法律效力。

(18) 附件:相关的技术文件、图纸、样品、检验报告等附件。

(19) 合同语言和法律适用:合同使用的语言和适用的法律。

(20) 日期和地点:合同签订的日期和地点。

海运进出口合同是确保贸易顺利进行的重要文件,需要双方仔细审阅并达成一致。在签订合同之前,建议咨询专业的国际贸易律师或顾问,以确保合同的合法性和可执行性。

6-3 云思政

第二节　货运代理

一、货运代理的定义

货运代理是一种委托服务,涉及一个组织(货运代理公司)代表另一个组织(发货人或托运人)负责货物的运输和物流活动。货运代理不拥有货物,而是通过与承运人(如船公司、航空公司、卡车公司等)签订合同,代表客户处理与货物运输相关的各项事务。

二、货运代理的价值

(一)成本效益

通过专业的物流知识和广泛的运输网络,货运代理可以帮助客户降低运输成本。

(二)时间效率

货运代理能够优化运输路线和方式,提高货物运输的时间效率。

(三)风险管理

货运代理通过专业的物流管理,降低货物运输过程中的风险,如货物损失、延误等。

三、货运代理的类型

(一)国际货运代理

国际货运代理处理跨国运输的货运代理,负责国际海运、空运、铁运和公路运输等。国际货代通常需要具备国际贸易和运输相关的知识,包括各国的进口及出口规定。

(二)国内货运代理

国内货运代理专注于国内市场的物流需求,服务范围包括公路、铁路及航空运输等,通常处理较短距离的货物运输。

(三)专门货运代理

专门货运代理专注于特定类型的货物运输,例如冷链物流(鲜冷或冷藏食品)、危险品运输或重货运输等。

(四)多式联运货运代理

多式联运货运代理利用两种或两种以上的运输方式,加快运输速度,提高物流效率。例如,将海运和铁路运输结合起来,以达到最佳运输效果。

四、货运代理的主要职能

在一个国际物流活动的运作流程中,其中的国际货运代理人在整个物流活动中起了一个衔接的核心枢纽作用,如图6-1所示。

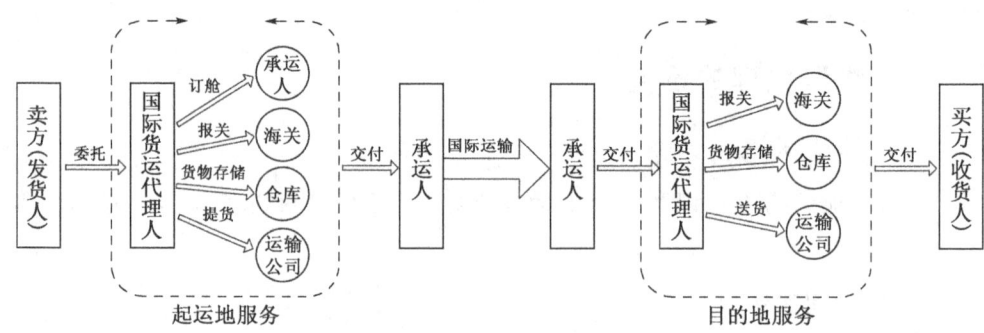

图6-1 货代在国际物流中的职能

(一)运输安排

为客户提供最佳的运输方案,包括选择合适的承运人、运输路径以及运输方式(海运、空运、陆运等)。货代需要综合评估时间、成本和服务质量。

(二)报关服务

负责处理货物的出口或进口的报关手续。这包括准备和提交必需的文件(如商业发票、装箱单、原产地证书等),确保货物符合海关的相关法律法规及标准。

(三)货物保险

建议客户购买相关的货物运输保险,以防范运输过程中可能发生的损失或损害,帮助其规避潜在风险。

(四) 仓储与分拨

为客户提供仓储服务,确保在运输前后货物安全存储,并负责货物的分拨和转运,提高整体物流效率。

(五) 单证处理

负责各类物流单证的准备和核对,如提单、发票、装箱单、报关单等。这些单证在国际物流中至关重要,关系到货物的顺利通关和合法运输。

五、货运代理的法律地位

(一) 基本责任

货代的责任期限自接收货物时开始至于目的地将货物交给收货人为止,有时根据指示将货物置于收货人指示的地点业已作为完成并以履行合同中规定的交货义务。国际货运代理人应对自己因没有执行合同所造成的货物损失负赔偿责任。

货代在接受货物准备仓储时,应在收到货后给委托方收据或仓库证明,并在货物仓储期间尽其职责,根据货物的特性和包装,选择不同的储存方式。在责任期限内他们要承担的基本责任如下:

(1) 作为承运人完成货物运输并承担责任,由其签发货运单据,用自己掌握的运输工具,或委托他人完成货物运输,并收取运费。

(2) 作为承运人完成货物运输不直接承担责任,由他人签发货运单据,使用掌握的运输工具,或租用他人的运输工具,或委托他人完成货物运输,并不直接承担责任。

(3) 根据与委托方订立的协议或合同规定,或根据委托方指示进行业务活动时,货代应以通常的责任完成此项委托,尤其是在授权范围之内。

(4) 如实汇报一切重要事项。在委托办理业务中向委托方提供的情况、资料必须真实,如有任何隐瞒或提供的资料不实造成的损失,委托方有权向货运代理人追索并撤销代理合同或协议。

(5) 保密责任。货运代理过程中所得到的资料不得向第三者泄露。同时,也不得将代理权转让与他人。

(二) 权利

委托方应支付给货运代理人因货物的运送、保管、投保、保关、签证、办理单据等,以及为其提供其他服务而引起的一切费用,同时还因支付由于货运代理人不能控制的原因致使合同无法履行而产生的其他费用。如货物灭失或损坏系属于保险人承包范围之内,货运代理人赔偿后,从货物所有人那里取得代位求偿权,从其他责任人那里得到补偿或偿还。当货运代理人对货物全部赔偿后,有关货物的所有权便转为货运代理人所有。

1. 除外责任

(1) 由于委托方的疏忽或过失;

(2) 由于委托方或其他代理人在装卸、仓储或其他作业过程中的过失;

(3) 由于货物的自然特性或潜在缺陷;

(4) 由于货物的包装不牢固、标志不清;

(5) 由于货物送达地址不清、不完整、不准确;

(6) 由于对货物内容申述不清楚、不完整;

(7) 由于不可抗力、自然灾害、意外原因。

2. 赔偿责任

但如能证明货物得灭失或损害是由货运代理人过失或疏忽所致,货代对该货物的灭失、损害应负赔偿责任。

3. 赔偿责任原则

国际货运代理协会一般条款规定的赔偿原则有两个方面:一是赔偿责任原则,二是赔偿责任限制。

收货人在收到货物发现货物灭失或损害,并能证明该灭失或损害是由货运代理人过失造成,即向货代提出索赔,在一般情况下,索赔通知的提出不超过货到后多少天,否则,就作为货代已完成交货义务。

4. 赔偿责任限制

从现有的国际公约看,有的采用单一标准的赔偿方法,有的采用双重标准的赔偿方法,对国际货运代理人的赔偿方法也应同样如此,但实际做法不一,差异较大。

(1) 赔偿责任限制的主要形式

①单位责任限制(普遍适用)

海运:每件或每货运单位 666.67 SDR(约 1 000 美元)

空运:每公斤 19 SDR(约 30 美元)

公路运输:通常按毛重每公斤 8.33 SDR(约 13 美元)

②总额责任限制:通常约定不超过运费的 3~5 倍,或设定固定金额上限(如 10 万美元/票)

③免责条款;不可抗力;货物固有缺陷;托运人申报不实
(2) 适用赔偿责任限制的条件
①必须满足的前提;货运代理已尽合理谨慎义务;损失非因故意或重大过失导致;已履行告知义务(如显著标明责任限制条款)
②限制无效的情形;存在故意或重大过失;未适当提醒注意限制条款;违反法律强制性规定

六、货运代理的流程

(1) 客户咨询:客户主动与货代接洽,说明运输需求、货物类型、目的地、发货时间等信息。

(2) 报价与合同:货运代理根据客户提供的信息,计算运输费用,并将报价发给客户。一旦客户接受报价,双方签署运输合同,明确运输条款。

(3) 货物准备:客户准备好待运输的货物并提前与货代沟通,货代需提供必要的包装和标识要求,以确保货物在运输过程中的安全性。

(4) 运输安排:货代根据合同要求,协调承运人,安排货物的实际发运日期及运输方式。必要时,还需提前进行舱位预订和装货计划。

(5) 报关:在货物出口或进口时,货运代理需负责报关工作,包括准备相关的单证,确保符合海关要求,顺利通关。

(6) 货物追踪:货代通常提供实时货物追踪服务,让客户随时了解运输状态,及时掌握货物的位置和预计到达时间。

(7) 交付:在抵达目的地后,货物由承运人交给收货人,完成交易。货运代理需确保交付过程中所有的单证和手续均已处理完毕,以防止延误和损失。

七、货运代理提单

(一) 不同法律地位的货代提单

(1) 就承运人而言,货代在签发货代提单之前,已经从承运人那里获得以货代本人为托运人的海运提单。只要货代在这样做的过程中,具备货主的委托授权并在授权的范围内行事,则可以认定在作为委托人的货主、货代与承运人之间存在隐名代理关系。

提单作为运输合同的证明,只是初步证明存在运输合同关系的托运人与承运人,只要具备充分证据证明货主与货代之间的委托代理关系,就允许承运人行使选择权,以及货主行使介入权,以使得提单所证明的货物运输关系直接约束作为委托人的货主与承运人。同时,这种认定扩大了承运人追索运费及其他相关费用的对象的范围,有利于承运人利益的保护。

(2) 就托运人而言,其与签发这种货代提单的货代之间是一种什么样的法律关系,这就需要具体情况具体分析。应看提单上关于签发人的具体规定,提单上用于确认承运人身份的记载有三处:提单抬头、提单签单章以及提单背面的"承运人识别条款"。对于提单背面的"承运人识别条款",鉴于其有可能使承运人有机会规避最低限度的义务,因而否认其效力是大势所趋,故在审判实践中一般根据前两者来认定,且尤以签单章为优先。

货代若要保持代理人的法律地位,必须在货代提单中以确切无疑的语言加以表明,其中最为简单的方法就是提单上的签单章表明货代只是作为代理签发提单(as agent only)。否则,就只能认为货代提单是由货代以自己名义签发的,则应依此提单承担货物运输的责任,唯一的例外就是货代提出相反证据,或委托人承认这种委托代理关系的存在,并且只能约束委托人本身。

根据实际参与运输标准,货代对于货物的占有(包括仓储、包装),或是对自己的交通工具(包括车辆、集装箱的)的使用,或是对不同货主的货物的集运,都可能造成将货代人定位为承运人的结果,从而使其承担在上述过程中的货物灭失、损害以及迟延的责任,而不论提单上的规定如何。

(3) 双重代理的法律关系

从以上分析不难看出,签发代理型货代提单的货代实际上处于一种双重代理的地位。首先,作为货主的代理安排货物运输,与承运人订立运输合同,获取提单;与此同时,又作为承运人的签单代理,代承运人签发提单。

跟单信用证统一惯例(500)号(UCP500)第三十条关于运输行("Forwarder"在香港地区称为"运输行",性质相同于国内的货代公司)签发的运输单据的规定如下:除非信用证另有授权,银行仅接受运输行签发的在表面上具有下列注明的运输单据:

注明作为承运人或多式联运经营人的运输行名称,并由运输行的签字或以其他方式证实,其作为承运人或多式联运经营人;或Ⅱ.注明承运人或多式联运经营人的名称并由运输行签字或以其他方式证实,其作为承运人或多式联运人的具名代理人或代表。与Ⅰ所描述的情况相反,签发第Ⅱ种情况的运输单据的运输行(货代)不是作为承运人而应是货主的代理人而出现的。

(二) 货运代理提单法律责任

货代有可能因为提单中对于签发人的规定的不明确而被认定为承运人,对货物的灭失、损害和迟延承担责任。但若货代已在提单中毫无异议地表明了自己的代理身份,那么是否可以免除其对所运输的货物的灭失、损害和迟延的责任呢？这在很大程度上取决于是否存在承运人对货代的这种签单代理权事前授权或者事后追认。

货代的这种双重代理的地位在海运中还是相对新生的事务,而这种做法已被国际航空货物运输业所普遍接受。航空货代作为国际航空运输协会(IATA)的代理,可以以其所选任的承运客户的货物所属的航空公司的名义,向客户签发航空货运单。其所签发的航空货运单将毫无疑义约束该航空公司。由于整个航空货物运输业已建立起这样一种制度,因此单个航空公司必然承认这种双重代理的做法的法律效力。

而在海运界,缺乏统一的国际组织来支持货代使用类似的单证。因而单个海运承运人往往不愿意预先给予货代签发这种双重代理单证的授权。然而,当受到货方起诉的情况下,海运承运人很可能承认以其名义所签发的这种单证。尽管这种事后承认意味着承运人对于货方的直接的合同责任,但同时它也意味着承运人可利用运输单证中的条款免责。

货代作为客户的委托代理人办理货物运输业务,在标准情况下,应当是货代以客户的名义向承运人定仓,承运人以自己的名义签发提单,提单注明以货代的委托人为托运人,由货代将提单转交委托人,作为客户与承运人之间的运输合同的证明。货代作为代理人仅就承运人的选任向客户承担责任,对于货物在运输途中的灭失、损害以及迟延不承担任何责任。

但由于在海运市场上,作为承运人的大海运公司的自主揽货能力以及货主自身寻求运输的能力的增强,造成了货代市场竞争的不断加剧。在这种情况下,货代出于自身业务的考虑,为了避免船货之间的直接接触,往往自己在海运提单以外另行签发提单,这种提单被称为货代提单(House B/L, HBL)。

货代提单(HBL)这一名词,从广义上讲,通常用来指货代所使用的两种运输单据。一种是货代作为无船承运人所签发的,承担承运人责任的运输单据。这一类型的提单的效用为货代业所广泛接受,一些行业协会的标准提单,如国际货代协会提单(FBL),的广泛使用就证明了这一点。另一种则是货代作为代理人所签发的,在该类提单中确认了委托人关于货物运输事项的指示,而关于实际从事相关货物运输的承运人的信息,则往往语焉不详。在运输实践中,这一类提单所产生的争议最多,这是因为,这种货代提单不表明货代所选任的实际从事运输的承运人的身份。该提单最多只是提及某一运输的船舶并确认货无疑装船。

但在货物转运频繁的今天,这种对船舶的披露对货主有何用途呢？这一船舶可能只是一艘支线船舶,其任务只是将货物卸载至某一班轮航线的挂靠港,又作为货代所实际选任的班轮公司继续运输。如果货主不能证明货损发生在该支线运输过程中,该支线船东是不会承担责任的。而在这种情况下,货代也会依据这种代理性货代提单来否认自己的责任。

6-4 云阅读

八、货运代理的挑战

(1) 法规变化:货运代理必须面对不同国家和地区的法律法规变化,尤其是在海关监管、运输安全和环境标准方面。未能遵守这些规定可能导致严重的经济损失和法律责任。

(2) 市场竞争:货运代理行业面临着激烈的竞争。新兴企业与传统公司的竞争,促使行业参与者不断创新服务与定价策略,以吸引更多客户。

(3) 技术变革:新技术(如物联网、大数据、人工智能)的应用对货运代理的业务模式提出了新的要求。

(4) 全球事件影响:例如新冠疫情、自然灾害、地缘政治冲突等都可能对国际物流造成严重影响。货运代理需要有灵活的应对策略,以确保供应链稳定性和可靠性。

九、货运代理的发展趋势

(1) 数字化转型:货运代理需要利用数字技术提高服务的透明度和效率,如通过电子数据交换(EDI)和在线平台进行货物跟踪和管理。

(2) 绿色物流:随着环保意识的提高,货运代理需要在运输过程中考虑环境影响,推动绿色物流的实践。

(3) 供应链整合:货运代理需要与供应链的其他环节(如生产、销售、仓储等)更紧密地合作,提供一体化的物流解决方案。

货运代理在现代国际物流中发挥着不可或缺的作用,承担着连接生产、贸易和运输环节的重要任务。随着技术进步和市场变化,货运代理的角色也在不断演变。了解货代的运作机制和市场现状对于学生和从业者来说,有助于更好地参与全球物流和供应链管理。

第三节 国际物流法规与标准

一、国际物流法规与标准的概述

国际物流法规与标准是一套复杂的体系,涉及国际贸易、运输、货物安全、环境保护等多个方面。

(一) 法规与标准的定义

(1) 法规:通常指由国家或地区政府制定的具有法律约束力的规则和指令,旨在规范和控制物流活动中的行为和操作。

(2) 标准:指由专业组织或国际机构制定的一系列规范和指南,用于指导物流活动中的最佳实践和操作流程。标准通常不具有法律约束力,但被广泛接受和遵循。

(二) 国际物流法规与标准

(1) 国际贸易术语解释通则(Incoterms):由国际商会(ICC)制定,规定了国际贸易中各种贸易术语的标准解释,明确了买卖双方在货物运输过程中的责任、费用和风险划分。

(2) 国际海事组织(IMO)规定:IMO 制定了多项关于海上安全、船舶操作和环境保护的国际公约和规则,如《国际海上人命安全公约》(SOLAS)、《国际防止船舶造成污染公约》(MARPOL)等。

(3) 国际商会(ICC)规则:除了 Incoterms 外,ICC 还制定了《跟单信用证统一惯例》(UCP),这是国际贸易中使用信用证支付方式的基本规则。

(4) 世界贸易组织(WTO)协议:WTO 制定了一系列多边贸易协议,如《贸易便利化协议》(TFA),旨在简化和标准化国际贸易程序,降低贸易成本。

(5) 国际航空运输协会(IATA)规则:IATA 制定了航空货物运输的规则和标准,包括货物包装、标签、运输文件和安全规定。

(6) 国际标准化组织(ISO)标准:ISO 发布了多项物流相关的国际标准,如 ISO 9001(质量管理体系)、ISO 14001(环境管理体系)和 ISO 22000(食品安全管理体系)。

(7) 国际公路运输公约(CMR):是一种国际公路运输合同的标准条款,规定了承运人和托运人之间的权利和义务。

(8) 国际商会托收统一规则(URC):规定了托收业务的国际规则,涉及支付和货物交付的条件。

（9）国际海运危险货物规则（IMDG Code）：提供了关于海运危险货物的分类、包装、标签和文件要求的国际标准。

（10）国际快递公司规定：如 DHL、FedEx、UPS 等国际快递公司都有自己的运输和操作标准，这些标准通常符合或超越了国际物流的基本要求。

（11）海关合作理事会（WCO）标准：WCO 制定了全球贸易中海关程序和规定，如《京都公约》。

（12）国际货物运输合同示范条款：如中国海事仲裁委员会（CMAC）提供的海运进出口合同示范条款。

这些法规和标准构成了国际物流的法律框架，旨在促进国际贸易的顺畅进行，确保货物安全、高效地运输，并保护环境和消费者权益。

（三）法规与标准在国际物流中的作用

（1）确保合规性：法规和标准帮助企业遵守国际贸易和运输的法律要求，减少法律风险和违规成本。

（2）提高效率：通过标准化操作流程，减少误差和延误，提高物流的整体效率。

（3）保障安全：确保物流过程中的货物安全和人员安全，减少事故和损失。

（4）促进公平竞争：为所有参与国际物流的企业提供一个公平的竞争环境，防止不正当竞争。

（5）明确责任：明确运输过程中各方的责任，便于在发生纠纷时进行责任认定和赔偿。

（6）支持可持续发展：通过环保法规和标准，推动绿色物流和可持续发展的实践，减少对环境的影响。

（7）促进技术进步：法规的制定和实施往往伴随着新技术的应用，推动运输行业的技术进步和创新。

（四）国际物流法规与标准的发展历程

1. 早期阶段

（1）贸易自由化：随着全球贸易的发展，各国开始意识到需要统一的规则来促进贸易的顺畅进行。早期的法规主要集中在贸易自由化和减少贸易壁垒。

（2）运输模式的标准化：如海运和空运的早期法规，开始关注运输过程中的安全和效率，推动了运输模式的标准化。

2. 成熟阶段

(1) 国际组织的成立:如世界贸易组织(WTO)、国际海事组织(IMO)等,这些组织推动了国际贸易和运输法规的统一和协调。

(2) 区域经济一体化:如欧盟、北美自由贸易协定(NAFTA)等,这些区域经济一体化组织推动了区域内的法规和标准的统一。

3. 当代阶段

(1) 技术革新的影响:随着信息技术和自动化技术的发展,物流行业面临新的挑战和机遇。相关的法规和标准也在不断更新,以适应新技术带来的变化。

(2) 环保和可持续发展:环保法规和标准在国际物流中变得越来越重要。各国和国际组织都在推动绿色物流和可持续发展的实践,减少物流活动对环境的影响。

二、国际运输法规

(一) 国际运输法规的目的

(1) 促进国际贸易:通过统一的运输法规,降低贸易壁垒,促进国际贸易的顺畅进行。

(2) 保障货物安全:确保货物在运输过程中的安全,减少货物损失和损害,保护货主的利益。

(3) 维护运输秩序:规范运输行为,维护运输市场的公平竞争,防止不正当竞争。

(4) 保护消费者权益:通过法规保护消费者在运输过程中的合法权益,提高消费者对运输服务的信任度。

(二) 国际运输法规的重要性

(1) 法律保障:为运输活动提供明确的法律依据,确保运输过程中各方的权利和义务清晰明确。

(2) 风险管理:通过法规对运输过程中可能出现的风险进行管理和控制,减少运输事故的发生。

(3) 责任明确:明确运输过程中各方的责任,便于在发生纠纷时进行责任认定和赔偿。

(4) 促进技术进步:法规的制定和实施往往伴随着新技术的应用,推动运输行业的技术进步和创新。

(5) 国际运输的复杂性:讨论国际运输涉及的不同国家、不同运输方式和不同法律体系的复杂性。

(三) 国际运输法规的基本原则

(1) 合同法:讨论运输合同的基本要素,包括合同的成立、履行和违约责任。

(2) 责任法:介绍运输过程中承运人的责任,包括货物损失、延误和损坏的责任。

(3) 赔偿法:讨论赔偿机制,包括赔偿限额、赔偿程序和赔偿标准。

(四) 重要的运输法规

1. 海运法规

(1)《海牙规则》:介绍 1924 年《海牙规则》的主要内容,包括承运人的责任限制和货物损失的赔偿标准。

(2)《海牙-维斯比规则》:讨论 1968 年《海牙-维斯比规则》对《海牙规则》的改进,如责任限制的提高和责任范围的扩展。

(3)《汉堡规则》:介绍 1978 年《汉堡规则》的主要特点,如取消责任限制和引入"推定责任"原则。

(4)《鹿特丹规则》:讨论 2008 年《鹿特丹规则》的创新之处,如电子运输记录和更严格的承运人责任。

2. 空运法规

(1)《华沙公约》:介绍 1929 年《华沙公约》的主要内容,包括航空公司的责任和赔偿限额。

(2)《蒙特利尔公约》:讨论 1999 年《蒙特利尔公约》对《华沙公约》的改进,如提高赔偿限额和取消责任限制。

(3)《蒙特利尔协议》:介绍《蒙特利尔协议》在航空安全和事故调查方面的规定。

3. 陆运法规

(1)《国际公路运输合同公约》(CMR):介绍 CMR 的主要条款,包括承运人的责任和赔偿标准。

(2)《国际铁路运输合同公约》(CIM/SMGS):讨论 CIM/SMGS 在铁路运输中的规定,包括责任和赔偿机制。

(3)《国际多式联运合同公约》(CMNI):介绍 CMNI 在多式联运中的规定,包括承运人的责任和赔偿机制。

(五) 国际物流法规的实施与监督

(1) 监管机构:介绍各国政府和国际组织在运输法规实施中的作用,如国际海事组织(IMO)和国际民用航空组织(ICAO)。

(2) 合规性检查：讨论如何通过定期检查和审计确保运输公司遵守相关法规。

(3) 违规处罚：介绍对违反法规的公司进行处罚的方式，如罚款和责任限制的取消。

(六) 国际运输法规的未来趋势

(1) 数字化与智能化：预测未来运输法规如何适应数字化和智能化的物流环境。

(2) 环保与可持续发展：讨论运输法规如何支持环保和可持续发展的目标，如绿色物流和碳排放控制。

三、国际物流标准

(一) 国际运输单据标准

国际运输单据标准涉及多个方面，包括不同运输方式下的单据格式、内容以及法律效力等。以下是一些重要的国际运输单据标准：

(1) 国际道路运输电子单证格式：根据交通运输部发布的公告，国际道路运输电子单证格式包括货物运单和旅客运输行车路单，规定了数据项属性、信息模型和信息表。

(2) 外贸单证：在国际贸易中，涉及的运输单据包括提单、商业发票、汇票、装箱单、产地证等。国际商会《跟单信用证统一惯例》对这些单据和支付等问题进行了规范。

(3) 国际货运代理多式联运提单：根据商务部发布的标准，国际货运代理多式联运提单包括提单的正面和背面条款，以及电子提单格式。

(4) 国家标准：中国国家标准《国际贸易业务流程规范电子国际公路货物运输托运单》(GB/T 42723—2023)和《国际多式联运单据备案与查询规则》(GB/T 30058—2013)以及《国际贸易托运单样式》(GB/T 29624—2013)对国际贸易中的运输单据格式和流程进行了规范。

(5) 运输单据类型：主要的运输单据包括海运提单、铁路运输单据、航空运单、多式联运单据、邮包收据、空运提单、海运单等。

这些标准和规范确保了国际运输单据的统一性和合规性，对于国际贸易的顺利进行至关重要。

(二) 国际货运代理标准

FIATA 标准规则的第 7.1 部分中关于货代作为承运人出现的责任规定如下：当货代签发自己的运输单证，或以其他方式明示或默示地表示承担承运人的责任，(缔约承运人)根据 NSAB 标准条款，货代在以下情况下应被认为具备缔约承运人的地位：其以自己的名义签发运输单据；或者其要约进行了某种意思表示，例如，报出自己的运价，而从该种意思表示中可以合理地推断初期以承运人的身份承担责任的意愿。

如果客户与货代就货物的运输达成的协议中明显体现出货代承担承运人的责任的意思表示时，货代当然是作为承运人无疑。而由于运输单据对运输协议的证明作用，货代以自己的名义签发运输单据（主要是提单），在承运人一栏中明确地签上自己的名称，在这种情况下，一旦客户接受了这种运输单据，除非其能够提出相反证据，则应认定其与货代（作为承运人）的运输合同关系的存在。但这种运输单据转让后，货代依据这一运输单据向收货人、运输单据持有人承担承运人的责任。

这一标准符合中国相关法规的规定。《中华人民共和国国际海运条例》第七条第二款规定：前款所称无船承运业务，是指无船承运业务经营者以承运人身份接受托运人的货载，签发自己的提单或者其他运输单证，向托运人收取运费，通过国际船舶运输经营者完成国际海上货物运输，承担承运人责任的国际海上运输经营活动。

当根据运输单据无法明确货代在运输合同中法律地位时，相关标准条款或立法往往通过考查货代对货物运输过程的实际参与程度来确认货代的法律地位。示例如下：

德国运输法（HGB）规定：货代进行组织集中不同来源的货物以同一运输工具进行运输时应被认定为承运人。

NCBFAA 标准条款认可，货代在占有货物的情况下，可以作为承运人、仓储人或包装人，从而对货物承担相应的责任。在其他情况下，货代根据本标准条款只是作为代理人而出现。

FIATA 标准规则的第 7.1 部分中关于货代作为承运人出现的责任规定：当货代运用其自己的运输工具实际从事运输时，货代作为运输合同当事人而承担责任。

6-5 云习题

6-6 云习题

第七章　世赛任务模块四

◯ 学习目标

1. 理解提单的定义及其在国际贸易中的重要性。
2. 掌握提单的作用和类型。
3. 掌握提单的基本条款和特殊条款内容。
4. 理解提单的操作流程。
5. 了解提单的法律效力、提单争议的解决方式以及提单欺诈的防范措施。
6. 掌握电子提单的发展、操作流程及法律问题。
7. 理解订舱单的定义和目的。
8. 掌握订舱单的基本条款和附加条款内容。
9. 熟悉订舱单的操作流程。
10. 了解订舱单的重要性。
11. 掌握订舱单的法律问题。
12. 理解电子订舱单的发展、操作流程及法律问题。
13. 掌握订舱单与托运单的区别和联系。
14. 理解国际物流单证体系的三个层次。
15. 掌握单证的具体操作流程。
16. 熟悉单证的特殊要求和规定。
17. 掌握主要的国际物流单证。
18. 掌握进出口货物报关单的定义、作用、分类及填写要求。
19. 熟悉报关单各栏目的填制规范。

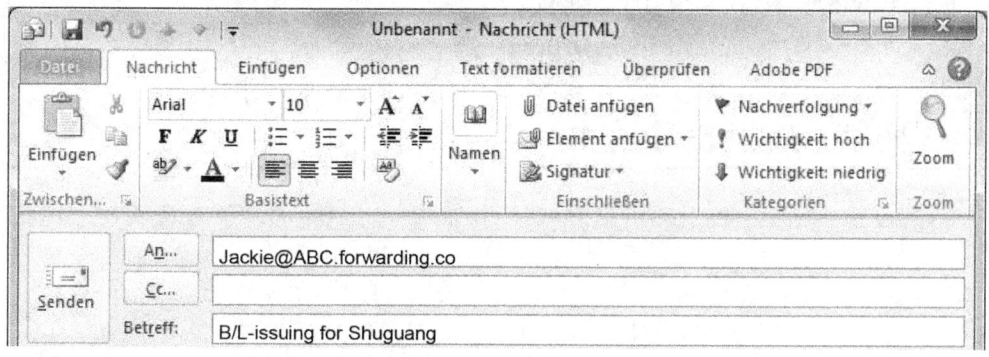

Dear Jackie,

  Please prepare the instruction for B/L issuing by the ocean line according to the attached booking note from Shuguang Toy.

  Vessel: COSCO MALTA/

0002E B/L No.:

SH736351105

ON BOARD DATE: 2024.12.12

  CONTAINER/SEAL NO.: TGHU9047500/ CNB203182

Thanks & Best

regards. Marnie

Team Manager Ocean Freight

ABC Freight Forwarding (China) CO., LTD.

  No.45, Aoti Street, Jianye District, Nanjing, Jiangsu,

China Tel: +86-025-55316620

  E-mail: Marnie@ABC.forwarding.com

  Attachment: 1 Booking Note

SHIPPER: NANJING SHUGUANGTOYS CO., LTD NO.67 XIONGZHOU WEST ROAD, LIUHE DISTRICT, NANJING, JIANGSU, CHINA Tel: +86-025-66784453	ABC Freight Forwarding (China) CO., LTD. BOOKING NOTE
CONSIGNEE: FISHER TRADING LLC 43 WEST 33RD STREET, SUITE 603, OH43085, COLUMBUS, OHIO, USA TEL:212-564-1231	CONTACT PERSON: JACKIE TEL:025-55316684 BOOKING NO: NJSG13080113

		ISSUE DATE:2024-12-7
NOTIFY PARTY:SAME AS CONSIGNEE		TYPE OF SHIPPING:BY VESSEL
		TERMS OF TRANSPORTATION:CY TO CY
		BOOKING DETAILS:1 * 20GP 2024-12-14 ON BOARD
PORT OF LOADING:SHANGHAI, CHINA	PORT OF DISCHARGE:BOSTON,USA	TRADE TERM:CFR
		NOS. ORIGNAL B/L:3

MARKS&NOS	NO. OF PACKAGE	DESCRIPTION	GROSS WEIGHT	MEASUREMENT
N/M	100CTNS	BARBIE DOLL	1 950.000KGS	23.100CBM 70 cm * 55 cm 60 cm * 100CTNS
SAY TOTAL:ONE HUNDRED CTNS ONLY.				

邮件中的关键信息及诉求如下：

任务：准备提单(B/L)发行指令。

依据：附件中的订舱通知(booking note)，来自"曙光玩具"公司。

船名：COSCO MALTA。

航次：0002E。

提单号：SH736351105。

装船日期：2024年12月12日。

集装箱号/封条号：TGHU9047500 / CNB203182。

发件人：Marnie，团队经理，海运。

公司：ABC Freight Forwarding (China) CO., LTD.（ABC货运代理（中国）有限公司）。

地址：中国江苏省南京市建邺区奥体街45号。

联系电话：+86-025-55316620。

电子邮件：Marnie@ABC.forwarding.com。

邮件的诉求是请求你根据提供的订舱通知准备并发行提单。

该邮件中涉及了国际海运运输中常见的两种单证：提单及订舱单。在实践中，有专职人员处理各种单证，即单证员，足以说明国际贸易业务单证的重要性及复杂性，所以本章专门介绍国际海运运输的其他单证。

直接知识

1. 提单；
2. 订舱单。

延展知识

其他海运运输单证。

7-1 云视频

第一节 提 单

一、提单概述

（一）提单的定义

提单是一种由承运人或其代理人签发的正式文件，它确认了货物已经由承运人接收并装载到运输工具上，如船舶、飞机、火车或卡车。提单是国际贸易中的关键文件，因为它不仅证明了货物的接收，还确立了货物所有权的转移。

（二）提单的作用

（1）货物收据：提单作为货物收据，证明承运人已经收到货物，并承诺按照提单上的条件将货物运输到指定目的地。

（2）运输合同：提单详细记录了承运人与托运人之间的运输合同条款，包括货物的描述、装运和卸货港、运费等，是双方权利和义务的法律依据。

（3）所有权凭证：提单可以背书转让，使得货物的所有权可以在买卖双方之间转移，这对于国际贸易中的信用证交易尤为重要。

（4）金融文件：在国际贸易中，提单常作为银行信用证下的一种支付保障，确保卖方在交货后能够收到货款。

二、提单的类型

（一）清洁提单与不清洁提单

（1）清洁提单：指提单上未注明任何关于货物或包装的不良状况，这对于卖方来说是一种保护，因为它减少了买方因货物状况不佳而提出索赔的风险。

（2）不清洁提单：如果提单上注明了货物或包装的不良状况，这种提单被称为不清洁提单，可能会影响货物的交易和卖方的信誉。

（二）直运提单与转船提单

（1）直运提单：指货物从起运地直接运至目的地，中途不经过其他港口的提单。这种提单对于托运人来说风险较低，因为货物不需要在中途转船。

（2）转船提单：指货物在运输过程中需要在中途港口转船的提单。这种提单增加了货物在运输过程中损坏或丢失的风险。

（三）联运提单与多式联运提单

（1）联运提单：涉及两种以上不同运输方式，但只由一种运输方式的承运人签发的提单。这种提单通常用于货物需要通过多种运输方式运输的情况。

（2）多式联运提单：涉及两种以上不同运输方式，由多式联运经营人签发的提单。这种提单涵盖了整个运输过程，包括所有运输方式的法律责任。

三、提单的内容

（一）基本条款

（1）承运人名称和地址：提供承运人的法律身份和联系信息，以便在需要时能够联系到承运人。

（2）托运人名称和地址：提供托运人的法律身份和联系信息，这对于货物的追踪和沟通至关重要。

（3）收货人名称和地址：收货人是货物的最终接收者，提单上必须准确记录其信息。

（4）通知方名称和地址：货物到达目的地后，承运人需要通知的第三方，通常是收货人或其代理人。

（5）货物的描述：包括货物的名称、标记、件数、重量和体积，这些信息对于货物的识别和处理至关重要。

（6）装货港和卸货港：明确指出货物的起始地和目的地，这对于货物的运输和追踪非常重要。

（7）运费和附加费用：详细记录了运输过程中产生的所有费用，包括运费、保险费、港口费等。

（8）提单签发日期和地点：记录提单签发的具体时间和地点，这对于确定货物的运输时间框架和法律责任非常重要。

（9）承运人或其代理人的签字：提单的法律效力取决于承运人或其代理人的签字。

（二）特殊条款

（1）货物的重量和体积：详细说明货物的物理特性，这对于计算运费和货物的存储非常重要。

（2）货物的装运和卸载条款：包括装运和卸载的责任和条件，明确各方在货物装卸过程中的责任。

（3）提单的有效期：提单在法律上有效的期限，超过这个期限，提单可能不再具有法律效力。

（4）提单的转让条款：规定提单如何转让以及转让的条件，这对于国际贸易中的货物交易至关重要。

四、提单的操作流程

（一）托运人申请

托运人向承运人提出运输申请，并提供货物的详细信息，包括货物的描述、数量、目的地等。这一步骤是整个运输过程的起点，托运人需要确保提供的信息准确无误。

（二）承运人接收货物

承运人根据申请接收货物，并进行必要的检查，确保货物符合运输要求。这一步骤是确保货物安全运输的关键，承运人需要检查货物的包装、标记和数量是否与提单上的信息一致。

（三）签发提单

货物装船后，承运人或其代理人根据货物接收情况签发提单。这一步骤是提单流程中的核心，提单上的信息必须准确无误，以避免未来的纠纷。

（四）提单的流转

提单作为货物所有权的凭证，在买卖双方之间进行流转。这一步骤涉及货物的支付和交付,提单的流转必须符合国际贸易的规则和惯例。

(五)提单的背书和转让

提单的背书是指在提单背面签字,表明提单的转让。这一步骤是国际贸易中常见的支付和交货方式,背书必须按照法律规定和国际贸易惯例进行。

五、提单的法律问题

(一)提单的法律效力

提单在国际贸易中的法律效力是至关重要的。它受到多种国际公约的影响,如《海牙规则》、《海牙-维斯比规则》和《汉堡规则》等。这些公约规定了承运人的责任和义务,以及托运人和收货人的权利。

(二)提单争议的解决

提单在运输过程中可能出现的争议,如货物损坏、延误等,以及解决这些争议的途径,包括仲裁和诉讼。了解争议解决机制对于保护各方的权益至关重要。

(三)提单欺诈与防范

提单欺诈的常见形式,如伪造提单、虚假货物描述等,以及如何通过法律手段和操作流程来防范这些欺诈行为。这对于维护国际贸易的诚信和安全非常重要。

六、电子提单

(一)电子提单的发展

电子提单的发展历程包括电子数据交换(EDI)和区块链技术在提单中的应用。电子提单的发展旨在提高国际贸易的效率和安全性。

(二)电子提单的操作

电子提单的操作流程包括电子签名、电子传输和存储。电子提单与传统纸质提单有不同之处。电子提单可以简化国际贸易流程,并减少纸质文件的使用。

(三)电子提单的法律问题

与电子提单相关的法律问题包括电子提单在法律上的地位以及与电子签名和数据保护相关的法律问题等。电子提单合法性以及如何确保电子提单的安全性和可靠性至关重要。

第二节　订舱单

一、订舱单概述

（一）订舱单的定义

订舱单，也称为预订通知或订舱通知，是托运人向承运人或其代理人发出的正式请求，用以预订货物的运输服务。它是货物运输合同的初步证明，包含了货物运输的基本条款和条件。

（二）订舱单的目的

（1）预订运输服务：托运人通过订舱单预订必要的运输服务，确保货物能够按时装运。

（2）提供货物信息：详细提供货物的描述，以便承运人评估运输需求和安排适当的运输工具。

（3）确认运输细节：双方通过订舱单确认货物的装运细节，如装货港、卸货港、预计装船日期等。

二、订舱单的内容

（一）基本条款

（1）托运人信息：包括托运人的全称、地址、联系方式、税务登记号等。

（2）承运人信息：包括承运人的全称、地址、联系方式、营业执照编号等。

（3）货物描述：包括货物的商品名称、规格型号、数量、重量、体积、包装类型等。

（4）装运细节：包括具体的装货港、卸货港、预计装船日期、预计到达日期、运输路线等。

（5）运输条款：包括运费预付或到付、付款方式、运输条款（如 CIF、FOB 等）。

（6）特殊要求：包括物是否需要特殊处理、是否需要冷藏或保温、是否为危险品等。

（二）附加条款

（1）危险品信息：如果货物属于危险品，需要提供相关的危险品分类、包装和处理要求，以及必要的安全数据表（MSDS）。

（2）保险信息：货物的保险情况，包括保险金额、保险类型、保险公司等。

（3）合同编号：与货物运输相关的合同编号或参考编号，用于追踪和管理货物。

（4）其他特殊条款：任何其他双方协商的特殊条款或条件，如货物的存储要求、运输过程中的特别注意事项等。

三、订舱单的操作流程

（一）提交订舱单

托运人根据货物运输需求，准备订舱单，并提交给承运人或其代理人。订舱单应包含所有必要的货物和运输信息。

（二）审核订舱单

承运人或其代理人审核订舱单上的信息，确认货物可以被接收并安排运输。审核过程中可能会要求托运人提供额外信息或文件。

（三）确认订舱

承运人确认订舱后，会向托运人发出确认通知，这可能包括提单号、预计装船日期、舱位号等信息。确认通知是货物运输合同的一部分。

（四）修改和取消

如果需要，托运人可以在货物装船前修改或取消订舱单。但可能会根据承运人的政策产生相应的费用。修改和取消的流程应在订舱单中明确说明。

四、订舱单的重要性

（一）合同性质

订舱单是运输合同的一部分，它规定了托运人和承运人的权利和义务。订舱单的条款和条件对双方都具有约束力。

（二）货物安排

订舱单确保货物能够按照托运人的要求进行装船和运输。它是承运人安排货物运输的重要依据。

（三）风险管理

通过详细记录货物信息和运输细节，订舱单帮助管理和降低运输过程中的风险。它为可能出现的争议提供了解决的基础。

五、订舱单的法律问题

(一)法律责任

订舱单上的条款和条件具有法律效力,任何违反都可能导致法律责任。托运人和承运人都必须遵守订舱单上的规定。

(二)争议解决

订舱单中应包含争议解决条款,明确如何处理运输过程中出现的任何争议。这可能包括协商、调解、仲裁或诉讼等解决机制。

(三)欺诈防范

订舱单应包含防止欺诈的措施,如验证货物信息的真实性。在国际贸易中,欺诈是一个严重的问题,订舱单的准确性对于防范欺诈至关重要。

六、电子订舱单

(一)电子订舱单的发展

随着技术的发展,电子订舱单逐渐取代纸质订舱单,提高了效率和准确性。电子订舱单通过电子数据交换(EDI)系统进行传输和处理。

(二)电子订舱单的操作

电子订舱单的操作流程包括提交、审核和确认,电子订舱单与传统纸质订舱单有不同之处:电子订舱单可以实时更新和追踪,提高了操作的透明度和效率。

(三)电子订舱单的法律问题

与电子订舱单相关的法律问题包括电子订舱单的法律效力以及与电子签名和数据保护相关的法律问题等。电子订舱单必须符合相关的数据保护法规,如欧盟的通用数据保护条例(GDPR)。

订舱单是国际物流中的关键文件,它不仅启动了货物的运输流程,还为货物运输提供了详细的合同依据。随着技术的进步,电子订舱单的使用将进一步提高国际物流的效率和可靠性。托运人和承运人都必须了解订舱单的重要性,并确保其准确无误,以避免未来的纠纷和风险。

需要说明的是,在市场上 Booking Note 其实有两种单证形式,分别是订舱单(Booking Note)和托运单(Freight Booking Note 或 Shipper's Letter of Instruction,SLI)都是国际货物运输中的重要文件,两者在某些情况下可以互换使用,但它们在内容和用途上存在差异。托运单更侧重于描述货物的基本信息和运输要求,而订舱单则更加专注于安排具体的运输服务和条件。具体差别如下:

1. 定义不同

托运单(Freight Booking Note 或 Shipper's Letter of Instruction,SLI,同样简称 B/N)是托运人根据贸易合同和信用证条款内容填制的,向承运人或其代理办理货物托运的单证。它包含了目的港、运输编号、货物名称、标记及号码、重量尺码、货物的描述、付款方式等关键信息,是运货人和托运人之间对托运货物的合约,记录了双方的权利义务。

订舱单(Booking Note,B/N)则是在托运单的基础上,由货代帮助发货人提交的托运委托,通常包括海运以及相关的通关、拖车、单证处理等服务。订舱单在货代和承运人之间确定海运过程的细节,如具体船期、箱型箱量、运费及其他费用、付款方式、保险以及货物交接过程中的责权边界等。订舱单的部分信息来源于托运单,部分信息来源于承运人的船期,还有一些信息在订舱过程中由双方确定。

2. 功能和目的不同

订舱单:主要用于向承运人或其代理人预订货物运输的舱位。它是托运人请求运输服务的初步申请,承运人根据订舱单安排货物的运输。

托运单:是托运人向承运人或其代理人提供的详细货物运输指示。它包含了货物的具体信息和运输要求,是承运人进行货物装运和运输的依据。

3. 内容和细节不同

订舱单:通常包含托运人和收货人的信息、货物的基本信息(如名称、数量、重量、体积)、装运港和目的港、预计装船日期和预计到达日期等。

托运单:除了包含订舱单的信息外,还可能包括更详细的货物描述、特殊运输要求(如危险品、冷藏货物)、运输方式(整箱或拼箱)、货物的装运和卸货指示、费用和付款条件等。

4. 使用阶段不同

订舱单:通常在货物装运前较早的阶段使用,托运人通过订舱单向承运人表达运输需求,并等待承运人的确认。

托运单:在货物装运前较晚的阶段使用,托运人根据承运人的确认和具体的装运安排,提供详细的货物运输指示。

5. 法律效力不同

订舱单:在某些情况下,订舱单可能具有法律效力,尤其是在涉及合同关系的初步建立时。

托运单:通常不具有法律效力,但它是承运人进行货物装运和运输的重要依据。

6. 提交对象不同

订舱单:通常提交给承运人或其代理人,用于预订舱位。

托运单:提交给承运人或其代理人,用于指导具体的货物装运和运输操作。

7. 处理流程不同

订舱单:托运人提交订舱单后,承运人或其代理人会审核并确认舱位,然后向托运人发出订舱确认书。

托运单:托运人根据订舱确认书和具体的装运安排,填写托运单,并在货物装运前提交给承运人或其代理人。

8. 重要性不同

订舱单:是货物运输的初步申请,确保托运人能够预订到所需的运输服务。

托运单:是货物运输的具体指示,确保承运人能够按照托运人的要求进行货物的装运和运输。

通过以上比较,可以看出订舱单和托运单在货物运输过程中扮演着不同的角色,托运人需要根据具体的运输需求和承运人的安排,合理使用这两种文件。

第三节 国际物流单证

一、国际物流单证体系

国际物流单证体系主要包括三个层次:流出——出口单证系统、流入——进口单证系统和对流——先进后出的加工贸易单证系统。[1] 每个系统下又包含具体的单证类型和操作流程。

(一)出口单证系统

出口报关单证:包括出口货物明细单、信用证、合同副本等。出口货物明细单需要详细列出商品信息、数量、件数、包装、重量、尺码、单价、总价等,并与出口合同及信用证一致。

出口结汇单证:如商业发票、装箱单、保险单等,这些单证用于结算和报关。

(二)进口单证系统

进口报关单证:包括提单、装箱单、商业发票等。提单是承运人或代理人在收

---

[1] 戴正翔.国际物流单证的三层三分法体系[J].物流工程与管理,2015,37(6):82-84.

到货物时签发的单据,具有货物收据、物权凭证和运输合同证明的作用。

进口结汇单证:如提单、保险单等,用于结算和报关。

(三) 加工贸易单证系统

加工贸易报关单证:包括加工贸易合同、进出口货物明细单等。这些单证用于处理先进后出的加工贸易业务。

二、单证的具体操作流程

(1) 接单和审单:接收完整的操作指示和客人委托书,核对系统录入内容与委托书是否一致。

(2) 制单:根据提供的单据信息,制作相应的报关和结汇单据。

(3) 报关和结汇:将报关单据和结汇单据分别提交给相关部门,完成报关和结汇流程。

三、单证的特殊要求和规定

(1) 商检单证:如果商品需要商检,需要在相关单证上注明。

(2) 保函:在某些情况下,可能需要提供保函以确保交易的安全。

(3) 电放和异地放单:在特殊情况下,可能需要通过电放或异地放单来处理货物。

通过以上流程和规定,物流单证体系能够确保国际贸易的顺利进行,并有效管理货物运输过程中的各种单据和证书。

国际物流单证是国际贸易中不可或缺的一部分,它们确保了货物的顺利流通、合法交易和正确结算。以下是一些主要的国际运输单证及其作用:

四、重要的几种国际物流单证

(一) 商业发票(Commercial Invoice)

商业发票是卖方(出口商)开具给买方(进口商)的发票,是海运货物运输过程中最重要的单证之一,它不仅是交易双方结算的凭证,也是海关清关、税务申报和货物追踪的重要文件。因此商业发票需要准确无误,以避免在货物运输和清关过程中出现问题。此外,不同国家和地区可能有不同的要求和规定,因此在准备发票时应考虑目标市场的特定需求。

7-2 云阅读

(二)装箱单(Packing List)

装箱单是随货物运输的一份重要文件,通常与商业发票、提单等一起使用。它详细列出了货物的包装情况和具体内容,帮助接收方确认收到的货物与发货方所发货物是否一致。装箱单是确保货物正确、安全运输的重要文件。它不仅帮助发货方和收货方核对货物,还有助于海关和物流公司了解货物的详细信息。

7-3 云阅读

(三)进出口货物报关单

1. 进出口货物报关单的定义

进出口货物报关单是指进出口货物收发货人或其代理人,按照海关规定的格式对进出口货物的实际情况做出书面申明,以此要求海关对其货物按适用的海关制度办理通关手续的法律文书。它在对外经济贸易活动中具有十分重要的法律地位。它既是海关监管、征税、统计以及开展稽查和调查的重要依据,又是加工贸易进出口货物核销以及出口退税和外汇管理的重要凭证,也是海关处理走私、违规案件及税务、外汇管理部门查处骗税和套汇犯罪活动的重要证书。

2. 报关单在国际贸易中的作用

(1)货物通关:报关单是海关处理货物通关的基本文件。

(2)税收和关税:报关单上的信息决定了货物的税收和关税。

(3)贸易统计:报关单提供了国际贸易统计的数据来源。

(3)法律文件:在发生贸易纠纷时,报关单可以作为法律文件。

3. 报关单的分类

(1)按进出口状态分类

进出口货物报关单可以根据货物的流转状态分为以下两类:

①进口货物报关单：

进口货物报关单用于记录进入国境的货物信息，包含进口商的详细信息，货物的描述、数量、价值、原产地等，其必须符合进口国的海关规定和要求。

②出口货物报关单：

出口货物报关单用于记录离开国境的货物信息，包含出口商的详细信息，货物的描述、数量、价值、目的地等，必须符合出口国的海关规定和要求。

（2）按表现形式分类

报关单还可以根据其表现形式进行分类：

①纸质报关单：

传统的纸质形式，需要手工填写或打印，需要物理存储，易出错，处理速度较慢。

②电子数据报关单：

电子数据报关单以电子形式存在，通过电子数据交换系统进行提交和处理，提高了处理速度和准确性，减少了人为错误。

③紧急报关单：

紧急情况下需要快速处理的货物的报关单。

（3）按使用性质分类

根据使用性质，报关单可以进一步细分不同类型，为了使用时方便区别，在颜色上做了专门的区分。

①进料加工进出口货物报关单（粉红色）：

进料加工进出口货物报关单用于记录进料加工贸易的货物流动，涉及原材料进口和成品出口的报关流程。

②来料加工及补偿贸易进出口货物报关单（浅绿色）：

来料加工及补偿贸易进出口货物报关单用于记录来料加工和补偿贸易的货物流动，涉及国外提供的原材料和加工后的成品出口。

③外商投资企业进出口货物报关单（浅蓝色）：

外商投资企业进出口货物报关单用于记录外商投资企业的货物进出口活动，涉及外资企业的特殊海关程序和税收政策。

④一般贸易及其他贸易进出口货物报关单（白色）：

一般贸易及其他贸易进出口货物报关单用于记录一般贸易和其他贸易形式的货物流动，包括最常见的买卖交易和一些特殊贸易方式。

⑤需国内退税的出口贸易报关单（浅黄色）：

需国内退税的出口贸易报关单用于记录需要在国内退税的出口贸易货物，涉及出口退税政策,对出口商的财务影响较大。

(4) 按用途分类

报关单还可以根据其用途进行分类：

①报关单录入凭单：

报关单录入凭单作为报关单预录入的依据,用于确保报关单数据的准确性。通常由报关行或企业内部的报关部门准备。

②预录入报关单：

预录入报关单由预录入公司录入、打印,并联网将录入数据传送到海关的报关单,其提高了报关效率,减少了海关的工作压力。

③电子数据报关单：

电子数据报关单采用EDI方式向海关申报的电子报文形式的报关单,符合国际贸易的现代化需求,提高了报关的透明度和效率。

④报关单证明联：

当海关在核实货物实际入、出境后,报关单证明联可作为证明。还可用作企业向税务、外汇管理部门办结有关手续的证明文件。

(5) 按贸易方式分类类

①一般贸易报关单：用于常规的买卖交易,即货物的进口或出口是为了直接销售或购买。

②加工贸易报关单：涉及将进口原材料或部件加工成成品后再出口的交易。

③转口贸易报关单：用于那些进入一国关税区后又未经加工直接运往第三国的货物。

④展览贸易报关单：用于参加国际展览会的货物,可能涉及临时进口。

⑤援助贸易报关单：用于国际援助物资的进出口。

⑥礼品报关单：用于个人或团体之间互赠的礼品。

(6) 按海关监管条件分类

①普通报关单：用于不需要特殊监管条件的一般贸易货物。

②保税区报关单：用于在保税区内存储、加工或转运的货物。

③暂时进出口报关单：用于那些临时进出口,如租赁、修理、测试或展示等目的的货物。

④过境报关单：用于通过一国运输到另一国,但不进入该国市场的货物。

⑤减免税货物报关单：用于那些获得税收优惠或减免的货物。

(7) 按运输方式分类

①海运报关单：用于通过海路运输的货物。

②陆运报关单:用于通过公路或铁路运输的货物。
③空运报关单:用于通过航空运输的货物。
④邮运报关单:用于通过邮政系统运输的货物。

4. 报关单的填写

(1) 报关单填写要求

①准确性:所有信息必须准确无误,包括货物的分类、数量、价值等。
②完整性:报关单上的所有栏目都应填写完整,不得遗漏。
③合规性:必须符合国际贸易相关法律法规和海关规定。
④及时性:报关单应在货物到达或离开港口前及时提交。

(2) 填制规范

进出口货物报关单各栏目的填制规范如下:

①预录入编号

预录入编号是指申报单位或预录入单位对该单位填制录入的报关单的编号,用于该单位与海关之间引用其申报后尚未批准放行的报关单。

报关单录入凭单的编号规则由申报单位自行决定。预录入报关单及 EDI 报关单的预录入编号由接受申报的海关决定编号规则,计算机自动打印。

②海关编号

海关编号是指海关接受申报时给予报关单的编号。

海关编号由各海关在接受申报环节确定,应标识在报关单的每一联上。

报关单海关编号为 9 位数码,其中前两位为分关(办事处)编号,第三位由各关自定义,后六位为顺序编号。各直属海关对进口报关单和出口报关单应分别编号,并确保在同一公历年度内,能按进口和出口唯一地标识本关区的每一份报关单。

各直属海关的理单岗位可以对归档的报关单另行编制理单归档编号。理单归档编号不得在部门以外用于报关单标识。

③进口口岸/出口口岸

进口口岸/出口口岸是指货物实际进(出)我国关境口岸海关的名称。

本栏目应根据货物实际进(出)口的口岸海关选择填报《关区代码表》中相应的口岸海关名称及代码。

加工贸易合同项下货物必须在海关核发的《登记手册》(或分册,下同)限定或指定的口岸,与货物实际进出境口岸不符的,应向合同备案主管海关办理《登记手册》的变更手续后填报。

进口转关运输货物应填报货物进境地海关名称及代码,出口转关运输货物应填报货物出境地海关名称及代码。按转关运输方式监管的跨关区深加工结转货物,出口报关单填报转出地海关名称及代码,进口报关单填报转入地海关名称及代码。

其他未实际进出境的货物,填报接受申报的海关名称及代码。

④备案号

备案号是指进出口企业在海关办理加工贸易合同备案或征、减、免税审批备案等手续时,海关给予《进料加工登记手册》、《来料加工及中小型补偿贸易登记手册》、《外商投资企业履行产品出口合同进口料件及加工出口成品登记手册》(以下均简称《登记手册》)、《进出口货物征免税证明》(以下简称《征免税证明》)或其他有关备案审批文件的编号。

一份报关单只允许填报一个备案号,具体填报要求如下:

若是加工贸易合同项下货物,除少量低价值辅料按规定不使用《登记手册》的外,必须在报关单备案号栏目填报《登记手册》的十二位编码。

加工贸易成品凭《征免税证明》转为享受减免税进口货物的,进口报关单填报《征免税证明》编号,出口报关单填报《登记手册》编号。

凡涉及减免税备案审批的报关单,本栏目填报《征免税证明》编号,不得为空。

无备案审批文件的报关单,本栏目免予填报。

备案号长度为12位,其中第1位是标记代码。备案号的标记代码必须与"贸易方式"及"征免性质"栏目相协调,例如:贸易方式为来料加工,征免性质也应当是来料加工,备案号的标记代码应为"B"。

⑤进口日期/出口日期

进口日期是指运载所申报货物的运输工具申报进境的日期。本栏目填报的日期必须与相应的运输工具进境日期一致。

出口日期是指运载所申报货物的运输工具办结出境手续的日期。本栏目供海关打印报关单证明联用。预录入报关单及EDI报关单均免于填报。

无实际进出境的报关单填报办理申报手续的日期。

本栏目为6位数,顺序为年、月、日各2位。

⑥申报日期

申报日期是指海关接受进(出)口货物的收、发货人或其代理人申请办理货物进(出)口手续的日期。

预录入及EDI报关单填报向海关申报的日期,与实际情况不符时,由审单关员按实际日期修改批注。

本栏目为6位数,顺序为年、月、日各2位。

⑦经营单位

经营单位是指对外签订并执行进出口贸易合同的中国境内企业或单位。

本栏目应填报经营单位名称及经营单位编码。经营单位编码为十位数字,指进出口企业在所在地主管海关办理注册登记手续时,海关给企业设置的注册登记编码。

特殊情况下确定经营单位的原则如下:

A. 援助、赠送、捐赠的货物,填报直接接收货物的单位。

B. 进出口企业之间相互代理进出口,或没有进出口经营权的企业委托有进出口经营权的企业代理进出口的,填报代理方。

C. 外商投资企业委托外贸企业进口投资设备、物品的,填报外商投资企业。

⑧运输方式

运输方式是指载运货物进出关境所使用的运输工具的分类。

本栏目应根据实际运输方式按海关规定的《运输方式代码表》选择填报相应的运输方式。

特殊情况下运输方式的填报原则如下:

A. 非邮政方式进出口的快递货物,按实际运输方式填报。

B. 进出境旅客随身携带的货物,按旅客所乘运输工具填报。

C. 进口转关运输货物,按载运货物抵达进境地的运输工具填报,出口转关运输货物,按载运货物驶离出境地的运输工具填报。

D. 无实际进出境的,根据实际情况选择填报《运输方式代码表》中的运输方式"0"(非保税区运入保税区和保税区退仓)、"1"(境内存入出口监管仓库和出口监管仓库退仓)、"7"(保税区运往非保税区)、"8"(保税仓库转内销)或"9"(其他运输)。

⑨运输工具名称

运输工具名称是指载运货物进出境的运输工具的名称或运输工具编号。

本栏目填制内容应与运输部门向海关申报的载货清单所列的相应内容一致。

一份报关单只允许填报一个运输工具名称。

具体填报要求如下:

A. 江海运输填报船舶呼号(来往港澳小型船舶为监管簿编号+"/"+航次号)。

B. 汽车运输填报该跨境运输车辆的国内行驶车牌号码+"/"+进出境日期(8位数字,即年4位数字,月、日各2位数字,下同)。

C. 铁路运输填报车次(或车厢号)+"/"+进出境日期。

D. 航空运输填报航班号＋进出境日期＋"/"＋总运单号。

E. 邮政运输填报邮政包裹单号＋"/"＋进出境日期。

F. 进口转关运输填报转关标志"@"＋转关运输申报单编号；出口转关运输只需填报转关运输标志"@"。

G. 其他运输填报具体运输方式名称，例如：管道、驮畜等。

H. 无实际进出境的加工贸易报关单按以下要求填报：

加工贸易深加工结转及料件结转货物，应先办理结转进口报关，并在结转出口报关单本栏目填报转入方关区代码（前两位）及进口报关单号，即"转入 XX（关区代码）XXXXXXXX（进口报关单号）"。按转关运输货物办理结转手续的，按上列第 6 项规定填报。

加工贸易成品凭《征免税证明》转为享受减免税进口货物的，应先办理进口报关手续，并在出口报关单本栏目填报进口方关区代码（前两位）及进口报关单号。

上述规定以外无实际进出境的，本栏目为空。

⑩提运单号

提运单号是指进出口货物提单或运单的编号。

本栏目填报的内容应与运输部门向海关申报的载货清单所列相应内容一致。

一份报关单只允许填报一个提运单号，一票货物对应多个提运单时，应分单填报。

具体填报要求如下：

A. 江海运输填报进口提单号或出口运单号。

B. 汽车运输免于填报。

C. 铁路运输填报运单号。

D. 航空运输填报分运单号，无分运单的填报总运单号。

E. 邮政运输免于填报。

F. 无实际进出境的，本栏目为空。

进出口转关运输免于填报。

⑪收货单位/发货单位

收货单位是指已知的进口货物在境内的最终消费、使用单位，包括：

A. 自行从境外进口货物的单位。

B. 委托有外贸进出口经营权的企业进口货物的单位。

发货单位是指出口货物在境内的生产或销售单位，包括：

A. 自行出口货物的单位。

B. 委托有外贸进出口经营权的企业出口货物的单位。

本栏目应填报收、发货单位的中文名称或其海关注册编码。

加工贸易报关单的收、发货单位应与《登记手册》的"货主单位"一致。

⑫贸易方式(监管方式)

本栏目应根据实际情况,并按海关规定的《贸易方式代码表》选择填报相应的贸易方式简称或代码。

一份报关单只允许填报一种贸易方式。

加工贸易报关单特殊情况下填报要求如下:

A. 少量低值辅料(即 5 000 美元以下,78 种以内的低值辅料)按规定不使用《登记手册》的,辅料进口报关单填报"低值辅料"。使用《登记手册》的,按《登记手册》上的贸易方式填报。

B. 三资企业按内外销比例为加工内销产品而进口的料件或进口供加工内销产品的料件,进口报关单填报"一般贸易"。

三资企业为加工出口产品全部使用国内料件的出口合同,成品出口报关单填报"一般贸易"。

C. 加工贸易料件结转或深加工结转货物,按批准的贸易方式填报。

D. 加工贸易料件转内销货物(及按料件补办进口手续的转内销成品)应填制进口报关单,本栏目填报"(来料或进料)料件内销";加工贸易成品凭《征免税证明》转为享受减免税进口货物的,应分别填制进、出口报关单,本栏目填报"(来料或进料)成品减免"。

E. 加工贸易出口成品因故退运进口及复出口以及复运出境的原进口料件退换后复运进口的,填报与《登记手册》备案相应的退运(复出)贸易方式简称或代码。

F. 备料《登记手册》中的料件结转入加工出口《登记手册》的,进出口报关单均填报为"进料余料结转"。

G. 保税工厂加工贸易进出口货物,根据《登记手册》填报相应的来料或进料加工贸易方式。

⑬征免性质

征免性质是指海关对进出口货物实施征、减、免税管理的性质类别。

本栏目应按照海关核发的《征免税证明》中批注的征免性质填报,或根据实际情况按海关规定的《征免性质代码表》选择填报相应的征免性质简称或代码。

加工贸易报关单本栏目应按照海关核发的《登记手册》中批注的征免性质填报相应的征免性质简称或代码。特殊情况下填报要求如下:

A. 保税工厂经营的加工贸易,根据《登记手册》填报"进料加工"或"来料加工"。

B. 三资企业按内外销比例为加工内销产品而进口料件,填报"一般征税"或其他相应征免性质。

C. 加工贸易转内销货物,按实际应享受的征免性质填报(如一般征税、科教用品、其他法定等)。

D. 料件退运出口、成品退运进口货物填报"其他法定"。

E. 加工贸易结转货物本栏目为空。

一份报关单只允许填报一种征免性质。

⑭征免比例/结汇方式

征免比例仅用于"非对口合同进料加工"贸易方式下(代码"0715")进口料、件的进口报关单,填报海关规定的实际应征税比率,例如5%填报5,15%填报15。

出口报关单应填报结汇方式,即出口货物的发货人或其代理人收结外汇的方式。本栏目应按海关规定的《结汇方式代码表》选择填报相应的结汇方式名称或代码。

⑮许可证号

应申领进(出)口许可证的货物,必须在此栏目填报外经贸部及其授权发证机关签发的进(出)口货物许可证的编号,不得为空。

一份报关单只允许填报一个许可证号。

⑯起运国(地区)/运抵国(地区)

起运国(地区)是指进口货物起始发出的国家(地区)。

运抵国(地区)是指出口货物直接运抵的国家(地区)。

对发生运输中转的货物,如中转地未发生任何商业性交易,则起、抵地不变,如中转地发生商业性交易,则以中转地作为起运/运抵国(地区)填报。

本栏目应按海关规定的《国别(地区)代码表》选择填报相应的起运国(地区)或运抵国(地区)中文名称或代码。

无实际进出境的,本栏目填报"中国"(代码"142")。

⑰装货港/指运港

装货港是指进出口货物在运抵我国关境前的最后一个境外装运港。

指运港是指出口货物运往境外的最终目的港。最终目的港不可预知的,可按尽可能预知的目的港填报。

本栏目应根据实际情况按海关规定的《港口航线代码表》选择填报相应的港口中文名称或代码。

无实际进出境的,本栏目填报"中国境内"(代码"0142")。

⑱境内目的地/境内货源地

境内目的地是指已知的进口货物在国内的消费、使用地或最终运抵地。

境内货源地是指出口货物在国内的产地或原始发货地。

本栏目应根据进口货物的收货单位、出口货物生产厂家或发货单位所属国内地区,并按海关规定的《国内地区代码表》选择填报相应的国内地区名称或代码。

⑲批准文号

进口报关单本栏目用于填报《进口付汇核销单》编号。

出口报关单本栏目用于填报《出口收汇核销单》编号。

⑳成交方式

本栏目应根据实际成交价格条款按海关规定的《成交方式代码表》选择填报相应的成交方式代码。

无实际进出境的,进口填报 CIF 价,出口填报 FOB 价。

㉑运费

本栏目用于成交价格中不包含运费的进口货物或成交价格中含有运费的出口货物,应填报该份报关单所含全部货物的国际运输费用。可按运费单价、总价或运费率三种方式之一填报,同时注明运费标记,并按海关规定的《货币代码表》选择填报相应的币种代码。

运保费合并计算的,运保费填报在本栏目。

运费标记"1"表示运费率,"2"表示每吨货物的运费单价,"3"表示运费总价。例如:5%的运费率填报为 5;24 美元的运费单价填报为 502/24/2;7 000 美元的运费总价填报为 502/7 000/3。

㉒保费

本栏目用于成交价格中不包含保险费的进口货物或成交价格中含有保险费的出口货物,应填报该份报关单所含全部货物国际运输的保险费用。可按保险费总价或保险费率两种方式之一填报,同时注明保险费标记,并按海关规定的《货币代码表》选择填报相应的币种代码。

运保费合并计算的,运保费填报在运费栏目中。

保险费标记"1"表示保险费率,"3"表示保险费总价。

例如:3‰的保险费率填报为 0.3;10 000 港元保险费总价填报为 110/10 000/3。

㉓杂费

杂费是指成交价格以外的、应计入完税价格或应从完税价格中扣除的费用,如手续费、佣金、回扣等,可按杂费总价或杂费率两种方式之一填报,同时注明杂费标记,并按海关规定的《货币代码表》选择填报相应的币种代码。

应计入完税价格的杂费填报为正值或正率,应从完税价格中扣除的杂费填报为负值或负率。

杂费标记"1"表示杂费率,"3"表示杂费总价。

例如:应计入完税价格的1.5%的杂费率填报为1.5;应从完税价格中扣除的1%的回扣率填报为－1;应计入完税价格的500英镑杂费总价填报为303/500/3。

㉔合同协议号

本栏目应填报进(出)口货物合同(协议)的全部字头和号码。

㉕件数

本栏目应填报有外包装的进(出)口货物的实际件数。特殊情况下填报要求如下:

A. 舱单件数为集装箱(TEU)的,填报集装箱个数。

B. 舱单件数为托盘的,填报托盘数。

本栏目不得填报为零,裸装货物填报为1。

㉖包装种类

本栏目应根据进(出)口货物的实际外包装种类,按海关规定的《包装种类代码表》选择填报相应的包装种类代码。

㉗毛重(公斤)

毛重(公斤)是指货物及其包装材料的重量之和。

本栏目填报进(出)货物实际毛重,计量单位为公斤,不足一公斤的填报为1。

㉘净重(公斤)

净重(公斤)是指货物的毛重减去外包装材料后的重量,即商品本身的实际重量。

本栏目填报进(出)口货物的实际净重,计量单位为公斤,不足一公斤的填报为1。

㉙集装箱号

集装箱号是指在每个集装箱箱体两侧标示的全球唯一的编号。

本栏目用于填报和打印集装箱编号及数量。集装箱数量四舍五入填报整数,非集装箱货物填报为0。

例如:TBXU3605231＊1(1)表示1个标准集装箱;TBXU3605231＊2(3)表示2个集装箱,折合为3个标准集装箱,其中一个箱号为TBXU3605231。

在多于一个集装箱的情况下,其余集装箱编号打印在备注栏或随附清单上。

㉚随附单据

随附单据是指随进(出)口货物报关单一并向海关递交的单证或文件,合同、发票、装箱单、许可证等的必备的随附单证不在本栏目填报。

本栏目应按海关规定的《监管证件名称代码表》选择填报相应证件的代码。

㉛用途/生产厂家

进口货物填报用途,应根据进口货物的实际用途按海关规定的《用途代码表》选择填报相应的用途代码,如"以产顶进"填报"13"。

生产厂家指出口货物的境内生产企业,本栏目供必要时手工填写。

㉜标记唛码及备注

本栏目上部用于打印以下内容:

A. 标记唛码中除图形以外的文字、数字。

B. 受外商投资企业委托代理其进口投资设备、物品的外贸企业名称。

C. 加工贸易结转货物及凭《征免税证明》转内销货物,其对应的备案号应填报在本栏目,即"转至(自)XXXXXXXXXXX 手册"。

D. 其他申报时必须说明的事项。

本栏目下部供填报随附单据栏中监管证件的编号,具体填报要求为:监管证件代码+":"+监管证件号码。一份报关单多个监管证件的,连续填写。

一票货物多个集装箱的,在本栏目打印其余的集装箱号(最多160字节,其余集装箱号手工抄写)。

㉝项号

本栏目分两行填报及打印。

第一行打印报关单中的商品排列序号。

第二行专用于加工贸易等已备案的货物,填报和打印该项货物在《登记手册》中的项号。

加工贸易合同项下进出口货物,必须填报与《登记手册》一致的商品项号,所填报项号用于核销对应项号下的料件或成品数量。特殊情况下填报要求如下:

A. 深加工结转货物,分别按照《登记手册》中的进口料件项号和出口成品项号填报。

B. 料件结转货物,出口报关单按照转出《登记手册》中进口料件的项号填报;进口报关单按照转进《登记手册》中进口料件的项号填报。

C. 料件复出货物,出口报关单按照《登记手册》中进口料件的项号填报。

D. 成品退运货物,退运进境报关单和复运出境报关单按照《登记手册》原出口成品的项号填报。

E. 加工贸易料件转内销货物(及按料件补办进口手续的转内销成品)应填制进口报关单,本栏目填报《登记手册》进口料件的项号。

F. 加工贸易成品凭《征免税证明》转为享受减免税进口货物的,应先办理进口报关手续。进口报关单本栏目填报《征免税证明》中的项号,出口报关单本栏目填报《登记手册》原出口成品项号,进、出口报关单货物数量应一致。

㉞商品编号

商品编号是指按海关规定的商品分类编码规则确定的进(出)口货物的商品编号。

加工贸易《登记手册》中商品编号与实际商品编号不符的,应按实际商品编号填报。

㉟商品名称、规格型号

本栏目分两行填报及打印。

第一行打印进(出)口货物规范的中文商品名称,第二行打印规格型号,必要时可加注原文。

具体填报要求如下:

A. 商品名称及规格型号应据实填报,并与所提供的商业发票相符。

B. 商品名称应当规范,规格型号应当足够详细,以能满足海关归类、审价以及监管的要求为准。禁止、限制进出口等实施特殊管制的商品,其名称必须与交验的批准证件上的商品名称相符。

C. 加工贸易等已备案的货物,本栏目填报录入的内容必须与备案登记中同项号下货物的名称与规格型号一致。

㊱数量及单位

数量及单位是指进(出)口商品的实际数量及计量单位。

本栏目分三行填报及打印。

具体填报要求如下:

A. 进出口货物必须按海关法定计量单位填报。法定第一计量单位及数量,打印在本栏目第一行。

B. 凡海关列明第二计量单位的,必须报明该商品第二计量单位及数量,打印在本栏目第二行。无第二计量单位的,本栏目第二行为空。

C. 成交计量单位与海关法定计量单位不一致时,还需填报成交计量单位及数量,打印在商品名称、规格型号栏下方(第三行)。成交计量单位与海关法定计量单位一致时,本栏目第三行为空。

加工贸易等已备案的货物,成交计量单位必须与备案登记中同项号下货物的计量单位一致，不相同时必须修改备案或转换一致后填报。

㊲原产国（地区）/最终目的国（地区）

原产国（地区）是指进出口货物的生产、开采或加工制造国家（地区）。

最终目的国（地区）是指已知的出口货物的最终实际消费、使用或进一步加工制造国家（地区）。

本栏目应按海关规定的《国别（地区）代码表》选择填报相应的国家（地区）名称或代码。

加工贸易报关单特殊情况下填报要求如下：

A. 料件结转货物，出口报关单填报“中国”（代码“142”），进口报关单填报原料件生产国。

B. 深加工结转货物，进出口报关单均填报“中国”（代码“142”）。

C. 料件复运出境货物，填报实际最终目的国；加工出口成品因故退运境内的，填报“中国”（代码“142”），复运出境时填报实际最终目的国。

㊳单价

本栏目应填报同一项号下进（出）口货物实际成交的商品单位价格。

无实际成交价格的，本栏目填报货值。

㊴总价

本栏目应填报同一项号下进（出）口货物实际成交的商品总价。

无实际成交价格的，本栏目填报货值。

㊵币制

币制是指进（出）口货物实际成交价格的币种。

本栏目应根据实际成交情况按海关规定的《货币代码表》选择填报相应的货币名称或代码，如《货币代码表》中无实际成交币种，需转换后填报。

㊶征免

征免是指海关对进（出）口货物进行征税、减税、免税或特案处理的实际操作方式。

本栏目应按照海关核发的《征免税证明》或有关政策规定，对报关单所列每项商品选择填报海关规定的《征减免税方式代码表》中相应的征减免税方式。

加工贸易报关单应根据《登记手册》中备案的征免规定填报。

㊷税费征收情况

本栏目供海关批注进（出）口货物税费征收及减免情况。

㊸录入员

本栏目用于预录入和 EDI 报关单，打印录入人员的姓名。

㊹录入单位

本栏目用于预录入和 EDI 报关单,打印录入单位名称。

㊺申报单位

本栏目指报关单左下方用于填报申报单位有关情况的总栏目。

申报单位指对申报内容的真实性直接向海关负责的企业或单位。自理报关的,应填报进(出)口货物的经营单位名称及代码;委托代理报关的,应填报经海关批准的专业或代理报关企业名称及代码。

本栏目还包括报关单位地址、邮编和电话等分项目,由申报单位的报关员填报。

㊻填制日期

填制日期是指报关单的填制日期。预录入和 EDI 报关单由计算机自动打印。

本栏目为 6 位数,顺序为年、月、日各 2 位。

㊼海关审单批注栏

本栏目指供海关内部作业时签注的总栏目,由海关关员手工填写在预录入报关单上。

其中"放行"栏填写海关对接受申报的进出口货物作出放行决定的日期。

7-4 云阅读

(四)海运单(Sea Waybill)

1. 海运单的定义

海运单,又称海上运送单或海上货运单,它是承运人向托运人或其代理人表明货物已收妥待装的单据,是一种不可转让的单据,即不须以在目的港出示该单据作为收货条件,不须待单据寄到,船主或其代理人可凭收货人收到的货到通知或其身份证明而向其交货。①

2. 海运单与提单的区别

海运单与提单类似,也是一种运输合同,但它不可流通且不需转让给第三方即可提货,通常用于近洋运输或当买卖双方有极高的信任度时。海运单与提单具

---

① 引自 1978 年 9 月联合国欧洲经济委员会 Recommendation。

体区别如下:

(1) 提单是货物收据、运输合同,也是物权凭证,海运单只具有货物收据和运输同这两种性质,它不是物权凭证。

(2) 提单可以是指示抬头形式,通地背书流通转让;海运单是一种非流能性单据,海运单上标明了确定的收货人,不能转让流通。

(3) 海运单和提单都可以做成已装船(Shipped on board)形式,也可以是收妥备运(Received for shipment)形式。海运单的正面各栏目格式和缮制方法与海运单提单基本相同,只是海运单收货人栏不能做成指示性抬头,应缮制确定具体收货人。

(4) 提单的合法持有人和承运人凭提单提货和交货,海运单上的收货人并不出示海运单,仅凭提货通知或其身份证明提货,承运人凭收货人出示适当身份证明交付货物。

(5) 提单有全式和简式提单之分,而海运单是简式单证,背面不列详细货运条款但载有一条可援用海运提单背面内容的条款。

(6) 海运单和记名提单(Straight B/L),虽然都具名收货人,不作背书转让,但它们有着本质的不同:记名提单属于提单的一种,是物权凭证,持记名提单,收货人可以提货;但收货人不能凭海运单提货。

3. 海运单的作用

海运单仅涉及托运人、承运人、收货人三方,程序简单,操作方便,有利于货物的转移。

第一,海运单是一种安全凭证,它不具有转让流通性,可避免单据遗失和伪造提单所产生的后果。

第二,提货便捷、及时、节省费用,收货人提货无须出示海运单,这既解决了近途海运货到而提单未到的常见问题,又避免了延期提货所产生的滞期费、仓储费等。

第三,海运单不是物权凭证,扩大海运单的使用,可以为今后推行 EDI 电子提单提供实践的依据和可能。

4. 海运单适用范围

(1) 跨国公司的总分公司或相关的子公司间的业务往来。

(2) 在赊销或双方以买方付款作为转移货物所有权的前提条件时,提单已失去其使用意义。

(3) 往来已久,充分信任,关系密切的伙伴贸易间的业务。

(4) 无资金风险的家用的私人物品,商业价值的样品。

(5) 在短途海运的情况下,往往是货物先到而提单未到,宜采用海运单。

5. 海运单的不足及解决办法

海运单在实践中也存在着一些问题,为此,国际海事委员会制定并通过了《海运单统一规则》。

海运单的不足主要体现在以下两方面:

(1) 进口方作为收货人,但他不是运输契约的订约人,与承运人无契约关系,如果出口方发货收款后,向承运人书面提出变更收货人,则原收货人无诉讼权。

(2)《海运单统一规则》第三条规定:"托运人订立运输合同,不仅代表自己,同时也代表收货人,并且向承运人保证他有此权限。"同时,第六条规定:"托运人具有将支配权转让和收货的选择权,但应在承运人收取货物之前行使,这一选择权的行使,应在海运单或类似的文件上注明。"这些规定既明确了收货人与承运人之间也具有法律契约关系,也终止了托运人在原收货人提货前变更收货人的权利。

(五) 原产地证明(Certificate of Origin)

原产地证书是出口商应进口商要求而提供的、由公证机构或政府或出口商出具的证明,证明货物或商品的生产国家,有助于确定货物是否有资格进口以及是否需要缴纳关税。

原产地证书是贸易关系人交接货物、结算货款、索赔理赔、进口国通关验收、征收关税的有效凭证,它还是出口国享受配额待遇、进口国对不同出口国实行不同贸易政策的凭证。

7-5 云阅读

(六) 信用证(Letter of Credit,L/C)

1. 信用证的概念

信用证是指银行根据进口人(买方)的请求,开给出口人(卖方)的一种保证承担支付货款责任的书面凭证。在信用证内,银行授权出口人在符合信用证所规定的条件下,以该行或其指定的银行为付款人,开具不得超过规定金额的汇票,并按规定随附装运单据,按期在指定地点收取货款。

2．信用证的一般程序

信用证支付的一般程序是：

（1）进出口双方当事人应在买卖合同中，明确规定采用信用证方式付款。

（2）进口人向其所在地银行提出开证申请，填具开证申请书，并交纳一定的开证押金或提供其他保证，请银行（开证银行）向出口人开出信用证。

（3）开证银行按申请书的内容开立以出口人为受益人的信用证，并通过其在出口人所在地的代理行或往来行（统称通知行）把信用证通知出口人。

（4）出口人在发运货物，取得信用证所要求的装运单据后，按信用证规定向其所在地行（可以是通知行、也可以是其他银行）议付货款。

（5）议付行议付货款后即在信用证背面注明议付金额。

图 7-1 所示为以 CIF 价格为例的信用证支付流程。

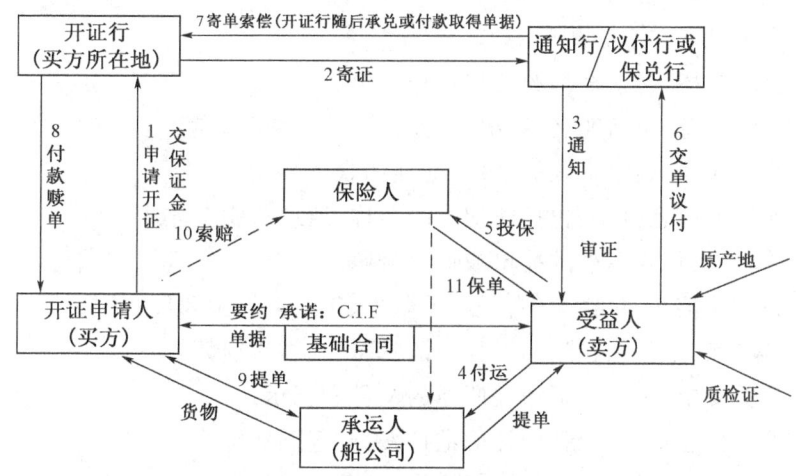

图 7-1 以 CIF 价格为例的信用证支付流程

可见，信用证是银行有条件保证付款的证书，成为国际贸易活动中常见的结算方式。按照这种结算方式的一般规定，买方先将货款交存银行，由银行开立信用证，通知异地卖方开户银行转告卖方，卖方按合同和信用证规定的条款发货，银行代买方付款。

3．信用证内容

（1）对信用证本身的说明。如其种类、性质、有效期及到期地点。

（2）对货物的要求。根据合同进行描述。

（3）对运输的要求。

（4）对单据的要求，即货物单据、运输单据、保险单据及其他有关单证。

（5）特殊要求。

开证行对受益人及汇票持有人保证付款的责任文句。

国外来证大多数均加注:"除另有规定外,本证根据国际商会《跟单信用证统一惯例》即国际商会 600 号出版物(《UCP 600》)办理。"

银行间电汇索偿条款(t/t reimbursement clause)。

(七)到港通知(Notice of Arrival,NOA)

1. 到港通知的概念

到港通知是一份重要的文件,通常由船运公司或其代理在货物到达目的港之前发送给收货人或通知方,告知他们货物即将到达或已经到达港口。这份通知的主要目的是确保收货人或相关方能够及时准备接收货物,并进行必要的清关和提货手续。

2. 到港通知包含的内容

到港通知通常包含以下信息:

(1) 货物描述:包括货物的类型、数量、包装等。

(2) 运输信息:包括船名、航次号、预计到港日期和时间。

(3) 收货人信息:收货人的名称、地址和联系方式。

(4) 通知方信息:可能包括通知方的名称、地址和联系方式。

(5) 提单号:货物运输的提单或运单号码。

(6) 集装箱信息:包括集装箱号、封条号、集装箱类型和尺寸。

(7) 货物状态:货物在运输过程中的状态,是否有损坏等。

(8) 清关要求:可能包括清关所需的文件和指示。

(9) 费用信息:可能包括预计的港口费用、仓储费等。

到港通知可以通过不同的方式发送,包括电子邮件、传真或邮寄。在现代物流中,许多船运公司和代理使用电子数据交换(EDI)系统来自动发送这些通知。

收货人在收到到港通知后,应该检查所有信息是否准确,并及时与船运公司、海关代理或货运代理联系,以确保货物能够顺利清关和提货。如果发现任何问题或差异,应及时与相关方沟通解决。

(八)植物检疫证书(Phytosanitary Certificate)

1. 植物检疫证书的概念

植物检疫证书是一种重要的法律文件,用于证明植物和植物产品已经按照规定程序进行检疫,未发现相关的植物检疫性有害生物,准予调运或使用。在中国,植物检疫证书由国务院农业主管部门、林业主管部门制定格式,并由植物检疫机构签发。

根据《植物检疫条例》的规定,调运植物和植物产品在符合特定的情况下,如列入应施检疫的名单或为种子、苗木等繁殖材料,在调运之前都必须经过检疫。经检疫未发现植物检疫对象的,发给植物检疫证书;如果发现有植物检疫对象但能彻底消毒处理的,托运人应按要求处理后,经检查合格也可以获得植物检疫证书。

2. 植物检疫证书的内容

植物检疫证书的申请流程通常包括提交申请、受理、办理等步骤。申请人需要提供货物名称、包装、产地、发货单位、收货单位等基本信息,并可能需要提供《产地检疫合格证》等文件。签发的植物检疫证书上会注明相关信息,如收货单位、发货单位、植物名称、数量、包装方式、运输方式等,并包含签发依据和附加说明,如经杀虫和(或)灭菌处理合格的证明。

7-6 云阅读

此外,中国更新了植物检疫证书和植物转口检疫证书的模板,并自2023年6月1日起使用,过渡期内新旧证书均可使用。农业部办公厅也在2017年发布了关于启用新版农业植物检疫单证的通知,规范了植物检疫单证的管理。国家林业和草原局办公室也在2018年发布了关于启用新版《植物检疫证书》的通知,强调了证书的使用和管理。

植物检疫证书对于保护农业生产安全、防止危险性病、虫、杂草的传播具有重要作用。各地相关部门需严格按照规定执行检疫任务,并确保证书的准确性和有效性。

实践中,部分有质量要求的商品进出口除了需要植物检疫证书,还有其他要求的证书,如熏蒸消毒证书、辐射证书、卫生证书、装运前检验证书、消毒证书、健康证书、兽医(卫生)证书、重量或数量检验证书,品质检验证书等。

(九)船舶证书

1. 船舶证书的概念

船舶证书是证明船舶及其船员符合特定要求和标准的法律文件。用于核实船只的所有权,并提供船龄和维修情况的细节,通常在信用证要求中要求提供。

2. 船舶证书相关信息

以下是一些常见的船舶证书及其相关信息：

（1）船舶登记证书

船舶登记证书是证明船舶所有权和国籍的文件。申请船舶登记的流程包括申请、受理、审查、记载于船舶登记簿和发证。

（2）船级证书

船级证书是证明船舶符合特定船级社标准的文件。船级证书通常由船级社颁发，用于证明船舶的设计、建造和维护符合特定的安全和质量标准。

（3）海船船员适任证书

海船船员适任证书是证明船员具备在特定船舶上任职资格的文件。根据《中华人民共和国海船船员适任考试和发证规则》，适任证书分为不同等级，适用于不同吨位和功率的船舶。

船长、大副、轮机长、大管轮的适任证书分为一等和二等，适用于3 000总吨及以上或主推进动力装置3 000千瓦及以上的船舶，以及500总吨及以上至3 000总吨或主推进动力装置750千瓦及以上至3 000千瓦的船舶。

二副、三副、二管轮、三管轮的适任证书适用于500总吨及以上或主推进动力装置750千瓦及以上的船舶。

船长、大副、轮机长、大管轮沿海航区适任证书分为三个等级，适用于不同吨位和功率的船舶。

特殊类型船舶船员的特殊要求：

拟在油船、化学品船、液化气船、客船、高速船、使用气体或其他低闪点燃料船舶等特殊类型船舶上任职的船员，还应当完成相应的特殊培训，并取得培训合格证。

适任证书的申请和补发：

不参加航行和轮机值班的海船船员申请适任证书的，应当提交海船船员适任证书申请表、海船船员健康证明、身份证件、符合海事管理机构要求的照片和基本安全培训合格证。

参加航行和轮机值班的海船船员初次申请适任证书的，应当提交上述材料以及专业技能适任培训合格证、岗位适任培训证明或航海教育毕业证书、船员服务簿、船上见习记录簿、适任考试合格证明和现持有的适任证书。

适任证书损坏或遗失时，持证人应当向原证书签发的海事管理机构提交补发申请及相关材料。

适任证书的再有效：

未满足规定或适任证书过期 3 个月及以上 5 年以下的，应当参加模拟器培训和知识更新培训，并通过相应的抽查项目的评估。

适任证书过期 5 年及以上 10 年以下的，应当参加模拟器培训和知识更新培训，并通过相应的抽查科目的理论考试和项目的评估。

适任证书过期 10 年及以上的，应当参加模拟器培训和知识更新培训，通过相应的抽查科目的理论考试和项目的评估，并在适任证书记载的相应航区、等级范围内完成不少于 3 个月的船上见习。

这些证书和要求确保船舶及其船员在航行和操作过程中符合相关的安全和法规要求。

这些单证在国际物流中起着至关重要的作用，确保了货物运输的合规性、安全性和效率。

7-7 云思政

7-8 云习题

第八章　世赛任务模块五

◯ 学习目标

1. 理解内陆运输的定义及其在国际物流中的重要性。
2. 掌握内陆运输的主要模式。
3. 了解内陆运输的网络规划与管理。
4. 熟悉影响内陆运输的因素。
5. 掌握内陆运输的挑战与未来发展趋势。
6. 理解内陆运输承运人的定义、服务类型及特点。
7. 掌握选择承运商需考虑的要素。
8. 理解拖车的定义、分类及拖车业务的重要性。
9. 掌握拖车业务流程。
10. 熟悉拖车业务管理。
11. 掌握拖车业务成本控制的方法及策略。
12. 了解拖车业务的未来发展。
13. 熟悉拖车业务相关法规。
14. 理解国际物流参与方的构成。
15. 掌握各参与方的角色与责任。

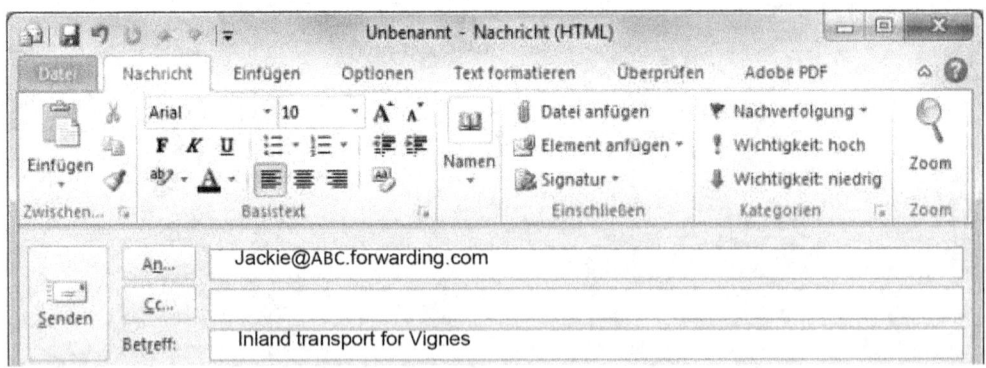

Dear Jackie,

　　Please send an email to our inland transport partner-NANJING MINJIE and organize the transportation as required by Vignes．Keep them informed about the shipment details and confirm the fee. NANJING MINJIE must send us the confirmation that the cargo has been picked up from the CFS, as well as the driver and truck information so that we can inform Vignes in time.

Thanks & Best regards.

Marnie

Team Manager Ocean Freight

ABC Freight Forwarding (China) CO., LTD.

No. 45, Aot i Street, Jianye District, Nanjing, Jiangsu, China

Tel：+86-025-55316620

E-mail：Marnie@ABC.forwarding.com Attachment：1

E-mail_Vignes

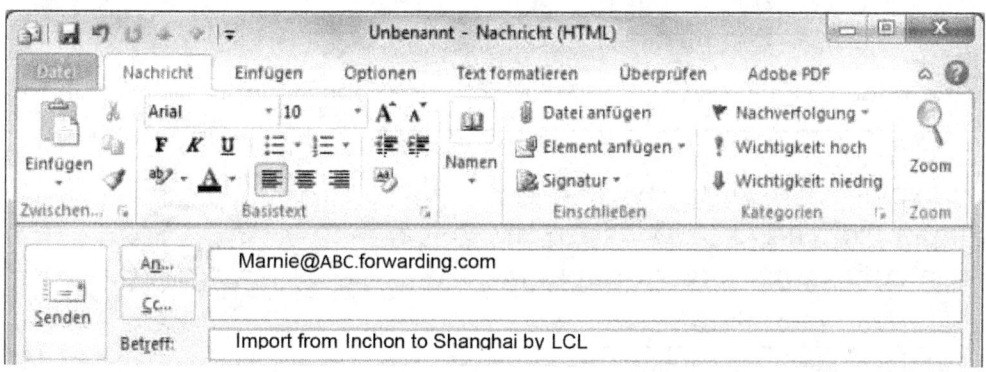

Dear Marnie,

We were informed yesterday that 20 cartons of chiffon fabric imported from South Korea have arrived at Shanghai port. Customs clearance and devanning have been completed and the shipment is in Yonghong Warehouse now. Please organize the land transportation from Shanghai to our factory in Nanjing. For more details, please see the attached bill of lading. The goods are in urgent need and must arrive at our factory not later than 1 p.m. tomorrow.

Pick up address：Yonghong Warehouse

NO. 269, Nanhui Road, Xincheng Town, Fengxian district, Shanghai, China

Xing Zhou 15688834612 Thanks & Best regards.

Marnie

Team Manager Ocean Freight

ABC Freight Forwarding (China) CO., LTD.

No.45, Aoti Street, Jianye District, Nanjing, Jiangsu, China

Tel: +86-025-55316620

E-mail: Marnie@ABC.forwarding.com

Attachment: 1 Bill of Landing (NO.863525112)

Shipper	BL No.
HOMEPLUS INCHEON CHEONGRA, 587 JUNGBONG-DAERO, GYEONGSEO-DONG, SEO-GU, INCHEON, SOUTH KOREA TEL: +82-32-7238800	863525112
Consignee TO ORDER	ORIGINAL Port-to-Port or Combined Transport BILL OF LADING
Notify Party VIGNES FASHION CO., LTD. NO.66, SOUTH FANGYUAN ROAD, JIANGNING DISTRICT, NANJING, JIANGSU, CHINA TEL: +86-025-57329909	 COSCO SHIPPING LINES (SHANGHAI) CO., LTD

Pre-carriage by	Place of Receipt
Ocean Vessel Voy. NO.	Port of Loading
Port of Discharge	Place of Delivery

Murks & Nos. Container/Seal No.	No. and kind of Packages	Description of goods	Gross Weight (Kgs)	Measurement (Cbm)
N/M	20 CARTONS	CHIFFON FABRIC	190.00KGS	7.50CBM

Freight & Charges	Revenue Tons	Rate	Per	Prepaid	Collect
Ex. Rate.	Prepaid at	Payable at	Place and date of issue		
	Total Prepaid	No. of Original B(s)/L	ON BOARD DATE		
			signed for and on behalf of me Carrier		

任务5货物情况:20箱从韩国进口的这两封邮件涉及货物运输的组织和协调,以下是关键信息和诉求的概述:

第一封邮件(来自Marnie)

发件人:Marnie

职位:Team Manager Ocean Freight

公司:ABC Freight Forwarding(China)CO.,LTD.

地址:No.45,Aoti Street,Jianye District,Nanjing,Jiangsu,China

电话:+86-025-55316620

电子邮件:Marnie@ABC.forwarding.com

诉求:

发送邮件:要求Jackie发送邮件给内陆运输合作伙伴NANJING MINJIE。

组织运输:安排从上海到南京的货物运输,满足Vignes的要求。

信息更新:保持与NANJING MINJIE的沟通,及时更新货物运输的详细信息。

费用确认:确认运输费用。

货物确认:要求NANJING MINJIE在货物从CFS(集装箱货运站)被提走后发送确认信息,包括司机和卡车信息,以便及时通知Vignes。

第二封邮件(来自Vignes)

发件人:Marnie

职位:Team Manager Ocean Freight

公司:ABC Freight Forwarding(China)CO.,LTD.

地址:No.45,Aoti Street,Jianye District,Nanjing,Jiangsu,China

电话:+86-025-55316620

电子邮件:Marnie@ABC.forwarding.com

关键信息:

雪纺面料已到达上海港口,清关和拆箱已完成,货物目前在永红仓库。

运输要求:需要组织从上海到南京工厂的陆路运输。

时间要求:货物必须在明天下午1点之前到达南京工厂。

提货地址:永红仓库,上海市奉贤区新城镇南汇路269号。

联系人:Xing Zhou,电话:15688834612。

附件:

1 Bill of Landing(NO.863525112)-包含货物运输的详细信息。

Marnie需要协调NANJING MINJIE完成以下任务:

安排从上海永红仓库到南京工厂的货物运输。

确保货物按时到达,并在货物被提走后及时通知Vignes。

确认并通知运输费用。

完整的国际运输包括内陆运输、口岸运输及境外运输。从以上的几个邮件中可以看出,货代被委托完成拖车工作,这是国际物流内陆运输段的基本工作。本章将详细介绍内陆运输的具体工作,并对拖车业务实务进行解释。除了内陆运输环节,完整的国际物流工作还需要涉及其他很多参与方的工作,本章将拓展其他不同环节。

直接知识:

1. 内陆运输;
2. 拖车实务。

拓展知识:

其他国际物流服务方

8-1 云视频

第一节 内陆运输

一、内陆运输概述

内陆运输作为国际物流的重要组成部分,承担着货物从生产地到港口、机场或最终目的地之间的运输任务。它不仅包括传统的陆路运输方式,如公路、铁路和内河运输,还涉及管道运输等特殊方式。

本章将深入探讨内陆运输的主要模式、技术要求、成本效益分析以及未来发展趋势等。

二、内陆运输的主要模式

（一）公路运输

公路运输以其灵活性和便捷性成为内陆运输的主要方式之一，非常适合中小型货物的分发，如家具、食品、日用品等。在城市物流及电子商务快速发展背景下，最后一公里配送成为公路运输的重要领域。

GPS 和物流管理软件的广泛应用提高了公路运输调度的效率，使货物运输过程可视化，实时追踪大大方便了管理。

（二）铁路运输

铁路运输以其大运量和稳定性在长距离内陆运输中占有一席之地，适用于大宗货物（如煤炭、铁矿石、粮食等）的长途运输，可以实现经济高效的需求。如今铁路运输逐渐采用自动化和数字化管理，提高运输调度的准确性和安全性。智能铁路系统利用数据分析来预测运输需求和优化调度。

（三）内河运输

内河运输利用天然水道，是一种成本效益较高的运输方式，尤其适合大宗商品，如石油、煤炭、农产品等的运输。由于其独特的成本优势，对于大规模国际贸易起到了重要的支撑作用。随着自动化技术在港口的应用，例如集装箱装卸机器人和船舶导航系统的优化，港口的运作效率得到大大提升，船只的待港时间也大大缩短了。

三、内陆运输的技术要求

（一）货物分类与包装

内陆运输要求货物必须按照国际标准进行分类和包装，以确保运输过程中的安全和效率。

（二）运输工具的技术标准

不同的运输工具有不同的技术标准，包括载重、速度、安全性等，本节将详细讨论这些标准。

（三）信息技术的应用

现代物流离不开信息技术的支持，利用信息技术可以优化内陆运输流程，提高运输效率。

四、内陆运输的成本效益分析

(一) 成本构成

内陆运输成本包括燃料费、人工费、维护费等多个方面,下面将详细分析这些成本构成。

1. 燃料费

燃料费用是指在内陆运输过程中,运输工具(如货车、火车、内河船只等)所消耗的燃料成本。这项费用受多种因素影响,包括:

(1) 燃料价格波动:燃料价格受国际市场、地区政策等因素的影响,会导致运输成本的波动。

(2) 运输距离:运输距离越长,消耗的燃料量越多,相应的燃料费用也就越高。

(3) 运输工具的效率:不同运输工具的燃油效率不同,高效率的运输工具可以降低单位运输成本。

(4) 驾驶习惯和路况:驾驶习惯和路况也会影响燃料消耗,进而影响燃料费用。

2. 人工费

人工费用涉及运输过程中所需的人力资源成本,包括:

(1) 驾驶员和操作人员工资:这是人工成本中的主要部分,包括基本工资和可能的加班费、奖金等。

(2) 社会保险和福利:为员工支付的社会保险和福利也是人工成本的一部分。

(3) 培训成本:对驾驶员和操作人员进行专业培训的成本,用以确保运输安全和效率。

(4) 人员变动成本:员工流动可能带来的招聘和培训新员工的成本。

3. 维护费

维护费用是指保持运输工具良好运行状态所需的费用,包括:

(1) 定期维护:运输工具需要定期进行维护和检查,以预防故障和延长使用寿命。

(2) 意外修理:运输工具在运行过程中可能出现的意外故障需要修理,这也是维护费用的一部分。

(3) 零部件更换:随着使用时间的增加,运输工具的零部件需要更换,这也是维护成本的一部分。

(4) 维护人员工资：维护人员的工资和福利也是维护费用的组成部分。

4. 其他费用

除了上述主要成本外，还有其他一些费用需要考虑，例如：

(1) 保险费用：为运输工具和货物投保的费用，以降低运输过程中的风险。

(2) 过路费和桥隧费：运输过程中需要支付的过路费、桥梁和隧道费等。

(3) 行政费用：包括运输许可证、车辆注册等行政手续的费用。

(4) 环境成本：为满足环保要求而产生的费用，如排放控制设备的安装和维护费用。

综上所述，内陆运输成本的构成是复杂且多变的，需要综合考虑各种因素，并通过有效的成本控制和管理来优化物流成本。

五、效益评估

效益评估不仅包括经济效益，还包括社会效益和环境效益。下面详细说明如何综合评估内陆运输的效益。

(一) 经济效益评估

经济效益评估关注运输活动对经济的贡献，包括运输企业本身的经济效益、整个运输系统的综合经济效益，以及运输对各个经济领域产生的直接和间接经济效益。

评价运输建设的经济效益的指标包括每万元固定资金完成客货换算周转量、运输业固定资金利润率（或利税率）、投资回收期和贷款偿还期。

效益费用比和内部收益率是两个重要的评价指标，其中效益费用比是通过比较运输建设项目给国民经济带来的效益与其总费用来判断项目是否合算，而内部收益率则是通过比较运输建设项目的效益现值总额与费用总额两者相等时的折现率与基准收益率来评估项目盈利情况。

(二) 社会效益评估

社会效益评估关注运输活动对社会的影响，包括运输服务的提升、运输结构的优化以及对提升产业链供应链韧性和安全水平的战略支撑。例如，运输服务质量的持续提升、旅客高品质出行比例的提高、航班正常率的大幅上升等都是社会效益的体现。

此外，新技术新业态的发展，如全系列复兴号动车组的上线运行、C919 客机的成功试飞等，也是社会效益的一部分，因为它们提高了运输效率和安全性，增强了国际竞争力。

（三）环境效益评估

环境效益评估关注运输活动对环境的影响，包括能源消耗、温室气体排放、噪声污染等方面。例如，内陆港的建设可以减少海港区域的船舶燃料和公路运输的温室气体排放，对环境带来较大的挑战。而倡导以铁路运输代替公路运输可以减少能源消耗、温室气体排放和噪声，从而减少对环境的危害。同时，也需要考虑到内陆港规划不合理或运行效率不高时可能增加的碳排放和环境负效益。

（四）综合效益评估方法

综合效益评估方法通常涉及多维指标的计算和数据要求，当前研究主要聚焦如何综合多维指标给出系统的综合性评价。常见的综合评价方法包括层次分析法（AHP）、熵权法、模糊综合评价法等。这些方法可以帮助我们从多个角度综合评估内陆运输的效益，确保评估结果的全面性和准确性。例如，AHP-熵权法结合了主观和客观赋权，通过引入熵值对AHP法进行修正，确定组合权重，构建了多属性综合决策的综合能源系统效益评价模型。

综上所述，综合评估内陆运输的效益需要综合考虑经济效益、社会效益和环境效益，采用合适的评价方法，以确保评估结果的全面性和准确性。

六、内陆运输的网络规划与管理

成功的内陆运输管理要求精心的规划与执行，包括运输网络的设计、运营的实时监控和数据分析，确保高效流畅的物流过程。

（一）网络设计

1. 运输路线的优化

根据货物的特性、客户需求、交通条件等多因素进行分析，选择最优路线，以减少运输时间与成本。

2. 枢纽布局

例如，在物流繁忙区域设立分拨中心，运用"中心-边缘"模式，使得货物能够更快速地流通。

（二）运输规划

1. 多模式运输

采用多种运输方式进行联运，例如，铁路与公路的结合，可以更好地满足不同货物流向的需求。

2. 响应能力

制定应急预案,确保在突发事件(如自然灾害、交通事故)发生时能快速调整运输策略,减少损失。

(三)协调与沟通

1. 信息系统的集成

通过统一的信息管理系统实现各参与方之间的实时信息共享,比如运输的进度、货物状态等,提升物流管理的透明度。

2. 供应商关系管理

与供应商、承运人保持良好的沟通,加深合作,使得信息流畅无阻,对运输过程的协同作用强。

七、影响内陆运输的因素

内陆运输的效率不仅受到外部环境的影响,还与市场策略和企业管理息息相关。

(一)基础设施

除交通干线,环节的基础设施(如仓储、集散中心)现代化有助于提高总体运输效率。在中国的"交通强国"战略中,加大对内陆交通基础设施的投资,不仅增强了运输能力,也优化了物流网络布局。

(二)政策与法规

运输政策与法规包括跨境运输的法律法规、海关政策等对企业跨国物流的影响,需要企业及时调整策略以满足法规要求。随着环保意识的提高,各国对运输业的环境法规日益严格,企业需提前布局,满足环保需求。

(三)技术进步

采用大数据和云计算等技术的企业,能够更好地应对市场变化,实现实时监控和决策优化。另外,物联网的应用可以通过安装感应器实时监控货物运输状态,提升供应链的可视化及透明度。

(四)市场需求

随着消费者对快速交付的期望提高,企业必须不断调整内陆运输策略,以保持竞争力。快速发展的电商行业及物流行业之间的竞争要求企业在成本控制、客户服务和技术应用上不断创新和优化。

八、内陆运输的挑战与未来发展趋势

内陆运输虽然前景广阔,但也面临重重挑战。成功地应对这些挑战需要企业勇于变革,并把握未来的发展趋势。

(一)挑战

1. 交通拥堵

城市化加速导致的交通拥堵问题、停车位短缺等,使得运输成本和时间大幅上升。

2. 政策变动

不同地区的政策、法律法规可能导致运输路径的调整和增加合规成本。

3. 气候变化

自然灾害对运输网络的影响,需要企业具备强大的抗风险能力。

(二)未来发展趋势

(1)发展可再生能源车辆,加强环境保护政策,符合政府和社会对绿色物流的期望。

(2)通过智能化物流可提现的应用程序、人工智能和区块链技术,提升运输和仓储管理的智能化水平,实现高效、可靠的物流网络。

(3)除了运输,企业还需要为客户提供包括货物追踪、供应链透明度及增值服务等在内的一站式解决方案,以提升客户体验。

(4)多式联运是提高物流效率的重要方式,内陆运输多式联运的比例。

内陆运输是国际物流的重要组成部分,深入理解其定义、各种运输方式、管理方法和未来发展趋势对于提升全球供应链效率至关重要。面对复杂多变的市场环境,企业需不断创新和适应,以维持在全球市场中的竞争力。

第二节 内陆运输承运人

一、内陆运输承运人概述

内陆运输承运人是指专门从事内陆地区货物运输的公司或个人,提供门到门的物流服务,包括运输、配送、包装等,也可能包括冷链物流、危险品运输等专业服务。物流服务公司提供的服务使得货物能够在不同的内陆点之间,如城市、工业区、仓库等地点进行运输。世赛题目中的与货代公司有合作关系的 NANJING

MINJIE TRANSPORTATION CO., LTD 以及 Shanghai wufeng Logistics Co. LTD 都是该类型。

内陆承运人又叫服务提供商,他们负责将货物从一个地点运输到另一个地点,通常涉及多种运输方式,如公路、铁路、内河航道等。内陆承运人提供的服务类型大致有以下几种:

(1) 提供跨境多式联运服务,包括内陆运输,涵盖公路和铁路运输。

(2) 提供海运进出口、空运进出口、仓储及分拨服务、关务、陆运等全方位物流服务。

(3) 作为无船承运人,提供海运、空运、内陆运输等服务。

(4) 提供内陆运输服务,涵盖卡车运输、铁路运输和驳船运输,旨在让货物在更短的时间内抵达目的地。

二、内陆运输承运人的服务特点

(1) 一站式服务:提供从运输到仓储、配送的全方位服务。

(2) 灵活性:能够根据客户需求调整运输方式和路线。

(3) 数字化流程:利用在线工具和系统简化运输流程,提供实时货物追踪。

三、选择承运商需考虑的要素

(1) 可靠性:选择有良好声誉和可靠性记录的承运商,确保货物安全及时到达。

(2) 运输安全管理:配备专业的自动配载、货物追踪系统,形成完善的运输安全管理机制。

(3) 成本效益:提供具有成本效益的运输方案,满足不同客户的预算需求。

除此之外,还应考虑其运输能力、服务网络、技术应用、客户评价和市场声誉等因素。

8-2 云阅读

第三节 拖车业务

拖车业务是国际物流中的一个重要环节,特别是在货物通过海运或空运进出口时,拖车作为连接港口、机场与内陆目的地的关键运输工具,承担着货物集疏运的重要任务。本章将详细介绍拖车业务的运作流程、管理要点、成本控制以及未来发展。

一、拖车业务概述

(一)拖车的定义和分类

拖车是一种用于运输不可拆卸大型货物的专用车辆,通常由牵引车和挂车组成。根据货物的不同,拖车可以分为以下几类:

(1)集装箱拖车:专门设计用于运输标准集装箱。

(2)冷藏拖车:用于运输需要温度控制的货物,如食品、药品等。

(3)低平板拖车:用于运输超重或超长的货物,如风力发电机叶片、大型工业设备等。

(4)平板拖车:适用于运输不可集装箱化的货物,如重型机械、建筑材料等。

(5)自卸拖车:可以自动卸载散装货物,如沙子、砾石等。

(二)拖车业务的重要性

拖车业务对于保障国际物流的顺畅运作至关重要。它不仅关系到货物的及时运输,还直接影响到物流成本和服务质量。高效的拖车业务可以减少货物在运输过程中的损耗和延误,提高客户满意度。

二、拖车业务流程

(一)订单接收与确认

订单接收与确认是拖车业务的第一步。客户通过电话、电子邮件或在线平台下单,订单内容包括货物类型、重量、体积、起止地点和期望的运输时间。拖车公司需要对订单进行审核,确认是否能够满足客户需求,并与客户确认订单细节。

(二)调度与规划

调度与规划是确保拖车业务高效运作的关键。拖车公司需要根据订单信息和车辆资源,制订合理的运输计划。这包括选择合适的拖车类型、规划最佳路线、安排出发和到达时间等。现代技术，如 GPS 和运输管理软件，可以帮助拖车公司优化调度和规划。

（三）货物装卸

货物装卸是拖车业务中的重要环节。在装卸过程中，需要确保货物的安全和完整。这包括对货物进行适当的固定和绑扎，以及在装卸前后进行货物检查。此外，还需要遵守相关的安全规定，如使用个人防护装备、确保装卸区域的清洁和无障碍等。

（四）在途跟踪

在途跟踪是确保货物运输透明度的关键。通过 GPS 和其他追踪技术，拖车公司可以实时监控货物的位置和状态。这不仅有助于提高货物安全性，还可以及时响应任何运输过程中的问题。

（五）交付与反馈

货物交付是拖车业务的最后阶段。拖车公司需要确保货物按时、安全地送达目的地。交付后，收集客户的反馈对于改进服务质量至关重要。拖车公司可以通过问卷调查、电话回访等方式收集客户意见，并据此优化服务。

三、拖车业务管理

（一）车队管理

车队管理包括车辆的采购、维护、更新和报废等。拖车公司需要确保车队的车辆符合最新的安全和环保标准，并定期进行维护以保持车辆的良好状态。此外，还需要对驾驶员进行培训和管理，确保他们遵守交通规则和公司政策。

（二）风险管理

拖车业务面临多种风险，包括交通事故、货物损失、延误等。拖车公司需要通过购买保险、制定应急预案、进行风险评估等方式进行风险管理。此外，合同条款的制定也是风险管理的重要部分，可以帮助公司在发生问题时减少损失。

（三）质量控制

质量控制是确保拖车业务服务质量的关键。拖车公司需要制定严格的操作标准和流程，包括货物装卸、运输、交付等各个环节。通过定期的内部审计和客户反馈，拖车公司可以持续改进服务质量。

四、拖车业务成本控制

(一)成本构成分析

拖车业务的成本包括燃料费、人工费、维护费、保险费等。燃料费用受油价波动的影响较大,人工费用包括驾驶员和管理人员的工资,维护费用包括车辆的定期检查和维修,保险费用则是为了应对潜在的风险。

(二)成本控制策略

成本控制策略包括优化调度以减少空驶和等待时间、提高车辆利用率、采用节能技术降低能耗、定期维护以减少意外维修等。此外,通过与供应商谈判降低燃料和维护成本,也是成本控制的重要手段。

五、拖车业务的未来发展

(一)技术创新

技术创新是拖车业务未来发展的关键。无人驾驶技术、新能源车辆、物联网技术等都可能对拖车业务产生重大影响。例如,无人驾驶技术可以提高运输效率和安全性,新能源车辆可以降低运营成本和环境影响。

(二)环境可持续性

环境可持续性是拖车业务未来发展的重要方向。拖车公司需要采取措施减少碳排放,如使用电动或混合动力车辆、优化运输路线以减少不必要的行驶等。此外,拖车公司还需要遵守越来越严格的环保法规。

(三)法规与标准的变化

随着全球贸易环境的变化,相关的法规和标准也在不断更新。拖车业务需要密切关注这些变化,并及时调整业务以符合新的法规要求。这可能包括更严格的安全标准、更高效的运输要求等。

六、拖车业务相关法规

拖车业务作为物流链中的一环,受到众多法律法规的约束和指导。遵守这些法规不仅是法律的要求,也是提升企业信誉和服务质量的体现。以下是对相关法规的进一步细化与分析。

(一)道路运输管理

(1)《道路交通安全法》:规定了道路交通的基本安全规范,驾驶员必须遵守交通信号和标志,确保行车安全。法律涉及驾驶员的年龄、身体健康状况、驾驶证要求等。

(2)车辆管理规定:拖车和货车必须定期进行安全检查和维护,以符合国家和地方的车辆安全标准。

(3)超载与超限运输:限制车辆的载重量和尺寸是防止道路损害和交通事故的重要措施,企业需依据《公路运输管理条例》等规定,合理装载货物。

(二)驾驶员管理

(1)驾驶员资格:驾驶员需持有合法有效的驾驶证,且需经过专业培训和考核,了解相关的运输法规与安全知识。

(2)日志记录:按照《道路运输从业人员管理办法》的要求,驾驶员必须记录行车日志,记录行驶时数、休息时数,以避免疲劳驾驶。

拖车业务作为国际物流中的关键一环,其高效运作对于保障全球供应链的稳定性和降低物流成本具有重要意义。通过对拖车业务流程、管理要点、成本控制和未来发展的深入分析,本章旨在为读者提供一个全面的拖车业务概览,帮助读者更好地理解和管理拖车业务。

第四节　国际物流主要参与方

国际物流的发展与全球化进程紧密相连。随着国际贸易的增加,国际物流已成为全球供应链中不可或缺的一部分。它不仅促进了商品和服务的全球流通,还为各国经济提供了增长动力。国际物流面临的挑战包括跨境法规的复杂性、文化差异、语言障碍以及不断变化的市场需求。这些挑战要求物流参与方具备高度的适应性和创新能力。国际物流对全球经济的贡献体现在多个方面,包括创造就业机会、促进贸易便利化、提高生产效率等。

一、国际物流参与方概述

国际物流参与方包括但不限于出口商、进口商、货运代理、承运人、海关代理、仓储服务提供商、保险公司、银行和金融机构以及政府机构。这些参与方在全球供应链中扮演着关键角色,它们之间的合作对于确保货物顺利、高效地从起点到达目的地至关重要。例如,出口商和进口商负责货物的买卖,而货运代理和承运人则负责货物的实际运输。海关代理和政府机构确保货物的合规性,而保险公司则为货物运输过程中可能出现的风险提供保障。仓储服务提供商为货物提供临时或长期的存储解决方案,而银行和金融机构则为国际贸易提供必要的资金支持。

总之从事国际物流业务的角色有很多,他们的互动联系大致如图8-1所示。

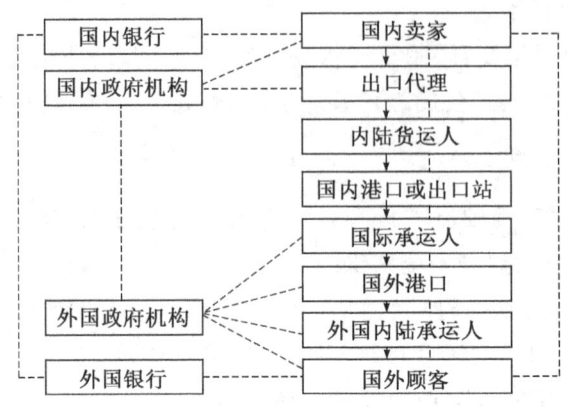

图8-1 国际物流的角色关系图

二、各参与方的角色与责任

(一)出口商(国内卖家)

出口商是国际物流的起点,它们负责生产或采购符合国际市场要求的货物。出口商需要进行市场调研,了解目标市场的需求和偏好,以及潜在的竞争对手。此外,出口商还需确保货物符合目的地国家的进口标准和法规要求。在物流方面,出口商需要准备必要的出口文件,如商业发票、装箱单和出口许可证等。他们还需要选择合适的货运代理和运输方式,以确保货物能够以最低的成本和最快的速度到达目的地。

(二)进口商(国外买家)

进口商在国际物流中扮演着至关重要的角色,它们负责从国外购买货物并将其引入本国市场。进口商需要对目标市场进行深入研究,以确定哪些产品有需求,并评估潜在的供应商。进口商还需要确保所购买的货物符合本国的进口法规和标准。在物流协调方面,进口商需要与货运代理合作,安排货物的运输,并处理与进口相关的所有文件和手续,如支付关税和增值税。

(三)货运代理

货运代理作为客户与运输公司之间的中介,负责安排货物的运输。他们为客户提供多种运输选项,包括海运、空运、陆运和多式联运,并根据货物的特性、目地和客户需求选择最合适的运输方式。货运代理还负责处理与运输相关的所有文件工作，如提单、保险单和海关清关文件。他们通过与运输公司谈判，为客户争取最优惠的运输价格，并在运输过程中提供货物追踪服务。

（四）承运人

承运人是实际负责运输货物的公司，包括航空公司、船运公司、铁路公司和卡车运输公司。他们负责货物的实际运输，并确保货物安全、准时地到达目的地。承运人提供货物追踪服务，使客户能够实时了解货物的运输状态。在运输过程中，如果发生货物损坏或延误，承运人负责协调解决问题，并在必要时提供赔偿。传统的国际物流承运人还会分为内陆运输承运人、口岸承运人及国际运输承运人。随着国际物流一体化的发展，特别是多式联运门到门的逐渐成熟，国际物流的承运人将把全程的运输服务全部包揽，不再细分内陆运输段、口岸段及国际段。

（五）仓储服务提供商

仓储服务提供商为货物提供存储和保管服务。他们提供的服务包括普通仓储、保税仓储、冷链仓储等，以满足不同类型货物的存储需求。仓储服务提供商通过使用先进的仓库管理系统，确保库存的准确性和减少损耗。他们还提供增值服务，如货物包装、分拣和标签打印，以提高货物的流通效率。

（六）银行和金融机构

银行和金融机构在国际贸易中提供多种服务，包括贸易融资和信用证服务。贸易融资帮助企业解决资金周转问题，如通过出口信贷、进口信贷和保理服务。信用证服务则通过银行的信用保证交易的安全，确保卖方在交付货物后能够收到货款，买方在支付货款后能够收到货物。银行和金融机构还帮助企业管理汇率风险，提供外汇交易和套期保值服务。

（七）政府机构

政府机构在国际物流中扮演着监管和促进的角色。它们制定和执行国际贸易规则和法规，如海关法规、进出口许可证制度和质量标准。政府机构还通过监管确保贸易的公平性和合规性，如通过反倾销和反补贴措施。此外，政府机构通过提供税收优惠、补贴和贸易便利化措施，促进国际贸易和物流的发展。

（八）物流服务集成商

物流服务集成商提供一站式物流服务，包括运输、仓储、配送等多个环节。他们通过整合不同的物流服务，为客户提供定制化的物流解决方案。物流服务集成商通过优化供应链,帮助客户降低成本和提高效率。他们还通过技术创新,如使用物联网和大数据分析,提高物流服务的透明度和响应速度。

国际物流的成功依赖于各参与方之间的紧密协作。有效的沟通渠道和协作机制对于确保供应链的高效运作至关重要。协作中常见的问题和挑战包括信息不对称、文化差异、语言障碍等。

8-3 云习题

8-4 云习题

第九章　世赛任务模块六

◯ 学习目标

1. 理解国际航空运输的定义。
2. 掌握国际航空运输的特点。
3. 了解国际航空运输流程。
4. 掌握航空运费的计算方法。
5. 理解航空运输成本的构成。
6. 掌握国际航空运输的主要经营方式。
7. 了解国际航空运输销售管理的内容。

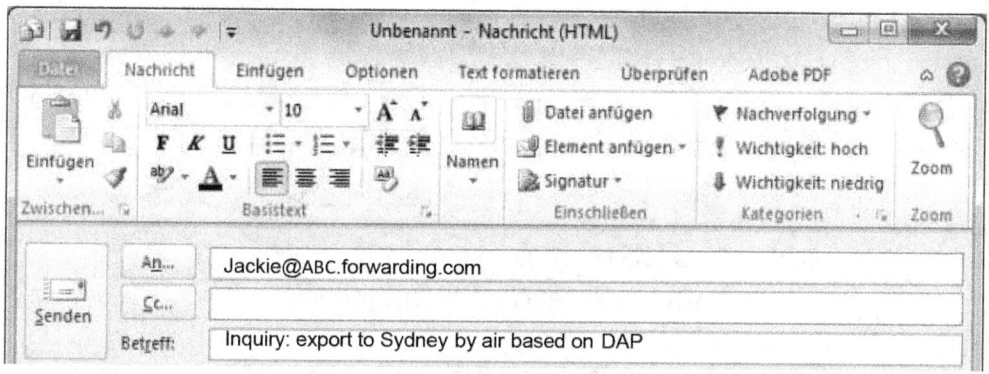

Dear Jackie,

　　Thank you for your excellent service to the last airfreight from Nanjing to New York. We have got a new inquiry and ask for your lowest all-in quotation：

　　Goods：20 CARTONS LEGO 10196 CAROUSEL（see the attached invoice and packing list）Pick up address：NO. 88，HUBU STREET，QINHUAI DISTRICT，NANJING，JIANGSU，CHINA

　　Delivery address：NO. 55 PHILLIP AND BRIDGE STREET，SYDNEY，NSW2000，AUSTRILIA Trade term：DAP SYDNEY，NSW2000

　　Transport term：Door to door

　　Special requirement：the goods must be transported by direct flight.

Please quote in CNY and send me the details of the related expenses. Thank you for your help. Best regards.

Linda

Jiangsu Siming Trading Co., Ltd.

NO.88, Hubu Street, Qinhuai District, Nanjing, Jiangsu, China

TEL：+86-25-83793377

E-MAIL：Linda@Siming.com

Attachment：Invoice and Packing List of SIMING

ISSUER JIANGSU SIMING TRADING CO., LTD. NO. 88, HUBU STREET, QINHUAI DISTRICT, NANJING, JIANGSU, CHINA TEL：+86-25-83793377		COMMERCIAL INVOICE	
TO COLES MAYER CO.,LTD NO.55 PHILLIP AND BRIDGE STREET, SYDNEY, NSW 2000, AUSTRILIA TEL：+61 2 9251 5988		NO. JSSM-INV202412008	DATE DEC 2TH, 2024
^^		S/C NO. JSSM202412008	L/C NO. SM7000
MARKS AND NUMBERS	NUMBER AND KIND OF PACKAGE DESCRIPTION OF GOODS	QUANTITY	UNIT PRICE	AMOUNT
N/M	LEGO 10196 CAROUSEL	20 CARTONS	USD 4 998.00	USD 99 960.00
TOTAL		20 CARTONS		USD 99 960.00
SAY TOTAL	SAY NINETY NINE THOUSAND NINE HUNDRED AND SIXTY DOLLARS ONLY			
REMARKS：				

Issuer JIANGSU SIMING TRADING CO., LTD. NO. 88, HUBU STREET, QINHUAI DISTRICT, NANJING, JIANGSU, CHINA TEL: +86-25-83793377			PACKING LIST			
To COLES MAYER CO., LTD NO. 55 PHILLIP AND BRIDGE STREET, SYDNEY, NSW 2000, AUSTRILIA TEL: +61 2 9251 5988			Invoice No. JSSM-INV202412008		Date DEC 2TH, 2024	
Marks and Numbers	Description of goods	Number and kind of package	G. W. (KG)	N. W. (KG)	Meas. (CBM)	
N/M	LEGO 10196 CAROUSEL	20 CARTONS	125.5	115.0	1.7388CBM 46 CM * 45 CM * 42 CM * 20 CTNS	
	Total	20 CARTONS	125.5	115.0	1.7388	
Say Total	SAY TWENTY CARTONS ONLY					

任务 6 的邮件中的关键信息和诉求如下：

邮件关键信息：

发件人：Linda，来自江苏斯明贸易有限公司(Jiangsu Siming Trading Co., Ltd.)

收件人：Jackie(具体身份未说明，可能是物流服务提供者)

公司地址：中国江苏省南京市秦淮区户部街88号

联系电话：+86-25-83793377

电子邮件：Linda@Siming.com

附件：发票和装箱单(SIMING)

邮件诉求：

服务需求：需要从南京到悉尼的空运服务。

货物描述：20 箱乐高 10196 旋转木马(LEGO 10196 CAROUSEL)。

提货地址：中国江苏省南京市秦淮区户部街88号。

交货地址：澳大利亚新南威尔士州悉尼 PHILLIP AND BRIDGE STREET 55 号。

贸易条款：DAP(目的地交货)悉尼，新南威尔士州 2000。

运输条款：门到门服务。

特殊要求：货物必须通过直飞航班运输。

报价要求：需要一个包含所有费用的最低报价(all-in quotation)，并以人民币(CNY)报价。

费用详情：需要相关费用的详细说明。

邮件结尾：

表达了对上次南京到纽约空运服务的感谢。

请求报价并发送相关费用的详细信息。

表达了对帮助的感谢，并期待回复。

该邮件需要给客户提供航空最低报价，涉及航空运费计算知识。航空公司报价都是基于航空运营成本及市场确定的，因此作为从事国际航空运输的物流专业学生还应该对国际航空成本有一定过的了解。在实践过程中，航空运费多样性起源于航空运输营运方式的多样性，因此本章将拓展航空运输营运方式及市场销售的多种模式。

直接知识：

1. 国际航空运输
2. 国际航空运费计算及成本管理

间接知识：

1. 航空运输营运方式
2. 航空运输市场销售模式

9-1 云视频

第一节　国际航空运输

一、国际航空运输的定义

航空运输是指使用飞机、直升机及其他航空器运送人员、货物、邮件的一种运输方式。国际航空运输是指旅客、行李、货物和邮件的始发、中途和终点站有一点在一国境外的航空运输。国际航空运输主要在国际航线上进行。国际航线是通过政府间的双边航空运输协定建立的。在运输过程中为保证国际航行的安全和效益,必须按统一的程序和规则进行广泛的国际合作和协调。国际民用航空组织和地区性民用航空组织在国际航空运输中发挥了重要作用。

二、国际航空货物运输的特点

航空货运虽然起步较晚,但发展异常迅速,特别是受到现代化企业管理者的青睐,原因之一就在于它具有许多其他运输方式所不能比拟的优越性。概括起来,航空货物运输的主要特征有:

(一)运送速度快

从航空业诞生之日起,航空运输就以快速而著称。到目前为止,飞机仍然是最快捷的交通工具,常见的喷气式飞机的经济巡航速度大都在每小时850～900公里左右。快捷的交通工具大大缩短了货物在途时间,对于那些易腐烂、变质的鲜活商品,时效性、季节性强的报刊、节令性商品,抢险、救急品的运输,这一特点显得尤为突出。可以这样说,快速加上全球密集的航空运输网络才有可能使我们从前可望而不可即的鲜活商品开辟远距离市场,使消费者享有更多的利益。运送速度快,在途时间短,也使货物在途风险降低,因此许多贵重物品、精密仪器也往往采用航空运输的形式。当今国际市场竞争激烈,航空运输所提供的快速服务也使得供货商可以对国外市场瞬息万变的行情即刻做出反应,迅速推出适销产品占领市场,获得较好的经济效益。

(二)不受地面条件影响,深入内陆地区

航空运输利用天空这一自然通道,不受地理条件的限制。对于地面条件恶劣交通不便的内陆地区非常合适,有利于当地资源的出口,促进当地经济的发展。航空运输使本地与世界相连,对外的辐射面广,而且航空运输相比较公路运输与铁路运输占用土地少,对寸土寸金、地域狭小的地区发展对外交通无疑是十分适合的。

(三)安全、准确

与其他运输方式比航空运输的安全性较高。1997年,世界各航空公司共执行航班1 800万架次,仅发生严重事故11起,风险率约为三百万分之一。航空公司的运输管理制度也比较完善,货物的破损率较低,如果采用空运集装箱的方式运送货物,则更为安全。

(四)节约包装、保险、利息等费用

由于采用航空运输方式,货物在途时间短,周转速度快,企业存货可以相应的减少。一方面有利资金的回收,减少利息支出,另一方面企业仓储费用也可以降低。又由于航空货物运输安全、准确,货损、货差少,保险费用较低。与其他运输方式相比,航空运输的包装单,包装成本减少。这些都构成企业隐性成本的下降,收益的增加。

当然,航空运输也有自己的局限性,主要表现在:

(1)航空货运的运输费用较其他运输方式更高,不适合低价值货物;

(2)航空运载工具——飞机的舱容有限,对大件货物或大批量货物的运输有一定的限制;

(3)飞机飞行安全容易受恶劣气候影响等。

但总的来讲,随着新兴技术得到更为广泛的应用,产品更趋向薄、轻、短、小、高价值,管理者更重视运输的及时性、可靠性,相信航空货运将会有更大的发展前景。

三、国际航空运输流程

国际航空运输流程如图 9-1 所示。

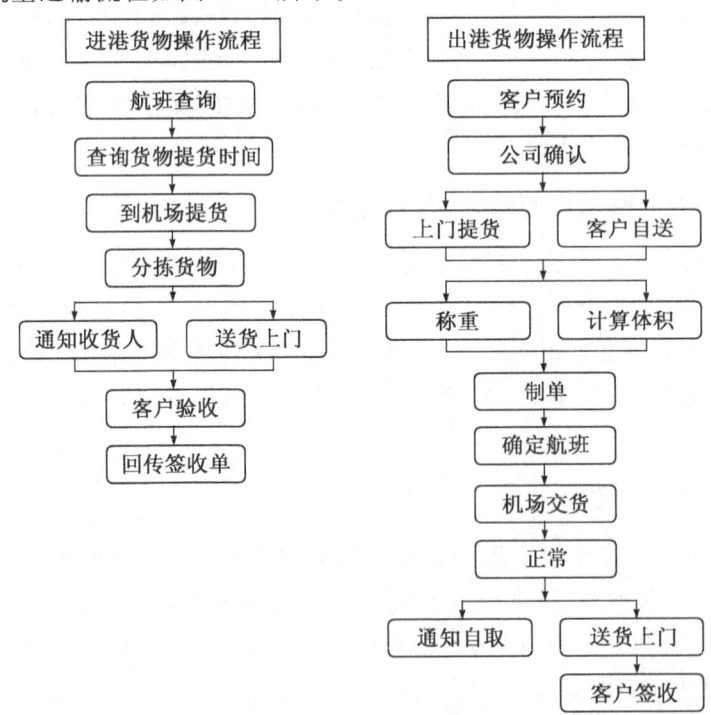

图 9-1 国际航空运输流程

国际航空货运出口业务流程指的是从托运人发货到承运人把货物装上飞机的物流、信息流的实现和控制管理的全过程。国际货物运输的出口业务流程的结构如图9-2所示。

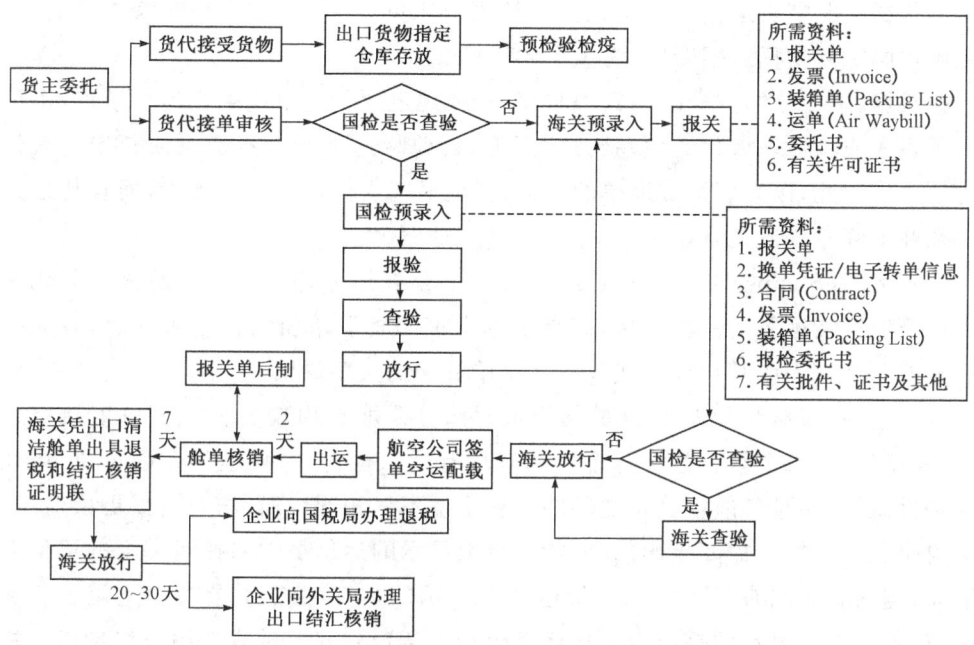

图9-2 国际货物运输的出口业务流程的结构

航空货运出口业务流程从流程的环节来说主要包含两大部分:航空货物出口运输代理业务流程和航空公司出港货物的操作流程。前者的主体是航空货运代理人,后者的主体是航空公司。

(一)航空货物出口运输代理业务流程

航空货物出口运输代理业务流程主要包括以下二十个环节:市场销售—委托运输—审核单证—预配舱—预订舱—接受单证—填制货运单—接受货物—标记和标签—配舱—订舱—出口报关—出仓单—提板箱—货物装箱装板→签单—交接发运—航班跟踪—信息服务—费用结算。

1. 市场销售

作为航空货物运输销售代理人,其销售的产品是航空公司的舱位,只有飞机舱位配载了货物,航空货运才真正具有了实质性的内容,因此承揽货物处于航空货物出口运输代理业务流程的核心地位。

2. 委托运输

航空公司代理公司与出口单位(发货人)就出口货物运输事宜达成意向后,可以向发货人提供所代理的有关航空公司的"国际货物托运书"对于长期出口或出口货物量大的单位,航空货运代理公司一般都与之签订长期的代理协议。发货人发货时,首先需填写委托书,并加盖公章,作为货主委托代理承办航空货物出口货运的依据。航空货运代理公司根据委托书要求办理出口手续,并据以结算费用。因此,"国际货物托运书"是一份重要的法律文件。

根据《华沙公约》第5条第(1)和第(5)款规定,"货运单应由托运人填写,也可由承运人或其代理人代为填写"。实际上,目前货运单均由承运人或其代理人代为填写。为此,作为填开货运单的依据,托运书应由托运人自己填写,而且托运人必须在上面签字或盖章。

托运书(Shipper's Letter of Instruction)是托运人用于委托承运人或其代理人填开航空货运单的一种表单,表单上列有填制货运单所需的各项内容,并应印有授权于承运人或其代理人代其在货运单签字的文字说明。

目前,在审核起降航班的航空公司大部分采取自由销售方式。每家航空公司、每条航线、每个航班甚至每个目的港均有优惠运价,这种运价会因货源、淡旺季经常调整,而且各航空公司之间的优惠价也不尽相同。所以,有时候更换航班,运价也随之更换。需要指出的是,货运单上显示的运价虽然与托运书上的运价有联系,但两者之间有很大区别。货运单上显示的是TACT上公布的适用运价和费率,托运书上显示的是航空公司优惠价加上杂费和服务费或使用协议价格。托运书的价格审核就是判断其价格是否被接受,预订航班是否可行。审核人员必须在托运书上签名和写上日期以示确认。

3. 审核单证

单证应包括:

(1)发票、装箱单:发票上一定要加盖公司公章(业务科室、部门章无效),标明价格术语和货价(包括样品的发票)。

(2)托运书:一定要注明目的港名称和目的港所在城市名称,明确运费预付或运费到付、货物毛重、收发货人、电话/电传/传真号码。托运人签字处一定要有托运人签名。

(3)报关单:注明经营单位注册号、贸易性质、收汇方式,并要求在申报单位处加盖公章。

(4)外汇核销单:在出口单位备注栏内,一定要加盖公司章。

(5)许可证:合同号、出口口岸、贸易国别、有效期,一定要符合要求并与其他单据相符。

(6)商检证:商检证、商检放行单、盖有商检放行章的报关单均可。商检证上应有海关放行联字样。

（7）进料/来料加工核销本：要注意本上的合同号应与发票相符。

（8）索赔/返修协议：要求提供正本，要求合同双方盖章，外方没章时，可以签字。

（9）到付保函：凡到付运费的货物，发货人都应提供保函。

（10）关封。

4．预配舱

代理人汇总所接受的委托和客户的预报，并输入电脑，计算出各航线的件数、重量、体积，按照客户的要求和货物重、高的情况，根据各航空公司不同机型对不同板箱的重量和高度要求，制定预配舱方案，并对每票货配上运单号。

5．预订舱

代理人根据所指定的预配舱方案，按航班、日期打印出总运单号、件数、重量、体积，向航空公司预订舱。

6．接受单证

接受托运人或其代理人送交的已经审核确认的托运书及报送单证和收货凭证。将收货记录与收货凭证核对，制作操作交接单，填上所收到的各种报关单证份数，给每份交接单配一份总运单或分运单。将制作好的交接单、配好的总运单或分运单、报关单证移交制单。

7．填制货运单

航空货运单包括总运单和分运单，填制航空货运单的主要依据是发货人提供的国际货运委托书，委托书上的各项内容都应体现在货运单项式上，一般用英文填写。

8．接受货物

接受货物是指航空货运代理公司把即将发运的货物从发货人手中接过来并运送到自己的仓库。

接受货物一般与接单同时进行。对于通过空运或铁路从内地运往出境地的出口货物，货运代理人按照发货人提供的运单号、航班号及接货地点、日期，代其提取货物。如货物已在始发地办理了出口海关手续，发货人应同时提供始发地海关的关封。

接货时应对货物进行过磅和丈量，并根据发票、装箱单或送货单清点货物，核对货物的数量、品名、合同号或唛头等是否与货运单上所列一致。

9．标记和标签

标记：包括托运人、收货人的姓名、地址、联系电话、传真、合同号等，操作（运输)注意事项,单件超过150公斤的货物。标签:航空公司标签上前三位数字代表所承运航空公司的代号,后八位数字是总运单号码。分标签是代理公司对出具分标签的标识,分标签上应有分运单号码和货物到达城市或机场的三字代码。一件货物贴一张航空公司标签,有分运单的货物,再贴一张分标签。

10. 配舱

核对货物的实际件数、重量、体积与托运书上预报数量的差别。对预订舱位、板箱的有效利用、合理搭配,按照各航班机型、板箱型号、高度、数量进行配载。

11. 订舱

接到发货人的发货预报后,向航空公司吨控部门领取并填写订舱单,同时提供相应的信息,如货物的名称、体积、重量、件数,目的地,要求出运的时间等。航空公司根据实际情况安排舱位和航班。

货运代理订舱时,可依照发货人的要求选择最佳的航线和承运人,同时为发货人争取最低、最合理的运价。

订舱后,航空公司签发舱位确认书(舱单),同时给予装货集装器领取凭证,以表示舱位订妥。

12. 出口报关

首先将发货人提供的出口货物报关单的各项内容输入电脑,即电脑预录入。在通过电脑填制的报关单上加盖报关单位的报关专用章;然后将报关单与有关的发票、装箱单和货运单综合在一起,并根据需要随附有关的证明文件;以上报关单证齐全后,由持有报关证的报关员正式向海关申报;海关审核无误后,海关官员即在用于发运的运单正本上加盖放行章,同时在出口收汇核销单和出口报关单上加盖放行章,在发货人用于产品退税的单证上加盖验讫章,粘上防伪标志,完成出口报关手续。

13. 出仓单

装载板箱形式及数量、货物配舱方案制定后就可着手编制出仓单:出仓单的日期、承运航班的日期、货物进仓顺序编号、总运单号、件数、重量、体积、目的地三字代码和备注。

14. 提板、箱

向航空公司申领板、箱并办理相应的手续。提板、箱时,应领取相应的塑料薄膜和网,对所使用的板、箱要登记、销号。

15. 货物装箱装板

注意事项:不要用错集装箱、集装板,不要用错板型、箱型;不要超装箱板尺寸;要垫衬,封盖好塑料纸,防潮、防雨淋;集装箱、板内货物尽可能配装整齐,结构稳定,并接紧网索,防止运输途中倒塌;对于大宗货物、集中托运货物,尽可能将整票货物装一个或几个板、箱内运输。

16. 签单

货运单在盖好海关放行章后还需要到航空公司签单,只有签单确认后才允许将单、货交给航空公司。

17. 交接发运

交接是向航空公司交单交货,由航空公司安排航空运输。

交单就是将随机单据和应有承运人留存的单据交给航空公司。随机单据包括第二联航空运单正本、发票、装箱单、产地证明、品质鉴定证书。交货即把与单据相符的货物交给航空公司。交货前必须粘贴或拴挂货物标签,清点和核对货物,填制货物交接清单。大宗货、集中托运货,以整板、整箱称重交接。零散小货按票称重,计件交接。

18. 航班跟踪

需要联程中转的货物,在货物运出后,要求航空公司提供二程、三程航班中转信息,确认中转情况。及时将上述信息反馈给客户,以便遇到不正常情况时及时处理。

19. 信息服务

从多个方面做好信息服务:订舱信息、审单及报关信息、仓库收货信息、交运称重信息、一程二程航班信息、集中托运信息、单证信息。

20. 费用结算

费用结算主要涉及同发货人、承运人和国外代理人三方的结算。

(1) 与发货人结算费用。在运费预付的情况下,收取航空运费、地面运输费、各种服务费和手续费。

(2) 与承运人结算费用。向承运人支付航空运费及代理费,同时收取代理佣金。

(3) 与国外代理结算费用。主要涉及付运费和利润分成等。

到付运费实际上是发货方的航空货运代理人为收货人垫付的,因此收货方的航空货运代理公司在将货物移交收货人时,应收回到付运费并将有关款项退还发货方的货运代理人。同时发货方的货运代理人应将代理佣金的一部分分给其收货地的货运代理人。

由于航空货运代理公司之间存在长期的互为代理协议,因此与国外代理人结算时一般不采取一票结的办法,而采取应收应付互相抵消、在一定期限内以清单冲账的办法。

(二)航空公司出港货物的操作流程

航空公司出港货物的操作流程是指自代理人将货物交给航空公司,直到货物装上飞机的整个业务流程,如图9-3所示。

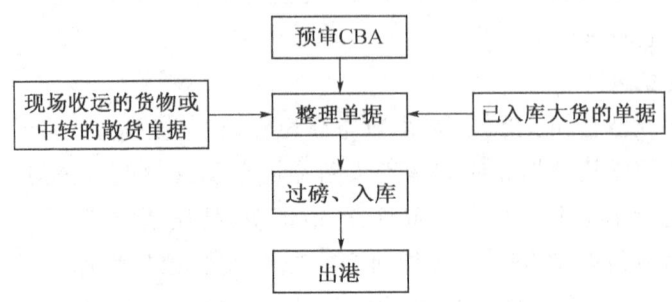

图9-3 航空公司出港货物流程图

航空公司出港货物的操作流程如下:

1. 预审(Cargo Booking Advance,CBA)

CBA即国际货物订舱单。此单由国际吨控室开具,为配载人员进行配载工作的依据,配载人员一般应严格按照CBA要求配货。

(1) 根据CBA,了解旅客人数、货邮订舱情况、有无特殊货物。对经停的国际航班,需了解前后站的旅客人数、舱位利用情况。

(2) 估算本航班最大可利用货邮业载和舱位。

货邮业载=商务业载-行李重量 货邮舱位=总货舱位-行李舱位

(3) 预划平衡。根据订舱情况,旅客人数及前、后舱分布,对飞机做到心中有数,如有问题,可在预配货物时及时调整。

了解有关航线上待运货物情况。结合CBA,及时发现有无超订情况,如有疑问,及时向吨控部门了解。

2. 整理单据

整理的单据主要包括三个方面的单据:已入库大货的单据、现场收运的货物的单据、中转的散货的单据。

(1) 已入库大货的单据。检查入库通知单,交接清单(板箱号、高低板标识、重量及组装情况)是否清楚完整,运单是否和交接单一致。核对CBA,做好货物实际到达情况记录,如果出现未订舱货物,应将运单放回原处。

(2) 现场收运的货物的单据。根据代理人提供的报关单、货物清单对运单进行审核,主要查看货物品名、件数、重量、运价及海关放行章,对化工产品要求提供化工部门非危险品证明。

(3) 中转的散货的单据。整理运单,询问货物到达情况及所在仓库区位。寻找并清点货物,决定组装方式。

3. 过磅和入库

(1) 检查货物板、箱组装情况,高度,收口等是否符合规定。

(2) 将货物送至电子磅,记录重量,并悬挂吊牌。

(3) 对装有轻泡货物的板箱,查看运单,做好体积记录。

(4) 在电脑中输入板箱号码、航班日期等,将货物上码放在货架上。

4. 出港

(1) 制作平衡交接单。配载工作全部完成后,制作平衡交接单,注明航班、日期、机型、起飞时间、板箱号、重量、总板箱号、总重量。鲜活、快件、邮件及特殊物品作出标识。标明高、中、低板。交接单一式四份,一份交平衡室,一份交外场,一份交内场出仓,一份交接后留底。

(2) 制作舱单。对航班所配货物的运单整理核对,将运单和货物组装情况输入电脑,然后制作舱单。

第二节 航空运费及成本构成

一、航空运费

国内航空货物运价是指国内各航空公司以我国民航总局颁发的《关于下发国内航空货物运价的通知》为指导规则和依据所制定的货物的运输价格。

(一) 计费重量

航空运输中的重量计算对于确定运费至关重要。以下是航空运输重量的一些关键点:

1. 实际重量(Actual Weight,AW)

指的是货物包括包装的总重量,通常以千克(kg)或磅(lbs)为单位。

2. 体积重量(Volumetric Weight,VW)

由于航空运输成本与货物所占空间有关,体积重量是根据货物体积计算的重量。计算公式通常是:

$$体积重量(kg) = 货物体积(cm^3) \div 6\,000$$

体积重量的计算标准可能因航空公司而异,有的可能是除以 5 000 或其他数值。

3. 计费重量(Chargeable Weight,CW)

计费重量是航空公司用于计算运费的重量,可以是实际重量或体积重量中的较大者。

(二) 重量单位

航空运输通常使用千克(kg)作为重量单位,但在某些地区可能使用磅(lbs)。

1. 重量声明

发货人需要准确声明货物的重量,以便航空公司计算正确的运费。

2. 重量误差处理

如果实际重量与声明的重量有较大误差,可能会导致运费调整或罚款。

3. 集装货物(Unit Load Device,ULD)

对于集装货物,航空公司可能会使用不同的重量计算方法,如托盘或集装箱的总重量。

(三) 航空运价类别

国际航协运价由国际航协通过运价手册向全世界公布,主要目的是协调各国的货物运价。从实际操作来看,各国出于竞争角度的考虑,很少有航空公司完全遵照国际航协运价,大多会给出一定的折扣,但不能说明这种运价没有实际意义。首先,它把世界各城市之间的运价通过手册公布出来,每个航空公司都能找到一种参照运价,所以在制定本公司运价时,都是按照国际航协这个标准运价进行的;其次,国际航协对特种货物运价进行了分类,航空公司在运输这种货物时一般都采用国际航协标准运价;最后,它在全世界确定了一种标准运价,使得国际航空货物的运输价格有了统一的参考标准,使得这个市场得到了规范。

国际货物运价使用 IATA 的运价手册——TACT Rates Book(见表 9-1),结合并遵守国际货物运输规则——TACT Rules 共同使用。按照 IATA 货物运价公布的形式划分,国际航协运价可分为公布直达运价和非公布直达运价。[①]

[①] 百度百科 https://baike.baidu.com/item/%E5%9B%BD%E9%99%85%E8%88%AA%E5%8D%8F%E8%BF%90%E4%BB%B7/12803496?fromModule=search-result_lemma.

表 9-1 运价类别

IATA 运价	公布直达运价	普通货物运价(General Cargo Rate)
		指定商品运价(Specific Commodity Rate)
		等级货物运价(Commodity Classfication Rate)
		集装货物运价(Unit Load Device Rate)
	非公布直达运价	比例运价(Construction Rate)
		分段相加运价(Combination of Rates and Charges)

公布直达运价是指航空公司在运价本上直接注明甲乙两地金额的运价。公布直达运价又分为指定商品运价、等级货物运价、普通货物运价和集装货物运价。

指定商品运价代号为"C",是航空公司针对某些具有特定品名编号的货物,从指定始发地至指定目的地之间的运输设立的运价。

等级货物运价是用于指定地区内部或地区之间的少数货物的运价,通常是在普通货物运价的基础上减少或增加一定的百分比。减少的为附减运价,代号为 R,适用于运输作为货物交运的行李和书报杂志等。增加的为附加运价,代号为 S,适用于运输活动物、贵重货物、尸体骨灰和汽车等。

普通货物运价又称一般货物运价。当一批货物不适用指定商品运价和等级货物运价时,则适用普通货物运价。普通货物运价分为:45 千克以下运价,代号为 N;45 千克以上运价,代号为 Q;45 千克以上运价又可分为 100 千克、300 千克、500 千克、1 000 千克、2 000 千克等的运价。

集装货物运价是成组货物运价,适用于托盘或集装器/集装箱运输。

非公布直达运价是指航空公司在运价本上未注明甲乙两地金额的运价,可选择比例运价或分段相加运价。

比例运价采用货物运价手册中公布的一种不能单独使用的运价附加数(add-on amount),当货物运输始发地至目的地无公布直达运价时,采用此附加数与已知的公布运价相加,构成非公布直达运价。分段相加运价,对于相同运价种类,当货物运输的始发地至目的地无公布直达运价和比例运价时,只能采用分段相加的办法组成运输起讫地点间的运价,一般采用最低组合运价。

在这几种运价中,运费只选择其中之一计算,一般直达货物运价优先于分段相加组成的运价,指定商品运价优先于等级货物运价和普通货物运价,等级货物运价优先于普通货物运价。也就是说,如果遇到两种运价均适用时,首先应选用特种货物运价,其次是等级货物运价,再次才是一般货物运价。

9-2 云阅读

(四) 最低运费(Minimum Charge,代号 M)

最低运费也叫起码运费,是航空公司办理一批货物所能接受的最低运费,是航空公司在考虑办理即使很小的一批货物也会产生固定费用后制定的。如果承运人收取的运费低于起码运费,就不能弥补运输成本。因此航空公司规定若计算出来的实际运费低于起码运费,就根据起码运费收,另有规定除外。

最低运费跟起运港和目的港两点间所属的 IATA 区域密切相关。如根据 TACT Rules 3.4.2 的规定:从中国(不含港澳台)飞往欧洲和中东的最低运费为人民币 320 元;飞往南亚次大陆的最低运费为人民币 230 元;中国内地飞往香港和澳门的最低运费为人民币 90 元等。

在具体计算时,如果货物符合指定商品运价的适用范围,将按照该运价计算运费。如果计算得出的运费低于最低运费(代号 M),则适用最低运费标准。同时,指定商品运价在适用顺序上优先于等级货物运价和普通货物运价。

9-3 云阅读

(五) 国际航空运费计算附加费

航空公司在制定指定商品运价时,会考虑市场竞争状况、运输成本、服务水平等因素,以吸引和满足特定类型货物的运输需求,同时保证运输收益。

1. 燃油附加费(Fuel Surcharge)

根据燃油价格波动,航空公司可能会对每公斤或每吨货物加收燃油附加费。

2. 安全附加费(Security Surcharge)

出于安全考虑,某些航线可能会对货物加收安全附加费。

3. 其他费用

除了基本的运输费用外,还可能有其他费用,如机场费用、仓储费、保险费等。

(六）计价规则

（1）货物运费计费以"元"为单位，元以下四舍五入。

（2）最低运费，按重量计得的运费与最低费相比取其高者。

（3）按实际重量计得的运费与按较高重量分界点运价计得的运费比较取其低者。

（4）分段相加组成运价时，不考虑实际运输路线，不同运价组成点组成的运价相比取其低者。

二、国际航空运输成本构成

（一）飞机相关成本

1. 飞机购置成本

航空公司购买飞机需要巨额资金投入，这部分成本会通过折旧等方式分摊到每次航班运营中。一架波音 737 系列飞机价格通常在数千万美元到上亿美元不等，空客 A320 系列飞机价格也大致在此范围。这些成本会在飞机预计使用年限（一般为 20～30 年）内逐年折旧计算到运营成本里。

2. 飞机租赁成本

部分航空公司会选择租赁飞机运营，租赁费用根据飞机型号、租赁时长等因素而定。比如租赁一架较新型号的窄体客机，每月租赁费用可能在几十万美元。租赁成本也是按航班班次等方式分摊到运输成本中。

3. 飞机维护与修理成本

为确保飞机飞行安全，需要定期对飞机进行维护保养，包括日常检查、发动机检修、机身结构检查等。每次常规维护的费用可能在几万美元到几十万美元不等，而大型的发动机检修或机身重要部件更换等维修项目，花费可能高达数百万美元。这些维护修理费用根据飞机的飞行时长、起降次数等分摊到每次运输任务中。

（二）燃油成本

燃油是航空运输的主要消耗品，其成本占比较大。国际油价波动会直接影响燃油成本，当油价较高时，燃油成本可能占到运营成本的 30%～40% 左右。例如，一架大型客机一次长途飞行可能消耗几十吨燃油，按照当前国际市场油价，一次飞行的燃油费用可能达到数十万美元。

（三）机组人员成本

1. 飞行员薪酬

飞行员是航空运输的关键岗位，其薪酬水平较高。经验丰富的机长年薪可能在几十万美元到上百万美元不等，副驾驶薪酬相对低一些，但也在数万美元到数十万美元之间。这些薪酬成本根据飞行员的飞行小时数分摊到每次航班运营中。

2. 乘务人员薪酬

航班上的乘务人员负责旅客服务等工作，其薪酬也需计入成本。一般乘务人员的月薪在几千美元到上万美元不等，根据航班的乘务人员配置数量和飞行时长等分摊到运输成本。

（四）机场相关成本

1. 起降费

飞机在机场起降需要向机场支付起降费，这一费用根据机场规模、飞机型号等因素而异。大型国际机场的起降费相对较高，例如在一些欧美主要机场，一架大型客机的单次起降费可能在数千美元到上万美元不等。

2. 停机坪使用费

飞机在机场停留期间需要占用停机坪，需支付相应的停机坪使用费，费用标准也因机场不同而有差异，一般按停留时间计费，每小时可能在几百美元到上千美元不等。

3. 廊桥使用费

如果飞机使用廊桥与候机楼连接，还需支付廊桥使用费，每次使用费用可能在几百美元左右。

4. 机场地面服务费用

机场地面服务费用包括飞机的牵引、行李装卸、客舱清洁等服务费用，这些费用根据服务项目和飞机型号等进行分摊，每次航班的地面服务费用可能在几千美元到上万美元不等。

（五）航线运营成本

1. 导航费

飞机在飞行过程中需要依靠地面导航设施进行导航，需向相关部门支付导航费。导航费根据飞行里程等因素计算，一次长途飞行的导航费可能在几千美元到上万美元不等。

2. 空管费

由空中交通管理部门对飞机飞行进行指挥和管理，航空公司需支付空管费。

空管费同样根据飞行里程、飞行时长等因素确定,一次飞行的空管费可能在几千美元到上万美元不等。

(六)票务与营销成本

1. 票务系统维护费用

航空公司需要维护自身的票务系统,确保旅客能够顺利购票、改签、退票等操作,这部分费用根据系统的复杂程度和使用规模等分摊到运输成本中。

2. 营销费用

为了吸引旅客购买机票,航空公司会开展各种营销活动,如广告投放、促销活动等。营销费用根据活动规模和持续时间等分摊到运输成本中,每年的营销费用可能占到运营总成本的一定比例,具体视航空公司的营销策略而定。

(七)其他成本

1. 保险费用

航空公司为飞机、旅客、行李等购买保险,以应对可能出现的风险,保险费用根据保险范围和保额等因素确定,每年的保险费用可能在数百万美元到数千万美元不等,分摊到每次航班运营中。

2. 行政与管理成本

行政与管理成本包括航空公司总部及各分支机构的办公场地租赁、人员薪酬、办公设备购置等费用,这些费用根据航空公司的规模和运营模式等分摊到运输成本中。

3. 货物运输相关成本(针对兼营货物运输的航空公司)

货物运输相关成本对于有货物运输业务的航空公司,还存在货物装卸、仓储、运输损耗等相关成本,这些成本根据货物运输量和运输方式等分摊到货物运输业务的成本中。

第三节 国际航空经营管理

一、国际航空运输经营方式

(一)包机运输(Charter Cargo)

1. 包机运输的概念

包机运输是一种为特定客户提供定制航班的航空货运方式,客户以租赁整个飞机的方式进行大规模或特殊需求货物的运输。

包机运输分整包机与部分包机两种。前者由航空公司或包租代理公司按照事先约定的条件和费用将整机租给租机人,从一个或几个空站将货物运至指定目的地,它适合运送大批量的货物,运费不固定,一次一议,通常较班机运费低;后者由几家货运代理公司或发货人联合包租一架飞机,或者由包机公司把一架飞机的舱位分别租给几家空运代理公司,其运费虽较班机低,但运送的时间比班机长。办理包机至少需在发运前一个月与航空公司洽谈,并签订协议,以便航空公司安排运力办理包机过境、入境、着陆等有关手续。如货主找空运代理办理包机应在货物发运前 40 天提出申请。

2. 包机运输的特点

(1) 灵活性。由于包机运输可根据客户的需求进行定制,客户可以选择航班的出发时间与目的地。比如,某企业可能需要在特定时间将新产品运送到海外市场,航空公司可以特意安排航班,以确保货物及时到达。

(2) 专属服务。在包机运输中,航空公司通常为客户提供定制化的服务,例如:特殊的装卸程序、配备冷藏设备以运输易腐商品,或提供额外的安全措施以运输高价值货物。这样的个性化服务吸引了需要特殊处理的企业和客户。

(3) 快速反应。包机安排迅速,能够在紧急情况下快速满足客户的运输需求。例如,面对自然灾害时,某些组织可能需要迅速运送医疗物资,包机运输可以在短时间内安排航班。

(4) 高成本。尽管包机运输提供了很多便利,但相较于常规运输,费用通常较高。因此,这种方式主要适用于大宗、紧急或高价值的货物运输,通常小型企业会选择其他运输方式以节约成本。

(二) 班机运输 (Scheduled Cargo)

1. 班机运输概念

班机运输是指定期开航,定航线,定始发站、途经站和目的站的飞机。其最大特点是可以确切掌握起运和到达时间。这是航空货运市场最初见的航空运输方式。班机运输利用定期航班将货物按计划运输,适合那些不太急需但希望以合理价格运送货物的客户。

2. 班机运输特点

(1) 固定航班安排

航空公司按照固定的时间表和航线进行货物运输,客户可以根据航班时间轻松安排货物的发运。这一点对于需要进行年度规划或生产周期协调的企业尤其重要。

(2) 低成本

由于班机运输通常利用已有的航班,客户能够以较低的价格运输货物,适合运输不紧急的小批量货物和普通商品。这使得许多中小企业能够利用空运而非海运。

(3) 创新科技应用

随着科技进步,许多航空公司开始利用数据分析和人工智能来优化货物装载,使得航班的货物装载率达到最大,提高了资源的利用效率。

(4) 服务限制

班机运输的时间和灵活性相对有限,客户必须在规定的航班时间内安排货物。这就要求客户必须提前计划,并灵活调配业务作业节奏。

(三) 集中托运(Consolidated Cargo)

1. 集中托运概念

集中托运是一种将多个小批量货物集中包装后进行运输的方式,较为常见于中小企业和个人客户的国际货运。

集中托运一般采用班机或包机运输方式,由空运代理将若干单独发货人的货物集中起来组成一整批货物,由其向航空公司托运到同一到站,货到国外后由到站地的空运代理办理收货、报关并分拨给各个实际收货人。集中托运的货物越多,支付的运费越低。因此,空运代理向发货人收取的运费要比发货人直接向航空公司托运低。

2. 集中托运特点

(1) 降低运输成本

将多个客户的小批量货物集中在一个运输批次中,可以分摊运输费用,降低每个客户的单位运输成本。例如,几家公司可能选择将货物合并,统一托运至同一目的地,降低整体运输费用。

(2) 提高装载效率

集中托运有助于提高货物的装载率,使航空公司能够充分利用货机的运输能力,降低碳排放和空载率,从而在一定程度上增强了运作的环保性。

(3) 规范化操作

集中托运通常需要提前安排和通知,航空公司会在接单时进行分类处理,确保货物按照规定标准操作。这样可以减少误装、遗失和延误发生的概率。

(4) 适用性广泛

适用于各种行业,特别是对于不是特别急需的货物,可以利用集中托运享受费用上的节省。同时,许多电商小型商家也开始使用这种方式以优化供应链。

思考:航空运输有拼箱业务吗?

(四) 航空快递(Air Express)

1. 航空快递概念

航空快递是航空货运业务的一种,是指航空快递企业利用航空运输,收取收件人的快件并按照向发件人承诺的时间将其送交指定地点或者收件人,掌握运送过程的全部情况并能将即时信息提供给有关人员查询的门对门速递服务。

航空快递是以快速和安全为目标,为客户提供门到门的高效货物运输服务,通常由专门的快递公司运营。

急件传递不同于一般的航空邮寄和航空货运,它是由专门经营这项业务的公司与航空公司合作,设专人用最快的速度在货主、机场、用户之间进行传递。例如,传递公司接到发货人委托后,用最快的速度将货物送往机场赶装最快航班,随即用电传将航班号、货名、收货人及地址通知国外代理接货,航班抵达后,国外代理提取货物后急送收货人。这种方式又称为"桌至桌"(Desk to Desk)运输。在这四种航空货运的运输方式之中,航空快递运输速度快,准确性高,更安全,航空快递的收件范围主要有文件和包裹两大类。其中文件主要是指商业文件和各种印刷品,对于包裹一般要求毛重不超过 32 千克(含 32 千克)或外包装单边不超过 102 厘米,三边相加不超过 175 厘米。

2. 航空快递特点

(1) 快速交付

航空快递服务通常承诺在 24 小时内将货物运送到目的地,非常适合紧急文件、样品和小批量高价值货物的运输,尤其是来自消费电子、医疗保健及汽车零部件等行业的要求。

(2) 全方位服务

快递公司提供从取件、运输到最终派送的一站式服务,显著减轻了客户的运输负担。例如,许多电商平台会与快速快递公司合作,确保顾客在下单后的短时间内收到商品。

(3) 实时追踪

客户可以通过快递公司的在线平台实时追踪包裹的运输状态,从而提升客户的信任与满意度。这种透明度不仅增加了客户对快递服务的信赖,也促使企业调整物流策略。

（4）高成本效益

虽然航空快递提供了快速、便利的服务，其费用通常较高，因此更适合于高价值或紧急的货物，对于价值较低的商品，企业可能选择航运或班机运输以节约成本。

除了以上4种常见的经营方式之外，国际航空还提供多式联运（Intermodal Transport）、航空邮件运输（Air Mail Services）、航空租赁服务（Aircraft Leasing）、特种货物运输（Specialized Cargo Services）、个人物品运输（Personal Effects Transportation）、航空维修与技术服务（Maintenance and Technical Services）、航空培训服务（Aviation Training Services）、航空保险服务（Aviation Insurance Services）、航空经纪服务（Aviation Brokerage Services）等经营方式，航空公司根据市场需求开展这些经营方式，把航空公司的资源和战略目标进行调整和优化，以提高竞争力和市场响应速度。

9-4 云阅读

二、国际航空运输销售管理

国际航空运输销售管理是指航空公司在国际市场上，通过一系列策略和活动，对航空运输产品（如机票、服务等）进行定价、推广、分销和销售的过程。其核心目标是实现航空公司收入最大化、市场份额扩大和客户满意度提升。具体来说，国际航空运输销售管理包括以下几个方面：

（一）市场分析

1. 需求预测

（1）数据收集：通过历史销售数据、乘客反馈和市场调研收集信息。例如，可以使用Seat Load Factor（座位使用率）和Yield Management（收益管理）工具来分析不同航班的表现。

（2）趋势分析：观察旅游趋势、节假日和季节性影响，如暑假、寒假、春节等假期的出行模式变化。

2. 竞争分析

（1）SWOT分析：识别自家航空公司的优势（Strengths）、劣势（Weaknesses）、机会（Opportunities）和威胁（Threats），并与主要竞争对手进行比较。

(2) 市场定位：确定自己在市场中的位置，比如是以低价赢得市场，还是通过优质服务吸引高端客户。

(二) 销售渠道

1. 直接销售

(1) 企业官网。许多航运公司会建立自己的官方网站，在上面详细展示公司的航运服务线路、船舶运力、运输时间、价格体系等信息。客户可以直接在官网提交订舱需求，查询货物运输状态等。例如，马士基航运（Maersk）的官网，界面清晰，客户能便捷地进行航线搜索、订舱操作以及获取各类相关服务信息。

官网还可提供在线客服功能，实时解答客户的疑问，增强与客户的沟通互动，促进销售达成。

(2) 销售团队。航运公司组建专业的销售团队，这些销售人员会主动出击，拜访各类有国际物流需求的企业，如外贸制造企业、进出口贸易公司等。他们通过面对面的沟通，深入了解客户的具体运输需求，包括货物种类、运输量、运输频率、目的地等，进而为客户量身定制合适的航运解决方案。

销售团队还会参加各类行业展会、研讨会等活动，在这些场合拓展客户资源，宣传公司的航运服务优势，与潜在客户建立联系并促成合作。

2. 间接销售

(1) 货代（货运代理）。货代在国际航运销售渠道中扮演着极为重要的角色。它们熟悉航运市场的各类航线、运价走势以及不同航运公司的服务特点。货代接受客户的货运委托后，会根据客户需求选择最合适的航运公司进行订舱操作。

例如，一些中小外贸企业由于自身资源有限，往往会依赖货代来处理复杂的航运事务。货代凭借其专业知识和广泛的业务网络，能够为这些企业提供包括订舱、报关、报检、仓储、运输安排等一站式物流服务，大大简化了客户的物流流程。货运代理关系如图 9-4 所示。

(2) 无船承运人（NVOCC）。无船承运人本身不拥有船舶，但它们可以以承运人身份接受货主的货运委托，签发自己的提单，并负责安排货物的运输。它们与各大航运公司签订有合作协议，通过整合货主的零散货物，形成一定规模的货载后向航运公司订舱。

对于一些货量相对较小但又需要享受较为专业物流服务的货主来说，无船承运人是一个不错的选择。比如，一些电商出口企业会选择与无船承运人合作，将其通过电商平台销售的各类小包裹集中运输，降低运输成本的同时确保运输的及时性和可靠性。

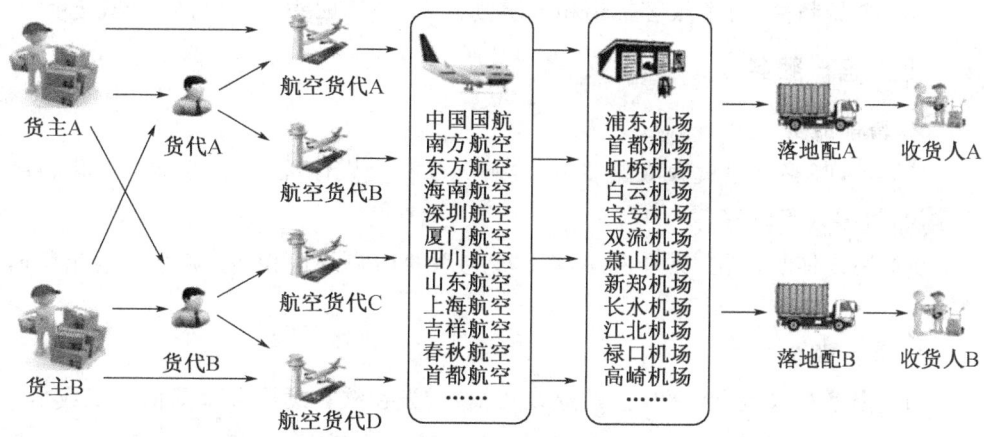

图 9-4 货运代理关系图

3. 物流平台

随着互联网的发展,一些物流平台应运而生。这些平台汇聚了众多航运公司、货代、无船承运人等物流服务提供商的信息。客户可以在平台上发布自己的货运需求,然后平台会根据需求匹配最合适的物流解决方案及服务提供商。

像运去哪这样的物流平台,不仅提供订舱服务,还能让客户实时查看全球航运市场运价走势、货物运输状态等信息,为客户提供了便捷、透明的物流服务体验。

不同的销售渠道各有优劣,航运公司通常会综合运用多种渠道来拓展业务,满足不同客户群体的需求,提高市场占有率。

4. 全球分销系统(GDS)

(1) GDS 的功能:如 Sabre、Amadeus 等系统,它们连接航空公司和旅行代理商,提供机票、酒店、租车等服务的查询和预订。

(2) 销售策略:通过 GDS 向代理商提供有竞争力的佣金和条款,以吸引更多的分销。

(三) 定价策略

1. 动态定价

(1) 算法驱动:利用算法分析市场需求、乘客预订行为和历史数据,动态调整票价。

(2) 分级定价:根据舱位(经济舱、商务舱、头等舱)提供不同的定价策略,以及按距离、时段和节假日定制价格。

2. 促销活动

(1) 季节性折扣:在特定节假日前后推出特价票,吸引大量游客。

(2) 会员制度:对常旅客推出积分奖励计划,鼓励回头客,提升客户忠诚度。

(四) 客户服务

1. 售前服务

(1) 咨询服务:通过客服热线、在线聊天和社交媒体等方式,为客户提供目的地建议、机票政策解答等。

(2) 用户体验优化:提升网站和手机应用的用户界面设计,确保订票流程简单流畅。

2. 售后服务

(1) 退票和改签:建立灵活的退改政策,增设在线自助服务来降低人工成本。

(2) 投诉处理:快速响应客户投诉,建立反馈机制,及时解决问题,维护品牌形象。

(五) 技术支持

1. 预订系统

(1) 集成技术:采用最新的预订系统集成技术,以处理实时交易和数据同步。

(2) 安全性:保障客户支付信息的安全,采用 SSL(Secure Sockets Layer)加密等安全措施。

2. 数据分析

(1) 客户画像:通过数据分析建立客户画像,了解他们的偏好和行为,以便定制营销策略。

(2) 收益管理:利用数据分析工具监测航班表现,优化收益和增加利润。

(六) 规则与合规性

1. 国际航空规则

(1) ICAO 和 IATA 规则。了解国际民用航空组织(ICAO)和国际航空运输协会(IATA)的相关规则和标准。

(2) 航权与航班调度规则。研究各国的航权协定,以及影响航班调度和票务政策的法律法规,如反垄断法等。

2. 安全与隐私合规性

(1) 数据保护合规性。遵循相关数据保护法律,如 GDPR(General Data Protection Regulation,《通用数据保护条例》)等,确保用户信息安全。

(2) 审计合规性。定期进行合规审计,以确保行业标准和政府法规得到遵守。

国际航空运输的销售管理是一项需要多方面协调和管理的复杂任务,涵盖市场分析、销售渠道、定价策略、客户服务、技术支持和法规合规等多个领域。掌握这些要素能够帮助航空公司在竞争激烈的市场环境中取得成功。

9-5 云思政　　9-6 云习题

第十章　世赛任务模块七

学习目标

1. 理解国际航空运单的概念、重要性及其法律依据（如《华沙协定》）。
2. 掌握国际航空运单的不同类别。
3. 理解航空主运单与分运单的区别。
4. 掌握国际航空运单的功能。
5. 熟悉国际航空运单操作流程的各个环节。
6. 掌握国际航空运单填写的30个项目规范。
7. 理解国际航空舱单的定义、特点、操作流程、法律文件作用及与航空运单的区别和联系。
8. 掌握商业发票、装箱单、进出口报关单、到港通知等单证的定义及作用。
9. 理解国际航空货物运输组织的功能和作用。
10. 掌握国际航空货物运输组织的成立背景、性质、宗旨、目标、职能、工作内容及组织结构等。

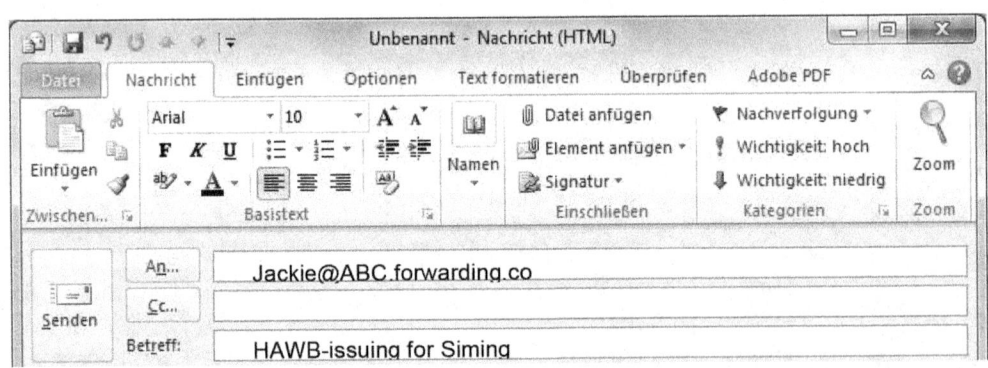

Dear Jackie，

　　Please prepare the instruction for HAWB issuing according to packing list and bill of charges of Siming. Booking details as following：

　　Goods：500 CTNS INFANT TOYS 3-IN-1 BABY BOOK

　　Flight：CA599

MAWB NO.：732－2399 0111

ETD：22：34，2024.12.11

ETA：18：25，2024.12.12

Airport of departure：NKG

Airport of destination：SYD

Tread term：CIP

SYDNEY Best regards Sam

Team Manager Air Freight

ABC Freight Forwarding (China) CO.，LTD.

No.45，Aoti Street，Jianye District，Nanjing，Jiangsu，China

Tel：+86－025－55316531

E-mail：Sam@ABC.forwarding.com

Attachment：1 packing list of Siming

           1 bill of charges_Siming

Issuer JIANGSU SIMING TRADING CO.，LTD. NO.88，HUBU STREET，QINHUAI DISTRICT，NANJING，JIANGSU，CHINA TEL：+86－25－83793377		装箱单 PACKING LIST	
To COLES MAYER CO.，LTD NO.55 PHILLIP AND BRIDGE STREET，SYDNEY，NSW 2000，AUSTRILIA TEL：+61 2 9251 5988		Invoice No. JSSM-INV202412008	Date DEC 2TH，2024
Marks and Numbers	Description of goods	Number and kind of package	G.W.(KG)	N.W.(KG)	Meas.(CBM)
N/M	INFANT TOYS 3-IN-1 BABY BOOK	500 CTNS	1 576.60	1 500.00	17.10CBM 50 CM * 38 CM * 18 CM * 500 CTNS

	Total	500 CTNS	1 576.60	1 500.00	17.10
Say Total	SAY FIVE HUNDRED ONLY				

BILL OF CHARGES

Cost item	Currency/Unit	Unit Price(CNY)
Airfreight	CNY/KG	19.00
Fuel Surcharge	CNY/KG	Included
Safety Surcharge	CNY/KG	Included
AWA	CNY/shipment	220.00

这封邮件是由名为 Sam 的团队经理从 ABC 货运代理（中国）有限公司发送给名为 Jackie 的人，要求其准备一份针对 Siming 公司的货物的 HAWB（House Air Waybill，即货运代理公司出具的空运提单）发行指南。邮件中提供了详细的货物和航班信息，以及发货和收货的相关信息。以下是邮件内容的详细解析：

发件人信息：

名称：Sam

职位：团队经理（Team Manager）

部门：空运（Air Freight）

公司：ABC 货运代理（中国）有限公司（ABC Freight Forwarding (China) CO., LTD.）

地址：中国江苏省南京市建邺区奥体大街 45 号

电话：+86-025-55316531

电子邮件：Sam@ABC.forwarding.com

货物信息：

货物描述：500 箱婴儿玩具，3 合 1 婴儿书

航班号：CA599

主空运提单（MAWB）信息：

MAWB 号码：732-2399 0111

航班时间：

预计起飞时间（ETD）：2024 年 12 月 11 日，22:34

预计到达时间（ETA）：2024 年 12 月 12 日，18:25

机场信息：

出发机场：NKG（南京禄口国际机场）

目的地机场：SYD（悉尼金斯福德·史密斯国际机场）

贸易条款：

CIP（Carriage and Insurance Paid To，即运费和保险费付至）至悉尼

指示内容：

Jackie 需要根据提供的装箱单和费用账单准备 HAWB（航空分运单）发行指南。

该任务模拟了国际航空运输的场景，涉及的基础知识点是国际航空运单问题，在实践中还涉及其他很多国际航空单证，因此本章的拓展部分有所略及。单证使国际运输运营有了依据，然而国际航空业是一个高度国际化的行业，需要一些确保全球航空规则的统一性的组织，本章还拓展一些相关的国际航空运输组织。

10-1 云视频

第一节　国际航空运单

一、国际航空运单的概念

国际航空运单是由国际航空承运人或其代理人出具的、表明承运人与承运人之间运输合同的凭据。对航空货运来说，航空运单是最重要的文件，依据为1929年签订的《华沙协定》。

运单依法规定承运人责任范围、赔偿限度，承运人、收货人、承运人的权利及义务。根据 IATA 规定，运单不保障可流通性。

二、国际航空运单的类别

（一）国际航空运单种类

1. 航空主运单（Master Airway Bill，简称 MAWB）

由拥有飞机的航空公司承运人签发出具的运单，运单上运费一般显示 IATA 运费。

2. 航空分运单（House Airway Bill，简称 HAWB）

由国际货运代理公司签发出具的运单，运单的发货人和收货人一般为实际发

货人和实际收货人,需要配合 Master Airway Bill 使用。

3. 航空综合运单（Consolidated Airway Bill）

由 Master Airway Bill 和 House Airway Bill 组合使用,Master Airway Bill 的收发货人一般为始发地和目的地的国际货运代理公司,而 House Airway Bill 的收发货人为实际的收发货人。

航空货物由国际货运代理公司承运,实际发货人在始发地将货物交给始发地的国际货运代理公司,始发地代理通过 Master Airway Bill 将货物运输给目的地的国际货运代理公司,由目的地代理将 House Airway Bill 和货权交给最终收货人或其指定代理的"同一家公司中的操作人员或内部部门"。

4. 航空直通运单（Through Airway Bill）

由拥有飞机的航空公司承运人签发出具的运单,是和 Consolidated Airway Bill 相对立的概念,一般运单的收发货人为实际的收发货人,而不是国际货运代理公司。

5. 航空公司空运单（Airline Airway Bill）

将航空承运人的名称或商标打印在运单上的航空运单,其他航空公司或航空承运人无法使用。

6. 中性航空运单（Neutral Airway Bill）

无具体航空运输承运人名称的航空运单,任何航空公司或航空承运人都可以使用。

7. 虚拟航空运单（Dummy（Draft）Airway Bill）

假运单或理解为运单草单。

（二）航空主运单与分运单的区别

航空主运单（MAWB）和航空分运单（HAWB）在国际航空货物运输中扮演着不同的角色,它们之间的区别主要体现在以下几个方面：

1. 签发方

MAWB：由航空公司直接签发,代表航空公司与发货人之间的运输合同。

HAWB：由货运代理或航空公司指定的代理人签发,代表货运代理与实际发货人或收货人之间的运输协议。

2. 作用与用途

MAWB：作为航空主单,用于整票货物的运输,其上的发货人通常是货运代理,收货人是目的港的货运代理或收货人的代理。在货物到达目的港后,由目的港的货运代理负责分发给各个实际收货人。

HAWB：作为航空分单，用于具体到每个客户的小票货物，直接关联到实际的发货人和最终收货人。收货人凭 HAWB 和其他必要文件在目的港进行清关和提货。

3．编号规则：

MAWB NO．：格式通常为 XXX－XXXXXXXX，其中前三位是航空公司的三字代码，后八位是顺序号和校验码，具有特定的校验规则。

HAWB NO．：没有统一的格式，由货运代理自行设定，可能包含公司缩写或任意编号，灵活性较高。

4．清关与提货

清关时，目的港通常使用 HAWB，因为分单上的信息直接对应实际的收货人，便于海关检查和征收关税。

提货时，收货人需要 HAWB 到目的港的货运代理处换取提货单或直接提货，而 MAWB 则用于航空公司与货运代理之间的结算和货物控制。

5．应用场景

MAWB 主要用于航空公司与货运代理之间的货物交接，而 HAWB 则用于货运代理与实际的发货人和收货人之间的货物交接。

6．合同关系

MAWB 是航空公司与集中托运人之间签订的运输合同，确立了双方的法律关系。它证明航空公司同意运输集中托运人整合的货物，并表明航空公司的责任直接对集中托运人。

HAWB 由集中托运人（通常是货运代理）向实际发货人或收货人签发，代表了集中托运人与实际货主之间的运输合同。它不直接涉及航空公司，因此货主与航空公司之间没有直接的契约关系。

7．涉及的当事人

MAWB 的当事人是航空公司和集中托运人。

HAWB 的当事人则是实际的货主（托运人或收货人）与集中托运人。

8．货物交接

在物流流程中，货物的交接基于 MAWB 在航空公司与集中托运人之间进行，而 HAWB 则指导集中托运人或其代理与实际货主之间的货物交付。

这些区别体现了 MAWB 和 HAWB 在航空货运中的不同作用和重要性，它们共同确保了货物的顺利运输和交付。

三、国际航空运单的功能

国际航空运单在国际航空运输中扮演着多重重要角色，其主要功能如下：

(一)运输合同证明

航空运单(Airway Bill,简称 AWB)是托运人与航空承运人之间签订的具有法律约束力的合同。它不仅证明了航空运输合同的存在,而且 AWB 本身就是发货人与航空运输承运人之间缔结的货物运输合同,在双方共同签署后产生效力,并在货物到达目的地交付给运单上所记载的收货人后失效。

(二)货物收据

AWB 作为承运人接收货物的证明,向发货人确认货物已被航空公司接收,并且通常会有一份交给发货人作为已接收货物的凭证。在发货人将货物发运后,承运人或其代理人就会将其中一份交给发货人(即发货人联),作为已经接收货物的证明。

(三)运费结算依据

AWB 详细列明了运费和其他可能产生的费用,包括但不限于目的地费用、代理费用等,是核收运费的基础。它作为承运人据以核收运费的账单,详细记录了运输费用,确保了费用的透明性和正确性。

(四)报关单证

在进出口过程中,AWB 是必需的报关单证之一,海关会根据运单上的信息进行货物的清关和放行。AWB 是海关查验货物合法性和征收税款的重要凭证之一,跨境卖家需要妥善保管 AWB,并按照相关法规和流程进行清关操作。

(五)保险凭证

在某些情况下,如果承运人提供保险服务或根据发货人的要求代为投保,AWB 可以作为保险的初步证明。它详细记录了运输信息,包括可能的特殊处理指示,这些信息对于保险理赔至关重要。

(六)内部操作指南

对航空公司而言,AWB 是处理、调度和交付货物的重要依据,包含货物的详细信息和运输指示。AWB 作为承运人内部业务的依据,确保货物按照特定的时间和顺序进行处理。

(七)货物身份证明

随货同行的 AWB 证明了货物的身份,帮助在复杂的物流网络中识别和跟踪货物。AWB 号码可以实时监控货物运输,确保整个运输过程的透明度。

（八）电子化流程和信息记录

在现代航空货运中，电子航空运单（e-AWB）已成为标准，简化了流程，提高了效率。e-AWB 的使用可以加快供应链流通速度，节约成本，提高数据准确性，确保信息安全，符合监管合规性，并具有环保优势。

这些功能确保了货物运输过程的透明度、合法性和高效性，是国际航空物流不可或缺的文档。

四、国际航空运单操作流程

（一）询价

发货人向货代或航空公司提供货物的详细信息，如品名、重量、体积、尺寸、起运机场、目的地机场、预计出运时间等，询问不同运输方案及相应价格。

（二）下单

发货人确认价格后，向货代或航空公司下达运输委托书，货代或航空公司接受委托并记录相关信息。

（三）货物准备

发货人按照航空运输的要求对货物进行包装、标识和保护，确保货物符合运输条件，如使用合适的包装材料、标明货物的重量、尺寸、易碎品标志等。

（四）送货或提货

发货人根据货代或航空公司提供的入仓信息，自行将货物送到指定仓库；或者由货代安排车辆上门提货。

（五）称量确认

货物进入仓库后，工作人员会对其进行称量和尺寸测量，确认实际的重量和体积，并将数据反馈给发货人进行确认。

（六）报关

发货人准备好报关资料，如报关单、发票、装箱单、合同、核销单等，交给货代或报关行，由其代理向海关申报，海关审核无误后在运单上加盖放行章。

（七）订舱

货代或航空公司根据发货人的要求和货物的实际情况，向航空公司预订合适的航班和舱位，并将航班信息和相关要求通知发货人。

(八) 装机

在航班起飞前,航空公司将货物装上飞机,装机过程中需要注意货物的摆放和固定,确保飞行安全。

(九) 货物追踪

货代或航空公司对航班和货物进行跟踪,及时向发货人传递运单号、航班号、出运时间等信息,以便发货人了解货物的运输状态。

(十) 进港航班预报

航空公司或其代理根据航班计划,提前向目的地机场及相关部门预报进港航班信息,包括航班号、机号、预计到达时间等,并填写航班预报记录。

(十一) 单据审核

飞机抵达后,工作人员接收业务袋,检查货运单、货邮舱单、邮件路单等运输文件是否完备,并在货运单正本上加盖或书写到达航班的航班号和日期,同时审核运单上的各项信息,如目的港、代理公司、品名、运输保管注意事项等,对于联程货运单则交中转部门处理。

(十二) 海关监管

将货运单送至海关办公室,由海关人员在货运单上加盖海关监管章,对货物进行监管。对于需要办理进口报关手续的货物,进口货物舱单信息会通过电脑传输给海关留存。

(十三) 理货与仓储

自航空公司接货后,将货物短途驳运至监管仓库,组织理货及仓储工作。逐一核对每票货物的件数,检查货物的破损情况,并按货物类型分别堆存、进仓,同时登记每票货储存区号,并输入电脑。

(十四) 到货预报

在国外发货前,由国外代理公司将运单、航班、件数、重量、品名、实际收货人及其他地址、联系电话等内容发给目的地代理公司,这一过程被称为到货预报。到货预报的目的是使代理公司做好接货前的所有准备工作。

(十五) 交接单货

航空货物入境时,与货物相关的单据也随机到达,运输工具及货物处于海关监管之下。货物卸下后,将货物存入航空公司或机场的监管仓库,进行进口货物舱单录入,将舱单上总运单号、收货人、始发站、目的站、件数、重量、货物品名、航班号等信息通过电脑传输给海关留存,供报关用。同时根据运单上的收货人及地址寄发取单、提货通知。

以上步骤构成了国际航空运单从发货到收货的完整操作流程,每个环节都至关重要,确保了货物能够安全、高效地完成国际运输。

五、航空货物运单的填写规范

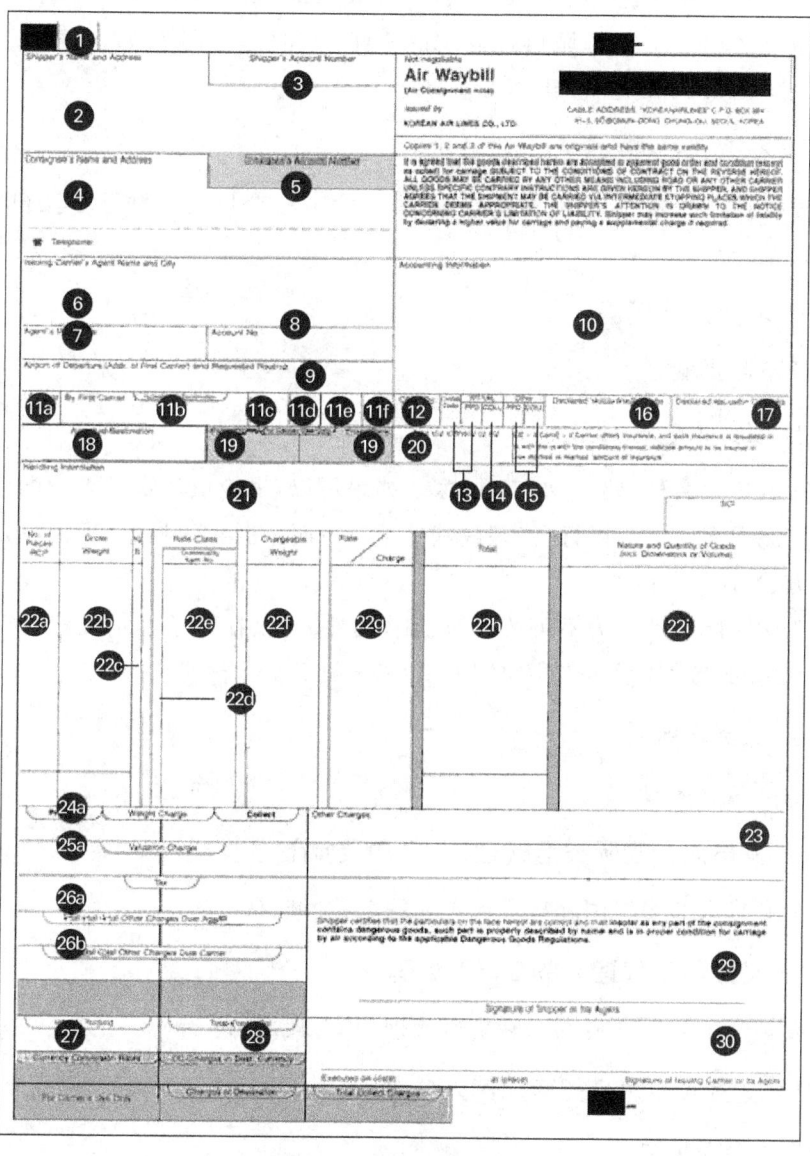

图 10-1 国际航空运单

10-2 云阅读

(一) 出发地机场和运单号

填写出发地机场名称的 IATA 代码,如"GRU"(3 个字母)(当机场名称不详时填写城市名称 3 个字母城市代码,如"SAO")和"运单号",如 Master Airway Bill No. 或 House Airway Bill No.。

(二) 发货人名称、地址

填写发货人的名称、地址、城市、国家;一个或一个以上的联系方法(电话、电传、传真)及号码。

(三) 发货人的代码

一般不需要填写。

(四) 收货人名称、地址

填写收货人名称、地址、城市、国家。如果可以,也应填写收货人的电话号码。由于任何原因需要通知银行、代理或其他第三方时,在第 21 栏(处理信息)里填写被通知方(Notify Party)。

由于国际航空运单为不可流通(转让)文件,所以在运单上不推荐注明"凭指定"(To Order)或"凭承运人指定"(To Order of XXX)。

(五) 收货人账号

一般不需要填写。

(六) 发货人的国际货运代理人、名称及城市

填写发货人的委托国际货运代理人的名称、城市。

(七) 国际货运代理人的 IATA 编码

需要填写上述第 6 栏的国际货运代理的 IATA 编码。

(八) 发货人的国际货运代理人的账号

一般不需要填写。

(九）出发地机场（第一承运人地址）、要求航线

填写出发地机场，可用 3 个字母 IATA 代码填写。

(十）会计信息

填写任何特别会计信息。比如：付款方式，现金、支票或 MCO(Miscellaneous Changes Order)

- 注：MCO 只能用于把行李当货物托运时。本栏还需填写 MCO 号码以及航空运单的货币兑换卷的价值，政府提单号。
- 由于不能交付而退回的货物在退回时，需注明原始航空运单号。

(十一）航线及目的地（从 11a 至 11f）

除了第一航空公司承运人的名称之外，本栏可选择性地填写。如果要填写，就要按照移动顺序在"to"下面填写 3 个字母的 IATA 区位识别码以及在"by"下面填入两个字母的航空公司名称代码。

一个城市有两个以上机场时，必须填写到达机场的 3 个字母的 IATA 代码。

(十二）货币

根据 TACT 规则第 5 部分的规定，要填入航空运单使用的费率的始发国适用货币的 3 个字母的 ISO 货币代码，比如"USD"。

(十三）费用代码

只作承运人的会计办公室所用。具体细节，请参看 TACT 规则 6.2 部分。

(十四）重量/从价费-预付/到付

在航空运单的适当栏里不具体填写费用的承运人/代理人必须在适当的栏里填入"x"来表示重量及从价费是否全部预付或全部到付。这两项费用都需全部预付或全部到付，除非另有具体说明。

(十五）出发地的其他费用-预付/到付

在航空运单的 26a,26b 项中"Total Other Prepaid Charges"（全部其他预付费用）栏或在航空运单的 26a,26b 项中"Total Other Collect Charges"（全部其他到付费用）栏里不表明这些费用的承运人/代理人必须在适当的栏里填入"x"来表示其他费用是否全部预付或全部到付。

上述第 15 段中所描述的栏目信息与第 27 段中所描述的"Total Prepaid"（全部预付）栏目信息和/或第 28 段中所描述的"Total Collect"（全部到付）栏目信息

相矛盾时,以后者为准。

(十六) 运费申报价格

填写发货人的运费申报价格。申报价格限制货物丢失或损失时承运人的责任,而且从价费是在申报价格的金额的基础上计算的。

假如发货人想填写"No Value Declared"(无申报价格),该栏可填写缩写字母"NVD"(No Value Declared)。申报价格不能填写"No Value""Max Free"或"M/F"等。

(十七) 海关申报价格

当该栏没有遮蔽,发货人要申报海关申报价格时,可在这里填写。假如发货人不想填写海关申报价格,就可填入"NVD"或什么都不填。

(十八) 目的地机场

填写最后承运人的目的地城市名称或机场名称的全称。为了避免同名城市之间产生混乱,所属地区或国家名称也要填写,比如,Birmingham, UK(英国伯明翰);Birmingham, Alabama, USA(美国亚拉巴马州伯明翰)或 IATA 的三个字母机场代码。

(十九) 航班/日期

本栏供承运人使用。

(二十) 保险金额

发货人要购买发货人利益保险(S.I.I.)时填写保险金额。货物投保金额可与运费申报金额不一致。而且,即使运单的运费申报价格填写 NVD,该保险也照样承担丢失或损失。

保险金额不能超过到达目的地的财产实际价值或超过商业发票的 CIF 价格的 130%,而 S.I.I. 的赔付金额仅限于上述金额。应付的保险费,无论预付还是到付都要填写在第 28 栏的"Due Carrier"里。保险金额所用的货币和商业发票所用的货币不同时,要投保的原货币金额要填入处理信息部分(21)。

目前实际操作一般会填写 NVD,而发货人会自行购买国际货物运输保险来覆盖可能的运输风险。

(二十一) 处理信息(包括唛头、号码及包装方法等)

本栏用以提供航空运单的其他部分没有特别提供的有关运输处理的信息。本栏空格不够用时,可以添加附加页。政府、发货人或承运人需要特别处理时可在此填写的内容有：

• 货物上的识别标记和号码以及包装方法。

• 收货人之外需要得到货物到达通知的被通知人的名称、地址。

• 跟随航空运单的文件（使用货物 IMP 代码）。

• 第 17 段所描述的有关航空运单部分中没有特别"海关申报价格"时，根据目的地国家的要求可以填写"发货人海关申报价格"。

• 投保价格的原货币金额与保险金额栏（20）不同时。

• 根据要求填写货物净重。

• 交付地点要求。

• 有关运输用货物 IMP 代码的其他特别处理信息或指示。但航空运单不接受下列指示：

(ⅰ) 执行货物权属转让文件。

(ⅱ) 交付前，获取付款凭证、付款通知接收凭证等。

• 未能交付的货物被退回时，新的退货运输航空运单的本栏里将填写原始航空运单号码。

22a. 包装件数

在此填写包装件数。要填入的项目不止一项时，在"Total"下面填入包装总件数。RCP（费率组合点）：有必要指定费率组合点时，单独填入该点的 3 个字母 IATA 城市代码。

22b. 实际包装毛重

本项填写在相应的包装件数的同一行里。使用 IATA 注册的 ULD（Unit Load Device，集装设备）时，换行填写其实际皮重。项目多于一个时，在下面填写总毛重。

22c. Kg/Lb

填写所用的重量单位，公斤或磅（K 或 L）。

22d. 费率分类

根据情况，填入一个或多个下列代码：

M—最低收费

N—45 kg（100lb）以下正常费率或没有 45kg 以下费率时，100kg 以下费率

Q—数量超过 45 kg（或 100lb）费率

C—特定商品费率

R—分类商品费率（折扣费）

S—分类商品费率（附加费）

U—超过集装器最低重量及可适用的超过集装器最低重量费用

E—容器超重及可适用的费率

X—容器超重及可适用的费率

Y—ULD 折扣

22e. 商品项目号码

(1) 如果在(22D)栏里填写代码"C",就要填写具体的 IATA 商品项目号码。

(2) 分类商品费率适用附加费或折扣费时,在此填写正常 45kg/100lb 费率的百分率;比如,N 费率的 150%,填写 150%;N 费率的 66%,填写 66%。(没有折扣费的正常分类上凭费率填写 S—100%)

(3) 使用 ULD 时,在(22D)栏里填写的代码"x"的同一个行里要填写适用的 IATA 费率分及代码。

22f. 计费重量

填写每一费率分类的总重量或容积重量;但是,当以更高的重量级别的费率可折算出更低的总费用时,可采用更高的重量级别来计算,并在此标明。

如果适用最低费用(M),就不用填写本栏。

使用 IATA 注册的 ULD 时,在(22D)栏的相关代码一行填入收费重量及皮重。

22g. 费率/费用

按下列方法填入适用的每 kg 或每 lb 费率:

- 适用最低费用时,填入最低费用金额。
- 代码"U"后面填入容器最低费用(散货计划)。
- 在"x"同一行的"—"标记后面必需填入集装箱的折扣。
- 在此必须填写容器超重 kg 或 lb(在"Rate Class"栏的"E"的同一行)。

22h. 合计(根据情况)

要填写每一行的合计。填写项目超过一个时,在合计线下填写总数。

22i. 货物特性及数量(包括尺寸或容积)

(1) 特性及数量。货物尽可能详细描述。应该能够立刻识别,尤其要在海关及计费时容易识别。避免使用一般性术语,比如,"样品""无价值样品""纺织品""机械部件"等。而要使用更具体的术语,比如,"铝箔样品""棉匹""农用机械部件"等。要特别注意包含危险货物的运输,要严格遵守相关的危险品规定。只能以货机运输的货物应注明"CARGO AIRCRAFT ONLY"(仅限货机)。

(2) 尺寸及容积。每一运输包装都要按以下顺序填写三维尺寸:下列种类的运输都要填写最大长度、最大宽度、最大高度(或容积);以容积运输的货物还要填写容积重量,每 kg 或更大单位的实际 1 000 美元价格或与之相应的其他货币价格;包含一项或多项属于 IATA 第 594 号决议中定义的贵重货物的运输;以及属于贵重货物的宝石。

(3) IATA 注册的 ULD。如果运输中使用一个或多个 IATA 注册的 ULD,在"费率分类"栏(22D)的"x"一行填写适当的 IATA 注册代码。

(4) 附加页。在本栏里无法填写全部的具体内容时,可以把航空运单的同一页用作附加页来填写并附上。在运单上要注明"SEE EXTENTION LIST"(看附加页)并在原运单的最后填写总件数、总重量、总容积。在每一张附加页上都要注明航空运单号。

23. 其他费用

除了必须填写重量费及从价费之外的其他收费及费用的说明及金额。电子传送航空运单时,要使用下列代码:

(1) 为了表示其他费用产生是对承运人还是对代理,在上述代码及金额后面要填写下列代码- A(应付代理)或 C(应付承运人)。

(2) (23)栏的各种其他费用的合计要填入 27a、27b、28a 或 28b 栏。

(3) 由于不能交付而被退回的货物,本该由原收货人支付的所有费用都要填入新航空运单的本栏里。

24a. 重量费(预付/到付)

填入航空运输的货物的重量/容积费;重量/容积费和从价费,无论全部预付还是全部到付,都要填入航空运单里。

25a. 从价费(预付/到付)

填入从价费;重量/容积费和从价费,无论全部预付还是全部到付,都要填入航空运单里。

26a. 应付代理的其他费用合计(预付/到付)

航空运单的制单费应该付给货运代理人时,应该填入。(23)栏里的"应付代理人"的托收费用必须填入本栏。

26b. 应付承运人的其他费用合计(预付/到付)

本栏必须填写(25)栏里注明的应付承运人的费用合计(重量费和从价费除外)。

27. 全部预付

本栏必须填入应付承运人和应付代理人的全部预付费用,比如,重量/容积费、从价费以及其他预付费用。

28. 全部到付

本栏必须填入应付承运人和应付代理人的全部到付费用,比如,重量/容积费、从价费以及其他预付费用。

29. 发货人签字栏

本栏必须填入发货人或其代理人的签字(打印、签字或盖章)。

30. 承运人签字栏

本栏必须填入航空运单的日期及签字地点。月份应全写或缩写形式,不能用数字形式。承运人或其代理人的签字可以打印、签字或盖章。

10-3 云阅读

第二节　国际航空其他单证

一、国际航空舱单

国际航空舱单是航空货物运输中的重要文件,它详细记录了货物和相关信息,用于确保货物的安全、准确地运输,并满足海关和其他相关机构的要求。以下是国际航空舱单的详细说明:

(一) 定义

国际航空舱单,也称为航空货物配舱信息,是一份记录货物和相关信息的文件,通常由航空公司或货代提供给客户。它是货物运输过程中非常重要的一份文件,用于确保货物的安全、准确地运输,并满足海关和其他相关机构的要求。

(二) 特点

1. 时效性

舱单必须在规定的时间内传输给海关,以确保货物能够按时清关和运输。

2. 准确性

舱单上的信息必须准确无误,包括货物的名称、数量、重量、体积等,以确保货物能够正确处理和清关。

3. 安全性

舱单包含敏感的货物信息,必须确保其安全性,防止信息泄露。

(三)操作流程

1. 预配舱单

货运代理发送预配舱单给海关,表明其接受托运的货物的实际信息,这是与报关流程密切相关的舱单信息。

2. 海关接收

海关成功接收到预配信息(并有运抵)后,才可以报关,没有舱单信息,报不了关。

3. 舱单传输

舱单电子数据传输义务人(如航空公司、货运代理等)必须在规定时限内向海关传输舱单电子数据。

4. 舱单内容

进出境运输工具载有货物、物品的,舱单内容应当包括总提(运)单及其项下的分提(运)单信息。

5. 海关监管

舱单是海关监管和查验货物的重要依据,也是确保货物安全、顺利通关的必要文件。

(四)法律文件

舱单是海关法规的一部分,根据《中华人民共和国海关进出境运输工具舱单管理办法》规定,舱单是反映进出境运输工具所载货物、物品及旅客信息的载体,包括原始舱单、预配舱单、装(乘)载舱单。

(五)作用

1. 最后确认提单的内容

航空公司会根据客户最后确认的提单内容制作舱单,最重要的是有关货物的描述(件数、重量、品名等),然后电报传给海关。

2. 提供航空公司货运的货物数据

可以理解为航空公司内部的一份提单,在飞机抵达目的港时需要据此向目的港海关申报货物情况。

3. 确保退税

发货人最后退税时,货物报关内容必须与舱单一致,否则无法退税。

国际航空舱单是国际物流中不可或缺的一部分,它确保了货物的顺利运输和清关,同时也是海关监管的重要文件。

(六)国际航空舱单和航空运单的区别和联系

航空舱单和航空运单是航空货运中两种不同的文件,它们的主要区别如下:

1. 定义和作用不同

航空舱单:是航空公司或货运代理在执飞前 24 小时前向海关输入的货物配舱信息,详细记录了飞机装载的各项信息,包括货物的重量、数量、分布情况等。舱单作为最后确认的提单内容,是航空公司内部的一份提单,在飞机抵达目的港时需要据此向目的港海关申报货物情况。

航空运单(Air Waybill,简称 AWB):是承运人与托运人之间签订的运输契约,同时也是承运人或其代理人签发的货物收据。它不仅是货物运输的合同证明,也是承运人接收货物的收据。航空运单还可作为核收运费的依据和海关查验放行的基本单据。

2. 内容和目的不同

航空舱单:主要包含货物的描述(件数、重量、品名等),用于确保货物报关内容与舱单一致,以便发货人最后退税时使用。它也是航空公司内部用于传输给目的地的内容,确保货物的装载平衡和安全检查。

航空运单:包含始发站机场、货物的详细描述、收货人信息等,是报关单证之一,在货物到达目的地机场进行进口报关时,通常作为海关查验放行的基本单证。

3. 流转和使用对象不同

航空舱单:主要在航空公司和海关之间流转,用于货物的装载、运输和清关。

航空运单:随货同行,证明了货物的身份,是承运人内部业务的依据,也是发货人和收货人之间货物交接的凭证。

总结来说,航空舱单更多地关注于货物的装载和运输信息,而航空运单则侧重于货物的运输合同和收据功能,两者在航空货运中都扮演着重要的角色。

10-4 云阅读

二、商业发票

(一)定义

商业发票是卖方(出口商)开具给买方(进口商)的正式销售凭证,记录了货物的交易细节。

（二）作用

1. 交易证明

商业发票记录了货物的价格、数量、规格等交易信息，是买卖双方交易的直接证明。

2. 报关和计算关税的依据

商业发票上的信息用于清关和计算适用于货物的关税或税款。

三、装箱单

（一）定义

装箱单详细列出货物的包装和内容，包括每种货物的数量和重量。

（二）作用

1. 货物明细

装箱单帮助海关和其他相关机构验证货物信息，确保货物的准确无误。

2. 辅助报关

装箱单作为报关文件的一部分，辅助商业发票进行货物申报。

四、进出口报关单

（一）定义

列出了进出口货物的详细信息，用于清关和计算适用于货物的关税或税款。

（二）作用

1. 清关文件

海关根据报关单审核货物，决定是否放行。

2. 关税计算

报关单上的信息用于计算应缴纳的关税和税费。

五、到港通知

（一）定义

到港通知是指货物即将抵达目的地时，由承运人或其代理人向收货人发出的通知。

（二）作用

1. 信息告知

到港通知告知收货人货物到达信息，以便准备接收货物。

2. 安排提货

到港通知可以帮助收货人及时安排提货和清关手续。

这些单证共同构成了国际航空货物运输的文件体系，确保了货物从发货人到收货人的安全、高效运输。正确理解和使用这些单证对于避免不必要的复杂情况和确保高效国际航运至关重要。

第三节　国际航空货物运输组织

一、国际航空货物运输组织的功能和作用

（一）全球标准制定

制定统一的国际航空运输标准和规程，确保全球航空网络的安全、高效和协调运行。

（二）政策协调

在不同国家和地区的政府、航空公司以及相关机构之间进行政策协调，解决跨境运输中可能出现的政策和法规差异。

（三）促进安全

强化航空安全措施，通过共享安全信息、最佳实践和安全培训，提高整个行业的安全水平。

（四）提高效率

通过优化航空货运流程和操作，减少延误和成本，提高航空货物运输的整体效率。

（五）市场发展

推动航空货运市场的发展，通过市场研究和分析，为行业提供发展方向和策略建议。

（六）技术支持

提供技术交流和创新的平台，促进新技术在航空货运中的应用，如电子货运、

实时追踪系统等。

（七）环境保护

推动航空货运业的可持续发展，如通过推广环保燃料和减排技术，减少航空运输对环境的影响。

（八）应对危机

在面临全球性危机（如疫情、自然灾害等）时，协调资源和应对措施，保障航空货运的连续性和稳定性。

（九）促进合作

鼓励航空公司、货运代理、机场和其他相关方之间的合作，共同提升服务水平和客户满意度。

（十）信息交流

作为信息交流的中心，提供市场趋势、法规变化、技术创新等重要信息，帮助行业参与者做出明智决策。

（十一）培训和教育

提供专业培训和教育项目，提升行业从业人员的专业技能和知识水平。

（十二）维护利益

代表航空货运业的利益，与国际组织和监管机构进行沟通和协商，争取合理的政策和法规环境。

国际航空货物运输组织的这些作用对于维护航空货运业的健康发展、促进全球贸易流通以及适应不断变化的全球经济环境至关重要。

二、国际航空运输组织类别

国际航空货物运输组织主要涉及以下几个重要的组织：

（一）国际民用航空组织（International Civil Aviation Organization，ICAO）

1. 成立与性质

国际民用航空组织（ICAO）成立于1947年，是联合国的专门机构之一，由各国（地区）政府组成，负责处理国际民航事务。

2. 宗旨与目标

ICAO的宗旨是发展国际航行的原则和技术，促进国际航空运输的规划和发展，确保全世界国际民用航空安全地和有秩序地发展。

3. 职能与工作

ICAO 的职能包括推广安全、推进技术发展，为各国制定统一的民航规则和标准等。此外，ICAO 还负责协助国际民航业各方共同应对全球突发事件和紧急情况。

4. 组织结构

ICAO 由大会、理事会和秘书处三级框架组成，其中大会是最高权力机构，理事会是常设机构，秘书处是常设行政机构。

（二）国际航空运输协会（International Air Transport Association，IATA）

1. 成立与性质

国际航空运输协会（IATA）是一个由全球航空公司和相关工业企业组成的国际性协会，其前身是 1919 年在海牙成立的国际航空业务协会。

2. 职责与功能

IATA 的职责包括制定和推广全球民航业规则和标准、协助各成员单位提高经营管理水平，提供服务和资源等。IATA 还致力于促进航空业的可持续发展，积极倡导绿色航空和环保运输等。

3. 主要作用

IATA 通过航空运输企业来协调和沟通政府间的政策，解决实际运作的问题。它负责制定和实施航空行业标准，包括航空安全、客户服务、货物和快递服务、航空保险、航空金融服务、航空市场开发和航空统计等。

（三）国际货运代理协会（International Federation of Freight Forwarders Associations，FIATA）

国际货运代理协会（FIATA）成立于 1926 年，总部设在瑞士日内瓦，是一个非政府、会员基础的组织，代表着约 150 个国家的货运代理和物流服务提供商。

FIATA 致力于保障和提高国际货运代理在全球的利益，工作目标是团结全世界的货运代理行业。通过发布信息、分发出版物等方式，使贸易界、工业界和公众熟悉货运代理人提供的服务，提高制定和推广统一货运代理单据、标准交易条件，改进和提高货运代理的服务质量。

FIATA 的最高权力机构是会员代表大会，下设扩大主席团和主席团。主席团对外代表 FIATA，对内负责 FIATA 的管理。设有航空货运、海关事务、多式联运等研究机构，并成立了常设工作组：危险货物咨询委员会、信息技术咨询委员会、法律事务咨询委员会、公共关系咨询委员会、职业培训咨询委员会等常设委员会。

FIATA 会员分为四类：协会会员、企业会员、团体会员和荣誉会员。目前，有

96个国家和地区的106家协会会员,在161多个国家和地区近6 000家企业会员,代表了全球4万多家货运代理企业、近1 000万从业人员。

FIATA在联合国经社理事会、联合国贸易与发展大会、联合国欧洲经济委员会及亚太经社会中均扮演了顾问咨询的角色。同时也被许多政府及民间组织,如国际商会、国际航空运输协会、国际铁路联合会、国际公路运输联合会、世界海关组织及世界贸易组织等一致确认为国际货运代理业的代表。

FIATA制定了《国际货运代理业示范规则》《国际货运代理标准交易条件》以及有关单据、凭证格式,供会员采用。FIATA作为全球货运物流的代言人,致力于促进贸易便利化和货运代理社区的最佳实践。

(四) 国际航空安全委员会(International Aviation Safety Committee, IASC)

国际航空安全委员会(IASC)是一个专注于航空安全领域的国际组织。虽然搜索结果中并未提供详细的官方定义,但可以推断其职责和目标主要集中在提升全球航空安全标准、促进航空安全最佳实践的交流与合作,以及推动航空安全技术的发展和应用。

1. 职责和目标

(1) 提升航空安全。IASC致力于提高全球航空安全水平,通过制定和推广航空安全标准和最佳实践来实现这一目标。

(2) 国际合作。IASC通过与各国航空管理机构、航空公司以及其他相关组织的合作,共同应对航空安全挑战。

(3) 技术发展。推动航空安全技术的发展,包括航空器设计、空中交通管理和机场安全等领域的技术创新。

(4) 教育培训。IASC可能还涉及航空安全相关的教育培训,提高从业人员的安全意识和专业技能。

2. 组织结构和活动

(1) 峰会和会议。IASC定期举办峰会和会议,如"国际航空产业链领袖峰会",这是中国国际进口博览会唯一以航空产业链为主题的配套活动,旨在讨论航空业的新机遇,探索航空产业链的变革与创新。

(2) 战略合作。IASC与全球其他航空组织建立战略合作伙伴关系,如与欧洲航空集群联盟(EACP)的合作,共同推进全球航空集群合作加速中心(GAC Hub)的建设。

(3) 政策和标准制定。IASC可能参与制定和修订航空安全相关的政策和标准,以适应不断变化的航空安全环境。一个独立的非政府组织,旨在提高航空安全标准,开展相关研究与倡导。

(五)国际航空法律协会(International Law Association,ILA)

国际航空法律协会是一个独立的非政府组织,成立于1873年,致力于促进国际法的发展和研究。虽然该组织关注的领域非常广泛,但它为航空法的制定和改善也提供了一个重要平台。其主要职能和活动包括:

1. 研究与报告

ILA 在航空法方面进行深入的研究,并定期发布报告和建议,旨在推动航空法律的规范和发展。

2. 会议与交流

ILA 主办国际会议,汇聚来自不同国家的律师、学者和行业专家,讨论航空法的最新动态和挑战。

3. 标准制定

该组织参与国际航空法规的制定,推动各国在航空方面的法律协调与统一。

4. 倡导与教育

ILA 通过发表政策建议和举办研讨会,增强对航空法及其重要性的认识,以促进法律的发展和改善。

5. 提供平台

作为一个全球性的组织,ILA 为各国的法律专家提供了一个共享经验和知识的平台,促进国际间的合作。

(六)国际航空电信协会(Society International De Telecommunications Aeronautiques,SITA)

SITA 成立于1949年12月23日,最初由11家欧洲航空公司代表在比利时布鲁塞尔成立,目的是将成员航空公司的通信设备相互连接并共同使用。SITA 是联合国民航组织认可的一个非营利性组织。

SITA 为航空公司、机场、飞机与政府提供一系列解决方案,服务约 2 500 个客户,包括航空公司、机场、地面服务提供商和政府机构。SITA 的解决方案覆盖全球 1 000 多家机场,提升运营效率,并承诺为拥有 17 000 架飞机的全球客户提供互联飞机服务。SITA 的通信网络覆盖地球每一个角落,承载着全球航空运输业 45% 的数据交换与传输。

10-5 云习题

10-6 云习题

第十一章　世赛任务模块八

➲ 学习目标

1. 理解内陆承运人选择的关键要素。
2. 掌握选择承运人时需要考虑的因素。
3. 理解每个要素对运输决策的重要性及其在实际应用中的影响。
4. 掌握内陆运输方案选择的步骤。
5. 熟悉内陆运输方案选择的全过程。
6. 能够运用这些步骤对具体的运输方案进行分析和选择。
7. 理解运输服务质量评价的定义和内容。
8. 掌握运输服务质量评价的定义，了解其在物流管理中的重要性。
9. 熟悉运输服务质量评价的三个阶段。
10. 掌握运输服务质量评价指标。
11. 理解安全性、及时性、方便性、准确性、经济性、信息化等六大评价指标的定义和计算方法。
12. 掌握具体的评价指标公式。

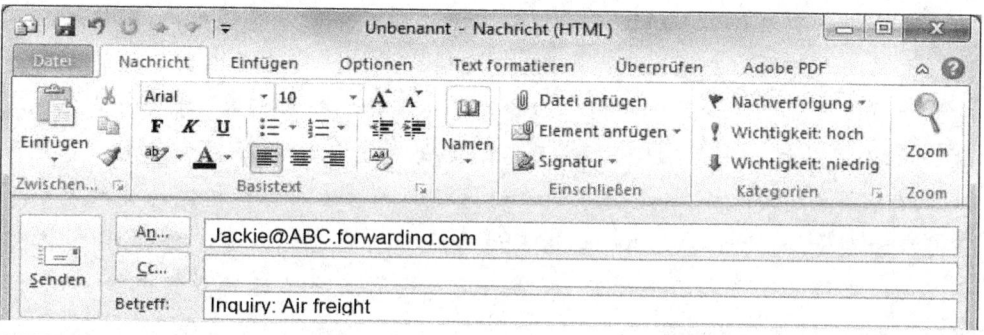

Dear Jackie,

　　Pls help quote FTL and LTL inland freight from our factory to Nanjing Lukou International Airport for us to compare. Goods info is as below,

　　Goods：30 cartons Mobile Phone Shell, each 46 x 38 x 30 cm, total 284.0 kg

> Pickup Address: No. 18, Chunhua street, Jiangning District, Nanjing, Jiangsu, China
>
> Thanks & best regards!
>
> Henry
>
> Dongfang Communication Technology Co., Ltd.
>
> No. 18, Chunhua street, Jiangning District, Nanjing, Jiangsu, China
>
> Tel：+86-025-58962284
>
> E-mail：Henry@dongfang.com

这封信是一封商务询价信，其中包含了以下关键信息和诉求：

收件人：Jackie，这可能是一个物流公司或承运人的联系人。

请求内容：请求报价(quote)，具体是全车运输(FTL，即 Full Truckload)和零担运输(LTL，即 Less Than Truckload)的内陆运费。

货物信息：

货物类型：手机壳(Mobile Phone Shell)。

包装数量：30箱。

每箱尺寸：46厘米×38厘米×30厘米。

总重量：284.0公斤。

提货地址：中国江苏省南京市江宁区春华街18号。

目的地：南京禄口国际机场(Nanjing Lukou International Airport)。

目的：比较不同运输方式的费用，以便选择最合适的运输方案。

信件的诉求是希望Jackie能够提供两种不同的运输方式的报价，以便发信人可以比较成本并做出决策，通常涉及考虑运输成本、时间、安全性和货物的体积与重量等因素。这个场景是针对内陆运输段的运输方式选择问题，对应的是公路运输方式，而且承运人也是确定的，然而具体实践中，涉及的选择更加复杂。首先是内陆段运输方式的选择，其实是承运人的选择。和承运人维护稳定的关系有利于公司经营发展，因此选择及评价承运人运输服务质量也是必要工作。总之，本任务涉及的直接知识点有两个方面：内陆承运人选取及公路运输方案选择问题；间接知识点：运输服务质量管理。

11-1 云视频

第一节 内陆承运人选取

一、内陆承运人选取要素

承运人选择通常是指在物流、运输或供应链管理中,选择适合的运输服务提供者来执行货物或乘客的运输任务。选择承运人时,需要考虑多个因素,包括但不限于:

(一)成本效益

比较不同承运人的价格和服务质量,以找到性价比最高的选项。

(二)服务可靠性

考虑承运人的准时率、货物处理能力和历史表现。

(三)运输速度

根据货物的紧急程度,选择能够提供所需运输速度的承运人。

(四)覆盖范围

确保承运人能够覆盖所需的运输路线和目的地。

(五)货物安全

选择有良好安全记录的承运人,以减少货物损失或损坏的风险。

(六)客户服务

考虑承运人的客户服务水平,包括沟通效率和问题解决能力。

(七)合规性

确保承运人遵守所有相关的法律法规和行业标准。

(八)环境影响

考虑承运人的环保措施和对环境的影响。

如果需要更具体的建议或帮助,可以提供更多的上下文信息,例如运输的类型(海运、空运、陆运等)、货物的类型、预算限制、运输目的地等,还可以提供更精确的建议。

(九)运输时间与可靠性

运输时间指的是从托运人准备托运货物到承运人将货物完好地移交给收货

人之间的时间间隔,包括接货与送货、中转搬运和起讫点间运输所需要的时间。可靠性则是指承运人的运送时间的稳定性。这两个因素直接影响企业的库存和缺货损失,因此,选择运输时间短且可靠的承运人可以降低企业的额外库存需求,从而降低成本。

(十)运输能力与可接近性

运输能力指的是承运人提供运输特殊货物所需要的运输工具与设备的能力。可接近性则是指承运人为企业运输网络提供服务的能力,即承运人接近企业物流节点的能力。一个具有强大运输能力和良好可接近性的承运人能够更好地满足企业的运输需求,确保货物能够顺利送达。

(十一)安全性

安全性是选择承运人的另一个重要因素。它涉及货物在到达目的地的状态与开始托运的状态是否相同。承运人保证货物的安全抵达的能力是评价其服务质量的关键指标之一。

综上所述,选择合适的承运人需要综合考虑运输时间与可靠性、运输能力与可接近性以及安全性等因素。通过仔细评估不同承运人的服务质量和性能,企业可以选择最适合自己需求的承运人,确保货物运输的安全和效率。

二、内陆运输方案选择步骤

内陆运输方案的选择和确定是一个涉及多个步骤的决策过程,旨在找到最合适、最经济、最高效的运输方式。以下是一些常用的方法和步骤:

(一)需求分析

(1)确定货物的类型、尺寸、重量和数量。
(2)了解货物的起源和目的地。
(3)评估货物的紧迫性和交付时间要求。

(二)成本评估

(1)计算不同运输方式的直接成本,包括运费、燃油费、过路费等。
(2)考虑间接成本,如仓储、装卸、保险和包装费用。
(3)进行成本效益分析,比较不同方案的总成本。

(三)服务评估

(1)评估不同承运商的服务水平,包括准时率、货物追踪能力和客户服务。

(2) 考虑运输方式的可靠性和风险管理能力。

(四) 运输时间分析

(1) 评估不同运输方式的时间效率,包括运输时间、中转时间和等待时间。

(2) 确定是否满足货物的时效性要求。

(五) 环境影响考量

(1) 评估不同运输方式的碳足迹和环境影响。

(2) 考虑可持续运输选项,如电动车辆或铁路运输。

(六) 法规和安全合规

(1) 确保所有运输方案都符合相关法律法规和安全标准。

(2) 包括货物分类、包装、标签和运输安全规定。

(七) 技术和创新

(1) 考虑使用现代物流技术和信息系统,如 GPS 追踪、自动化仓储和优化软件。

(2) 评估技术解决方案对提高运输效率和降低成本的潜力。

(八) 灵活性和可扩展性

(1) 选择能够适应未来运输需求变化的方案。

(2) 考虑运输方案的调整和扩展能力。

(九) 合同和条款

(1) 审查运输合同的条款和条件,包括责任限制、赔偿条款和争议解决机制。

(2) 确保合同条款符合你的需求和预期。

(十) 多式联运分析

(1) 考虑使用多式联运,结合两种或以上运输方式的优势。

(2) 分析不同联运方案的成本、时间和效率。

(十一) 风险评估

(1) 识别和评估运输过程中可能遇到的风险,如货物损失、损坏或延误。

(2) 制定风险缓解和应急计划。

(十二) 试点测试

(1) 在全面实施前,进行小规模的试点测试。

(2) 收集数据和反馈,评估方案的实际表现。

(十三) 决策支持工具

(1) 使用决策支持工具,如运输优化软件、成本模型和模拟工具。
(2) 帮助量化分析和比较不同方案。

(十四) 最终决策

(1) 基于上述分析,选择最佳运输方案。
(2) 考虑所有相关因素,包括成本、服务、时间、环境影响、法规合规等。

(十五) 实施和监控

(1) 实施选定的运输方案,并建立监控机制。
(2) 定期评估运输方案的性能,确保满足服务水平协议(SLA)。

(十六) 持续改进

(1) 根据监控结果和市场变化,不断优化和调整运输方案。
(2) 采用持续改进的方法,如精益物流和六西格玛。

通过这些方法和步骤,可以系统地选择和确定最适合特定运输需求的内陆运输方案。

11-2 云阅读

第二节　运输服务质量管理

一、运输服务质量评价

(一) 运输服务质量评价的定义

运输服务质量评价是衡量运输企业所提供的运输服务是否能够满足货主(旅客)的要求,是否能保证货物(旅客)安全、舒适(客运)、快速、准确、及时的送达,它属于对外服务质量评价。

(二) 运输服务质量评价的内容

对运输服务质量的系统评价一般包括运输前期、运输过程、运输后三阶段的评价。下面以货运为例介绍运输服务质量评价的方法和内容。为了直观、具有可操作性的评价，除了定性评价之外，更重要的是能够定量评价，因此，评价结果可以通过设定的指标来体现。其中，指标计算结果是指标加权值与达标客户值的百分比乘积，根据指标的重要度给出指标加权值的大小；达标客户的百分比是指在运输企业服务的客户中，认为运输服务质量达标的客户所占比重。

1. 运输前期评价

运输前期评价主要是对运输企业的组织结构、运输生产计划、组织准备工作、可联系性等的评价，一般可用以下指标进行评价，见表 11-1。

表 11-1

序号	指标名称	指标定义	指标加权值	达标客户数	指标计算结果	备注
1	组织结构的完整性	是否设有客户服务部				
		是否设有调度部门				
2	可联系性	客户是否能随时联系到运输部门				
3	运输计划的灵活性	是否能提供因客户需求变化而改变的运输计划				

2. 运输过程评价

运输过程中的服务质量评价是重点内容，主要是通过评价来衡量运输企业在提供运输服务过程中的服务水平和服务质量。评价指标一般包括：集货延误率、配送延误率、装卸货物破损率、在途货物破损率、货物差错率、货物丢失率、签收单返回率、信息准确率、城间运输稳定性等指标，见表 11-2。

表 11-2

序号	指标名称	指标定义	指标加权值	达标客户数	指标计算结果	备注
1	集货延误率	车辆未按照合同约定时间到达指定集货地点的比率				
2	配送延误率	车辆未按照合同约定时间到达指定配送地点的比率				

续表 11－2

序号	指标名称	指标定义	指标加权值	达标客户数	指标计算结果	备注
3	装卸货物破损率	在集货、配送的装卸搬运及存储过程中总的货物破损率,以票数计				
4	在途货物破损率	在集货、配送运输途中货物的破损率,以票数计				
5	货物差错率	在集货、发货过程中错发（收）货物占总货物的比率				
6	货物丢失率	在存储、运输过程中货物丢失比率				
7	签收单返回率	收（发）货物后的签收单返回的比率				
8	信息准确率	各运输部门间信息传递的准确率				
9	城间运输稳定性	根据货运量、延误率、货损率、货差率等指标综合评价某条运输线路（某类运输任务）在一定时间段内的稳定性				

3．运输结束后的评价

运输任务完成后,主要评价运输企业的后续服务水平,主要评价指标包括：通知及时率、电话回访率、客户投诉率、投诉预警率、客户满意程度、索赔赔偿率等,见表 11－3。

表 11－3

序号	指标名称	指标定义	指标加权值	达标客户数	指标计算结果	备注
1	通知及时率	对货物的运输状态、到达时间、异常情况等信息进行通知的准确性和及时性的比率				
2	电话回访率	客服部门对货主电话回访数占总运输票数的比率				
3	客户投诉率	客户投诉票数占运输票数的比率				
4	投诉预警率	运输各环节发生问题并接受投诉后，给客户满意答复的比例				
5	客户满意程度	客户及收货人对运输企业提供的运输服务的满意比率				
6	索赔赔偿率	因运输企业的原因而引起的索赔额占运输费用的比例				

二、运输服务质量评价指标

评价任何一个物流企业的服务质量基本上可通过安全性、及时性、方便性、准确性、经济性和信息化六大指标来评价。

（一）安全性

安全性主要是指物流运输过程中的人身安全和货物安全，即从起运地点至运达目的地，货物要保持完好无损，数量无差错，质量无变异，人（驾驶员、行人等）和车辆要保证完好。现在越来越多的企业把安全性作为运输服务质量评价的首要指标,同时也是企业选择承运商的关键指标。其评价指标包括事故发生频率及事故的严重程度两个方面。

事故频率 R_g,指统计期内货运质量事故次数与企业所完成的货物周转量之比,又称运输质量事故频率,其计算公式见式。

$$R_g = Z_g / P$$

式中,Z_g 为统计期内发生的货运质量事故次数(次);P 为统计期内完成的货物周转量(10^6 t·km)。

关于事故的严重程度,一般计算经济损失大小,可采用"事故损失率",即货运损失率 R_s 为评价指标。

货运损失率 R_s,指统计期内因企业责任事故造成的直接货物损失金额与营运收入总额或车辆总行程之比。即:

$$R_s = \frac{C_l}{C_i} \times 100\%$$

式中,C_l 为统计期内企业责任事故的直接损失金额(元);C_i 为统计期内营运收入总额(元)。

(二)及时性

及时性主要是指按用户要求及时派车起运,并以尽可能快的运送速度或按经济合同规定迅速将货物运达目地,这是衡量企业运输服务质量的重要指标。目前,国外著名物流公司在运输时间方面都有承诺,而国内有些物流公司没有运送时间保证,运输服务质量有待提高。

(三)方便性

方便性主要是指货物能够实现"门到门"运输,而且客户办理托运手续简便、迅速和层次少等,可用"简便受托率"为评价指标。

简便受托率 R_t,指统计期内简便受托(包括电话、登门、信函受理及不同运输方式联运业务的代办受理等)业务件数与业务受理总件数之比。即:

$$R_t = \frac{I_t}{\Sigma I} \times 100\%$$

式中,I_t 为统计期内简便受托业务件数(件);ΣI 为统计期内业务受理总件数(件)。

(四)准确性

准确性是指企业办理托运手续、安排车辆及货物交接准确,要求在办理托运手续时,对货运起讫地点、运达期限、计费里程、装卸方法及客户特殊要求等均需填写清楚,计算准确;并派出合适车辆及携带必需的随车工具以保证货运质量。同时,货物从接受、装车、起运、卸货至交付,各环节间都严格按规定的手续准确进行。通常采用"差错率"为评价指标。

差错率 R_m,指统计期内受理业务的差错件数与总件数之比。即:

$$R_m = \frac{I_m}{\Sigma I} \times 100\%$$

式中,I_m 为统计期内受理业务的差错件数(件);ΣI 为统计期内受理业务的总件数(件)。

(五) 经济性

经济性主要是指以尽可能少的劳动耗费来完成货物的运输服务。对货运来说,除应根据运输服务的商品特征与公共性质合理制定运价外,还应以经济的运输方案为客户服务,如合理选择车辆、运输路线及装卸工作方案等,使完成同样运送任务所需运输费用最少。经济性是衡量物流运输质量的重要标准之一,高成本的运输将带来物流企业竞争力的下降。物流企业可通过计算企业自营运输成本来评价经济性。

(六) 信息化

信息化是现代物流的基础,是近年来随着企业物流业务外包趋势的增加,对物流企业服务质量的更高要求。企业依靠物流信息系统的支撑,不仅可以减低库存,提高效率,还可以实现全程监控、可视化管理,因此,信息化也是一些企业选择承运商的基本条件。目前我国中小物流企业的信息化程度很低,导致企业物流效率和社会物流效率都很低,影响了我国现代物流的发展。

11-3 云思政

11-4 云习题

11-5 云习题

第十二章 世赛任务模块九

> **学习目标**

国际铁路运输

1. 理解国际铁路运输的概念、特点及在现代物流中的作用。

2. 掌握国际铁路运输的优势与局限性。

3. 了解国际铁路运输的主要线路。

4. 熟悉中欧班列的定义、发展历程、线路分布、运营模式、优势、挑战及未来发展方向。

5. 掌握国际铁路运输的一般流程。

6. 了解国际铁路运输的法律框架。

国际物流投诉及索赔

7. 理解国际物流投诉的概念及常见投诉原因。

8. 掌握国际物流投诉的处理流程。

9. 了解国际物流索赔的条件。

10. 掌握国际物流索赔的步骤。

11. 熟悉国际物流投诉及索赔的法律依据。

12. 了解国际物流投诉及索赔的注意事项。

国际铁路运输单证

13. 理解国际铁路运单的定义、作用、格式与内容。

14. 掌握国际铁路运单的流转过程。

15. 了解国际铁路运单的法律效力。

16. 熟悉国际铁路运单的标准化与统一。

17. 了解国际铁路运单在国际贸易中的应用。

18. 了解国际铁路运输其他单证。

国际货物运输保险

19. 理解保险的基本概念,包括保险的定义、作用及基本原则。

20. 掌握国际物流中的保险需求。

21. 了解国际物流保险类型。

22. 掌握国际运输保险合同的要素。

23. 理解国际运输保险合同的法律效力。
24. 了解国际运输保险合同的监管。
25. 掌握国际运输保险申请的步骤。
26. 熟悉核保的流程与标准。
27. 掌握国际运输保险合同的最终确认流程。
28. 理解国际运输保险索赔和理赔的流程。
29. 了解国际物流保险的特殊问题。

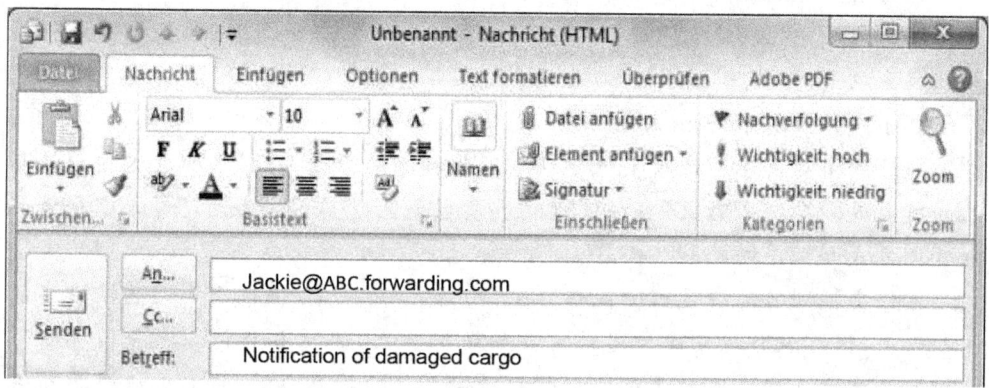

Dear Jackie,

　　We have been informed by the consignee that 2 cartons of the goods (CE - 111222 - 2024) were found damaged when picking up from the warehouse of Railway Company. Please find out the cause of the damage and inform us how to deal with. By the way, we did not purchase insurance or claimed the value for the goods.

Thanks & Best regards.

Allen

Xiushan Ceramics Co., Ltd

No. 68, Three Steles, Gucheng Town, Gaochun District, Nanjing, Jiangsu, China

Tel: +86 - 025 - 44509908

Cargo Damage Report

　　This report is to certify that 2 cartons of the cargo (CE - 111222 - 2024) shipped by our company were damaged due to our improper operation during transportation.

　　Hereby certify

China-Europe Railway Express Customer Service Department

2024.12.13

邮件中的关键信息及诉求如下：

货物损坏：收货人报告称在铁路公司仓库提货时发现2箱货物（编号CE-111222-2024）受损。

调查要求：要求查明货物损坏的原因。

处理方法：询问如何处理这些损坏的货物。

保险情况：明确说明这些货物没有购买保险，也没有声明价值。

发件人：Allen。

公司名称：Xiushan Ceramics Co.，Ltd（秀山陶瓷有限公司）。

公司地址：中国江苏省南京市高淳区固城镇三碑68号。

联系电话：+86-025-44509908。

电子邮件：Allen@xiushan.com。

邮件的主要诉求是请求Jackie调查货物损坏的原因，并提供处理这些损坏货物的建议或方案。同时，需要注意到这些货物没有保险和声明价值，这可能会影响处理方式和可能的赔偿。

本任务提到的运输是国际铁路运输，随着"一带一路"倡议及中国高铁战略的深入开展，国际铁路运输成为非常重要的运输方式，因此本章将会围绕国际铁路运输具体展开。中欧班列是中国与欧洲之间重要的物流通道，它通过铁路运输连接了中国与欧洲以及沿线多个国家，为中国和欧洲国家国际物流的发展发挥了举足轻重的作用，因此本章还将学习中欧班列的具体知识。

该邮件中货主就货损问题向承运人提出投诉，在实践中若货损很大，还会通过法律诉讼提起索赔。法律理赔时往往基于铁路运单进行处理；若货主购买了保险，保险公司会根据保险合同进行理赔。本章将拓展学习国际运输单证及国际运输保险具体。

直接知识点：

1. 国际铁路运输

2. 国际物流投诉

间接知识点：

1. 国际运输单证

2. 国际运输保险

12-1 云视频

第一节　国际铁路运输

一、国际铁路运输概述

(一) 国际铁路运输的概念

国际铁路运输指的是跨越国界,通过铁路网络进行的货物或乘客的运输活动。它是一种陆上运输方式,涉及至少两个国家的铁路系统,通常需要在边境站点进行货物的换装或重新编组,以适应不同国家的轨距和运输标准。国际铁路运输不仅包括单一的铁路运输,还可能结合其他运输模式,如海运、空运和公路运输,形成多式联运系统。这种运输方式对于连接不同国家和地区的贸易、促进区域经济一体化具有重要意义。

(二) 国际铁路运输在现代物流中的作用

在现代物流体系中,国际铁路运输扮演着至关重要的角色。首先,它为国际贸易提供了一种高效、成本效益高的运输选择,尤其适合大宗货物和集装箱货物的长距离运输。其次,铁路运输具有时间上的可预测性,运输时间相对稳定,有助于提高物流效率和降低库存成本。此外,铁路运输对于某些特定区域,如欧亚大陆,是连接不同市场的重要桥梁,有助于促进区域经济的互联互通。

(三) 国际铁路运输的优势

1. 成本效益

铁路运输通常具有较高的成本效益,尤其是在长距离大批量货物运输方面。固定轨道降低了维护成本,且能耗相对较低。

2. 运输能力

铁路车辆可以承载大量货物,特别是使用集装箱或专用运输车辆时,能够实现高效的货物装载和运输。

3. 时间效率

相较于海运,铁路运输具有更快的运输速度,提供更可预测的货物运输时间,有助于减少库存成本和提高供应链效率。

4. 环境友好

铁路运输的碳排放量相对较低,是一种更加环保的运输方式,有助于减少温室气体排放和实现可持续发展目标。

5. 安全性

铁路运输受天气和交通拥堵的影响较小,运输安全性较高,货物损失和损害的风险较低。

(四)国际铁路运输的局限性

1. 地理限制

铁路网络的覆盖范围有限,某些地区可能没有铁路连接,这限制了铁路运输的可达性。

2. 轨距差异

不同国家可能有不同的轨距标准,这可能导致在边境地区需要进行货物换装,增加了运输时间和成本。

3. 灵活性较低

与公路运输相比,铁路运输的灵活性较低,难以提供门到门服务,可能需要额外的运输方式来完成最后一公里的配送。

4. 初期投资大

铁路建设和维护需要大量的初期投资,尤其是在跨国铁路项目中,涉及复杂的国际合作和资金安排。

二、国际铁路运输线路

(一)跨欧亚大陆的铁路线路(如跨西伯利亚铁路)

跨西伯利亚铁路是一条历史悠久的铁路线,东起符拉迪沃斯托克,西至莫斯科,全长9 300多公里。这条线路不仅连接了俄罗斯的远东和欧洲部分,而且通过支线连接了中国、蒙古国、哈萨克斯坦等国家,是连接亚洲和欧洲的重要陆桥之一。跨西伯利亚铁路向远东延伸至纳霍德卡——东方港,西接北欧、中欧、西欧各国;南由莫斯科往南可接伊朗,对于促进区域贸易和经济发展具有重要意义。

(二)泛亚铁路网络

泛亚铁路网络是一个宏大的铁路规划,旨在连接亚洲多个国家,形成跨国的铁路运输系统。其中,中欧班列作为泛亚铁路网络的重要组成部分,已经成为连接中国与欧洲及共建"一带一路"国家的重要物流通道。中欧班列通过西、中、东三大通道运行,涉及多个国家和铁路网,是深化经贸合作和推进"一带一路"建设的重要载体。

(三)欧洲铁路运输网络

欧洲铁路运输网络以其密集和高效的铁路系统而著称。西欧和北美各国的铁路相互衔接沟通,形成了庞大的铁路网络。欧洲的高速铁路系统尤为发达,如法国的 TGV、德国的 ICE 等高速列车服务,提供了快速的城际连接。此外,欧洲也在积极发展高速铁路系统,以北欧和苏格兰为两端起点,贯穿欧洲大陆,并与西班牙、意大利、希腊的铁路相衔接,全长 3 万公里。

(四)非洲与中国的铁路连接

近年来,中国在非洲建设了多条铁路,极大地促进了非洲的基础设施建设和区域经济发展。例如,亚吉铁路(埃塞俄比亚首都亚的斯亚贝巴至吉布提的铁路)是中国企业采用全套中国标准和中国装备建造的非洲首条现代电气化铁路,这条铁路正式通车,标志着中国铁路技术在非洲的成功应用。此外,蒙内铁路(连接东非第一大港蒙巴萨与肯尼亚首都内罗毕的铁路)也是由中国企业承建,这条铁路的建成将货运成本降低了 40%,客运时间从原来的十几个小时缩短到 4 个小时 57。这些铁路项目不仅加强了非洲内部的联系,也为中国与非洲之间的贸易往来提供了便利。

通过这些国际铁路运输线路的建设和发展,可以看出铁路运输在全球物流和区域经济一体化中扮演着越来越重要的角色。

三、中欧班列

(一)中欧班列概述

1. 定义

中欧班列是由中国铁路总公司组织,按照固定车次、线路、班期和全程运行时刻开行,运行于中国与欧洲以及共建"一带一路"国家间的集装箱等铁路国际联运列车。它是深化中国与沿线国家经贸合作的重要载体,也是推进"一带一路"建设的重要抓手。

2. 发展历程

(1)起源。中欧班列的开行始于 2011 年,首列班列由重庆开往德国杜伊斯堡,最初是为了满足惠普公司在重庆生产基地的物流运输需求。

(2)快速发展。自 2011 年首次开通以来,中欧班列的线路和开行数量不断增加。截至2024年,中欧班列累计开行已超过4万列,运输货品种类达到5万多种,合计货值超过2 000亿美元。班列的开行不仅促进了沿线国家的经济发展,还为数亿民众带来了实惠。

3. 线路分布

中欧班列的发展提升了多个节点城市的物流枢纽地位,如波兰的罗兹、德国的杜伊斯堡、西班牙的马德里等,这些城市通过中欧班列与世界其他地区建立了更紧密的联系。中欧班列已经形成了西、中、东三大铁路运输通道,覆盖欧洲23个国家的160多个城市。其中包括但不限于:

(1)西通道。通过新疆阿拉山口、霍尔果斯口岸连接哈萨克斯坦、俄罗斯等国铁路,通达欧洲各国。

(2)中通道。通过内蒙古二连浩特口岸连接蒙古国、俄罗斯等国铁路,同样通达欧洲各国。

(3)东通道。通过内蒙古满洲里、黑龙江绥芬河口岸连接俄罗斯,再经由白俄罗斯、波兰等国铁路,通达欧洲各国。

(二)中欧班列的运营模式

1. 多式联运

中欧班列采用铁路多式联运的方式,将铁路、海关、仓储等多个环节紧密结合。每列班列配备了现代化的物流管理系统,通过大数据和物联网技术实时监控货物的状态,确保运输过程的透明性和高效性。

2. 固定班期与线路

按照固定车次、线路、班期和全程运行时刻开行,使得中欧班列具有较高的运输稳定性和可预测性。

3. 协调合作机制

建立了中欧班列运输联合工作组,由中国、白俄罗斯、德国、哈萨克斯坦、蒙古国、波兰、俄罗斯铁路共同参与,协调各国铁路的运输组织。

(三)中欧班列的优势

1. 运输时间与成本的平衡

相比海运,铁路运输显著减少了运输时间,通常只需15至18天,而海运需要30天以上。同时,相比航空运输,铁路运费较低,能够为客户提供更加经济的运输选择。

2. 运输安全性高

铁路运输在运输过程中相对安全,事故发生的概率较低。

3. 受天气影响小

铁路运输受天气变化的影响很小，能够保证运输的稳定性和可靠性。

（四）中欧班列的挑战与应对

1. 挑战

（1）运营成本高。由于跨国运输的复杂性，中欧班列的运营成本相对较高。

（2）无序竞争。多个城市纷纷开行中欧班列，导致货源争抢和运力浪费。

（3）通关效率。沿线各国的海关通关效率和程序差异较大，影响了班列的整体运行效率。

2. 应对措施

（1）加强国际合作。通过签署双边和多边协议，协调各国的法律和政策差异，建立统一的跨境铁路运输法律框架。

（2）推动技术标准化。加强技术交流和合作，逐步实现技术标准和设备规范的统一。

（3）优化运输组织。完善境内外铁路全程运输组织机制，加强与沿线国家铁路协作，促进班列运行信息交换，联合编制全程时刻表。

（五）中欧班列的未来发展

1. 网络拓展

随着中欧贸易的不断增长，中欧班列的运输需求将继续保持高位运行。未来将不断拓展新的运输线路和目的地，进一步完善中欧班列的网络布局。

2. 服务升级

提升班列的运行品质，提高运输效率和服务质量，满足客户多样化、个性化的物流需求。

3. 数字化转型

加强信息化建设，推动中欧班列的数字化转型，实现运输过程的智能化管理和客户体验的优化。

中欧班列作为"一带一路"倡议下的重要物流通道，已经成为连接亚欧大陆的重要桥梁。这些班列按照固定车次、线路、班期和全程运行时刻开行，主要运输集装箱等货物，促进了中国与欧洲以及共建"一带一路"国家间的国际铁路联运。

四、国际铁路运输流程

（一）一般流程

国际铁路运输流程涉及多个环节，从货物的接收、装载、运输、到最终的交付，

每个环节都需要严格的管理和协调。以下是国际铁路运输的详细流程:

1. 货物接收

(1) 托运人准备货物。托运人需要准备好货物,并确保货物符合国际运输标准和要求。

(2) 提交运输申请。托运人向铁路运输公司提交运输申请,提供货物的详细信息,包括种类、数量、重量、尺寸等。

(3) 签订运输合同。双方签订运输合同,明确运输条款、费用、责任等。

2. 货物检验与分类

(1) 货物检验。铁路运输公司对货物进行检查,确保货物符合运输要求,没有安全隐患。

(2) 货物分类。根据货物的性质和运输要求,进行分类和标记,如易碎品、危险品等。

3. 装载与加固

(1) 装载。将货物装入集装箱或专用运输车辆,确保装载平衡,避免运输过程中的倾斜或移位。

(2) 加固。对货物进行必要的加固处理,如使用绑带、支架等,确保货物在运输过程中的稳定性。

4. 单证准备

(1) 铁路运单。填写铁路运单,明确货物的详细信息、运输路线、收货人等。

(2) 其他单证。准备相关的运输单证,如承运货物收据、多式联运单证等。

5. 货物发运

(1) 发运通知。铁路运输公司向托运人和收货人发送货物发运通知,告知运输计划和预计到达时间。

(2) 货物装车。将货物装入列车,进行最后的检查和确认。

6. 运输途中

(1) 运输监控。铁路运输公司通过列车运行管理系统,实时监控列车的运行状态和货物的状态。

(2) 途中检查。在途中的重要站点,进行必要的检查和维护,确保货物的安全。

7. 边境检查与换装

(1) 边境检查。在跨国运输过程中,货物需要经过边境检查,包括海关检查、安全检查等。

（2）换装。在某些情况下，由于轨距不同或其他原因，可能需要在边境站点进行换装，即将货物从一列车转移到另一列车。

8．到达目的地

（1）到货通知。货物到达目的地后，铁路运输公司向收货人发送到货通知，告知提货时间和地点。

（2）货物卸载。在目的地站点，进行货物的卸载和检查，确保货物完好无损。

9．清关与交付

（1）清关。收货人或其代理需要办理相关的清关手续，包括支付关税、提交必要的单证等。

（2）交付。完成清关后，收货人可以提取货物，铁路运输公司与收货人进行货物的交接。

10．运输后服务

（1）运输记录。铁路运输公司保留运输记录，用于后续的查询和索赔处理。

（2）索赔处理。如果货物在运输过程中出现损失或损坏，铁路运输公司根据运输合同和相关单证，进行索赔处理。

11．金融与保险服务

（1）金融服务。银行和金融机构提供基于铁路运输单证的金融服务，如信用证开立、贸易融资等。

（2）保险服务。保险公司提供货物运输保险，保障货物在运输过程中的风险。

通过这些环节，国际铁路运输能够确保货物从发货地安全、高效地运输到目的地，同时为相关各方提供必要的服务和保障。

（二）到香港或澳门的铁路运输

需要说明的是，内地到香港和澳门的铁路运输视作国际铁路运输。

1．对香港地区的铁路运输

对香港地区的铁路运输是一种特殊的租车方式的两票运输，它的全程是由内地段铁路运输和港段铁路运输两段组成，由中国对外贸易运输公司各分支机构和香港的中国旅行社有限公司（简称中旅社）联合组织。通常是内地各出口单位在始发站将货物运至深圳北站（简称圳北），收货人为深圳外运公司。货到圳北后，由深圳外运公司作为出口单位的代理向铁路租车过轨,交付租车费并办理出口报关手续。经海关放行过轨后,由香港的中国旅行社有限公司作为深圳外运公司在香港的代理,由其在罗湖车站向港九铁路办理港段铁路运输的托运、报关工作,货到九龙站后由中旅社负责卸货并交收货人。

其具体工作程序如下:

(1) 按铁路局规定,按时提出月度要车计划和旬度装车计划。

(2) 发货地外运公司或外贸进出口公司向当地铁路运输局办理货发深圳北站的国内铁路运输的托运手续,并填写国内铁路运单。

(3) 货物发运前,发货单位向深圳外运公司寄送委托书、出口货物报关单以及其他单证。以出口物资工作单委托深圳外运公司办理接货、报关、查验、过轨等中转手续,若发货地具备报关条件,也可以当地报关,并办妥出口报关手续,货物发运24小时内,拍发起运电报。

(4) 深圳外运公司接到铁路工作单和起运电报后,抽出事先已分类编制的有关单证加以核对,并抄送香港中旅社以备接车。

(5) 火车到达深圳北站后,深圳外运公司与铁路部门进行票据交接,如单证齐全无误则向铁路编制过轨计划,办理租车手续;由深圳外运公司将出口报关单或监管货物的关封连同货物运单送海关申报,经海关检查无误,会同联检单位对过轨货车进行联检,联检通过后,海关即放行。

(6) 香港中旅社作为港段收货代理人向港段海关报关,并在罗湖车站向九广铁路公司办理起票手续,港段铁路将过轨货车运至九龙车站。中旅社卸货货车到达深圳北站后,深圳外运公司作为各地出口单位的代理向铁路租车过轨,交付租车费。

(7) 火车到达香港九龙各目的车站后,由中旅社货运将货物卸下交给收货人,其他手续与对香港运输货物的手续相同,其流程如图12-1所示。

2. 对澳门的铁路运输

货运程序与供港货物运输程序大体相同。货物在内地按国内铁路运单运至广州南站,收货人是广东省外运公司,货到后由广东省外运公司办理水路中转业务到澳门。出口单位或货物代理在发送地车站将货物托运至广州南站新风码头42道专用道(零担到广州南站,危险品零担到广州吉山站,集装箱和快件到广州车站),收货人均为广东省外运公司。货到广州后由广东省外运公司办理水路中转,将货物运往澳门,货到澳门后由南光集团的运输部负责接货并交付收货。

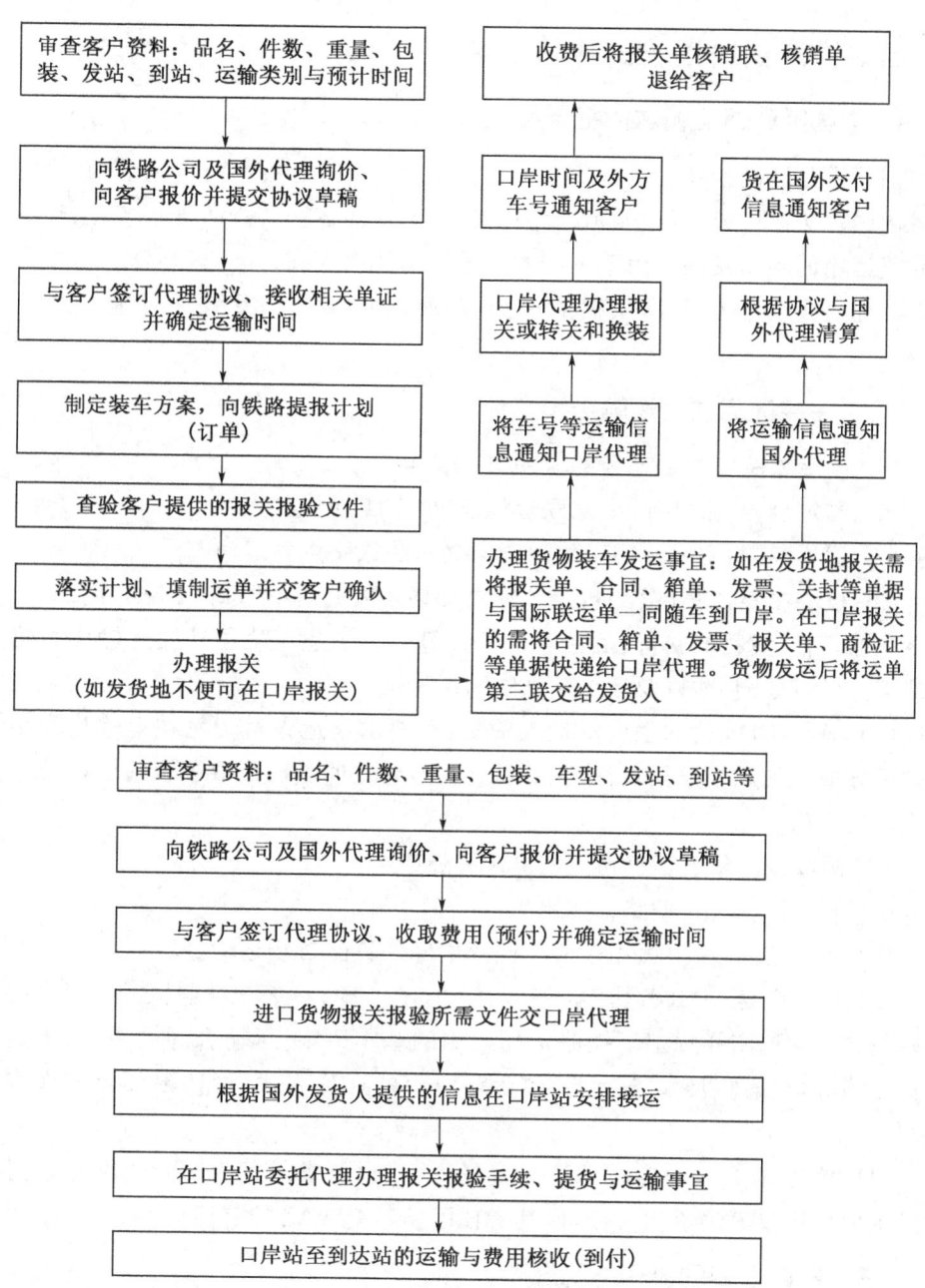

图 12-1 到香港的铁路运输流程图

五、国际铁路运输的法律框架

(一)国际铁路运输法律框架概述

国际铁路运输涉及多个国家和地区,其法律框架由一系列国际公约、协定以及各国国内法律构成,旨在规范铁路运输行为,保障运输各方的合法权益,促进国际铁路运输的顺畅发展。由于不同国家的法律体系存在差异,国际铁路运输法律框架的建立需要协调各国法律的冲突与衔接,以实现国际铁路运输的统一和高效。

(二)主要国际铁路运输法律文件

1.《国际铁路货物运输公约》(CIM 公约)

(1) 制定机构:由"国际铁路联运组织"(OTIF)制定。

(2) 适用范围:主要适用于欧洲国家之间的铁路货物运输。

(3) 核心内容:CIM 公约规定了铁路货物运输的基本原则、运输合同的成立、承运人的责任、货物的交付、运输费用的计算等。它还明确了铁路运输中货物损坏或灭失的责任划分,以及运输延误的赔偿标准。

(4) 特点:CIM 公约强调承运人的责任,要求承运人对货物在运输过程中发生的损坏或灭失承担赔偿责任,除非承运人能够证明其已采取了合理的措施来防止损害的发生。

2.《国际铁路货物运输协定》(SMGS 协定)

(1) 制定机构:由"铁路合作组织"(OSJD)制定。

(2) 适用范围:主要适用于亚洲国家之间的铁路货物运输。

(3) 核心内容:SMGS 协定与 CIM 公约在内容上有很多相似之处,但也存在一些差异。它们同样规定了铁路货物运输的基本原则、运输合同的成立、承运人的责任等,但在某些具体条款上,如运输费用的计算方式、责任限额等方面有所不同。

(4) 特点:SMGS 协定在承运人责任方面,也要求承运人对货物在运输过程中发生的损坏或灭失承担责任,但其责任限额与 CIM 公约有所区别。

(三)法律框架的协调与统一

1. 统一运单的出现

(1) 背景:由于 CIM 公约和 SMGS 协定在法律制度上存在差异,导致在欧洲与亚洲之间的铁路货物运输中,需要在边境进行运单的更换,这不仅增加了运输成本和时间,还可能导致运输过程中的混乱和错误。

(2) 统一运单的作用：为了解决这一问题，CIT(International Rail Transport Committee，国际铁路运输委员会)与 OSJD 于 2006 年创建了 CIM/SMGS 统一运单。这种统一运单大大简化了过境手续，使得货物在跨越欧洲与亚洲铁路运输法律边界时，无需更换运单，从而提高了运输效率，降低了运输成本。

(3) 法律互适项目：CIM/SMGS 统一运单的推出是 CIM 公约与 SMGS 协定法律互适项目的重要成果。该项目旨在通过协调两种法律制度的差异，实现两种法律体系下的铁路货物运输的无缝衔接。

2. 国际合作与立法努力

(1) 国际组织的推动。联合国欧洲经济委员会(UNECE)等国际组织积极开展国际铁路联运统一立法工作，推动各国在国际铁路运输法律方面的协调与合作。

(2) 多边协议的签订。沿线国家通过签订多边协议，如《中欧班列全程时刻表编制与协作办法(试行)》等，进一步明确了各国在国际铁路运输中的权利和义务，促进了运输过程中的协调与合作。

(3) 法律框架的不断完善。随着国际铁路运输实践的不断发展，各国也在不断修订和完善国内相关法律，以适应国际铁路运输的新要求和新挑战。

(四) 法律框架对国际铁路运输的影响

1. 保障运输各方权益

完善的法律框架为运输各方提供了明确的权利和义务界定，使得托运人、承运人、收货人等在运输过程中能够依法行事，保障了各方的合法权益。

2. 促进运输市场发展

统一的法律框架降低了运输成本，提高了运输效率，吸引了更多的货物通过铁路进行运输，促进了国际铁路运输市场的繁荣发展。

3. 增强运输安全性

法律框架对承运人的责任进行了明确规定，促使承运人加强运输过程中的安全管理，采取有效措施防止货物损坏或灭失，从而提高了国际铁路运输的安全性。

4. 推动国际合作与交流

法律框架的协调与统一需要各国之间的密切合作与交流，这不仅促进了国际铁路运输领域内的合作，还为各国在其他领域的合作奠定了基础。

第二节　国际物流投诉及索赔

一、国际物流投诉

(一) 国际物流投诉概述

1. 定义

国际物流投诉是指在国际物流活动中,客户对物流服务提供商的服务质量、运输延误、货物损坏或丢失等问题提出的不满和诉求。

2. 投诉原因

(1) 服务质量问题。如物流服务提供商的运输、仓储、配送等环节存在操作失误或服务不到位的情况。

(2) 运输延误。由于物流服务提供商的调度不合理、运输工具故障等原因导致货物未能按时到达目的地。

(3) 货物损坏或丢失。在运输过程中,由于包装不当、运输工具损坏、装卸不当等原因导致货物出现损坏或丢失。

(4) 费用问题。如物流服务提供商的收费不合理、费用计算错误等。

(二) 国际物流投诉流程

1. 初步沟通

与物流服务提供商沟通:客户在发现物流服务问题后,首先应与物流服务提供商的客服部门进行沟通,详细说明问题的情况,要求对方提供解决方案。

2. 保留证据

在沟通过程中,客户应注意保留好相关的证据材料,如合同、运单、提单、发票、货物损坏的照片等,以备后续投诉和索赔使用。

3. 正式投诉

填写投诉表格:如果初步沟通无法解决问题,客户可以向物流服务提供商提交正式的投诉申请,填写投诉表格,详细描述投诉内容和诉求。

4. 提交投诉材料

将投诉表格及相关证据材料提交给物流服务提供商,要求其进行调查和处理。

5. 监管部门投诉

向监管部门举报:如果物流服务提供商未能妥善处理投诉,客户可以向相关监管部门进行举报,如交通运输部门、商务部门等。

6. 通过行业协会反映

还可以向物流行业协会反映问题,请求其协助处理投诉。

二、国际物流索赔

(一)索赔条件

1. 货物损坏或丢失

在运输过程中,由于物流服务提供商的原因导致货物出现损坏或丢失,客户有权提出索赔。

2. 运输延误

由于物流服务提供商的原因导致货物运输延误,给客户造成损失的,客户也可以提出索赔。

(二)索赔步骤

1. 提交索赔申请

客户向物流服务提供商提交索赔申请,填写索赔申请表,详细说明索赔的原因、损失情况和索赔金额。

2. 提供索赔材料

提交索赔申请的同时,提供相关的索赔材料,如货物保险单、货物损坏的照片、货物价值证明、运输延误证明等。

3. 索赔调查

物流服务提供商或保险公司对索赔申请进行调查,核实索赔的真实性和合理性。

4. 索赔协商

根据调查结果,物流服务提供商或保险公司与客户进行索赔协商,确定赔偿金额和赔偿方式。

5. 赔偿支付

协商一致后,物流服务提供商或保险公司按照约定向客户支付赔偿款项。

三、国际物流投诉及索赔的法律依据

(一)国际公约与协定

《国际铁路货物运输公约》(CIM)和《国际铁路货物运输协定》(SMGS)这两个国际法律文件规定了铁路货物运输中承运人的责任、赔偿标准等,为国际铁路运输中的投诉和索赔提供了法律依据。

(二)国内法律法规

《中华人民共和国民法典》合同编规定了合同当事人之间的权利和义务,以及违约责任的承担,适用于国际物流合同纠纷的处理。《中华人民共和国海商法》虽然主要适用于海运,但在某些情况下,其关于货物运输合同的规定也可以作为国际物流投诉和索赔的参考。

四、国际物流投诉及索赔的注意事项

(一)及时提出投诉和索赔

客户应在发现问题后及时与物流服务提供商沟通,并在合理的时间内提出投诉和索赔,以免超过时效。

(二)保留完整证据

在物流过程中,客户应注意保留好相关的证据材料,如合同、运单、提单、发票、货物损坏的照片等,以备投诉和索赔使用。

(三)了解索赔标准

客户应了解物流服务提供商或保险公司的索赔标准和程序,合理计算索赔金额,避免过高或过低。

(四)积极协商解决

在投诉和索赔过程中,客户应积极与物流服务提供商或保险公司进行协商,争取达成双方都能接受的解决方案。

(五)注意保险条款

如果货物在运输过程中投保了货物运输保险,客户应注意保险合同中的条款,了解保险公司的赔偿范围和标准。

(六)咨询专业意见

在复杂的投诉和索赔案件中,客户可以咨询专业的律师或物流顾问,获取专业的法律和物流意见,以更好地维护自身的权益。

第三节　国际铁路运输单证

国际铁路运输涉及多种单证，主要有国际铁路运单、承运货物收据、国际铁路联运运单、多式联运单证等，这些单证不仅是运输合同和货物收据的证明，还在国际贸易和金融活动中发挥重要作用。在国际铁路运输单证中，国际铁路运单是最重要的单证。

一、国际铁路运单

（一）国际铁路运单概述

国际铁路运单是一份重要的运输和贸易文件，用于在跨国铁路运输中记录货物运输的详细信息。它通常一式两份，一份为正本，随货物同行至目的地并交给收货人作为提货通知；另一份为副本，交托运人作为收到托运货物的收据。

在国际贸易中，国际铁路运单不仅是运输合同和货物收据的证明，还在托收或信用证支付方式下，可作为办理托收或议付的依据。然而，需要注意的是，传统的铁路运单并不是物权凭证，这意味着它不能像海运提单那样在市场上流通或转让。

为了提高铁路运输的竞争力和便利性，中国政府正在推动多式联运"一单制"的发展，旨在通过统一的单证简化运输流程。这包括探索赋予多式联运单证物权凭证功能，以及发展多式联运"一单制"金融保险服务，从而为国际贸易和金融服务提供支持。

此外，国际铁路货物联运涉及的相关规定包括《国际铁路货物联运协定》及其《办事细则》，以及与不同国家间的双边协定或协议，如中朝、中越、中蒙、中俄等国的国境铁路协定和议定书。这些规定涵盖了联运货物交接的条件和方法、列车和机车运行办法，以及与国际联运车辆使用相关的规则。

在实际操作中，国际铁路运单的办理流程包括确定运输路线、准备必要的文件和货物信息，以及与承运人协商运输细节。随着"一带一路"倡议的推进，国际铁路联运在促进亚欧大陆桥各国贸易往来和经济发展中发挥着越来越重要的作用。

（二）国际铁路运单的作用

1. 运输契约证明

运单记录了承运人与托运人之间的运输合同条款，明确了双方的权利和义务。

2. 货物收据

运单正本随货物同行,到达目的地后交给收货人,作为提货的凭证。

3. 费用结算依据

运单上记录了货物的运输费用,是承运人向托运人或收货人收取运费的依据。

4. 索赔与理赔依据

在货物运输过程中发生损坏或丢失时,运单是处理索赔与理赔的重要依据。

(三)国际铁路运单的格式与内容

1. 格式

国际铁路运单通常为一式多份,包括正本和副本。正本随货物同行,副本交给托运人作为收到货物的收据。其具体格式可见示例。

2. 内容

(1)货物信息:包括货物的名称、数量、重量、体积、包装方式等。

(2)运输信息:始发站和目的站的名称、运输路线、运输方式(如整车运输或集装箱运输)等。

(3)承运人与托运人信息:包括承运人和托运人的名称、地址、联系方式等。

(4)费用信息:运输费用的计算方式、金额、支付方式等。

(5)其他条款:如运输时间、特殊要求、保险条款等。

12-2 云阅读

(四)国际铁路运单的流转过程

1. 托运人填写运单

托运人在货物启运前,根据货物信息和运输要求,填写完整的国际铁路运单。

2. 承运人审核与签发

承运人对运单进行审核,确认无误后签发运单正本和副本。

3. 正本随货同行

运单正本随货物一起运输,到达目的地后交给收货人。

4. 副本留存与流转

运单副本由托运人留存,作为货物运输的凭证和费用结算的依据。在托收或信用证支付方式下,托运人可凭运单副本办理托收或议付。

(五) 国际铁路运单的法律效力

1. 运输契约效力

运单作为承运人与托运人之间的运输契约,具有法律约束力,双方必须按照运单上的条款履行各自的义务。

2. 物权凭证效力

虽然铁路运单本身不是物权凭证,但在某些情况下,如托收或信用证支付方式下,托运人可以凭运单副本办理相关手续,运单副本具有一定的物权凭证效力。

3. 索赔与理赔依据

当货物在运输过程中发生损坏或丢失时,运单是托运人或收货人向承运人提出索赔的重要依据。

(六) 国际铁路运单的标准化与统一

统一运单的出现:为了解决不同国家和地区铁路运单格式不统一的问题,国际铁路组织(UIC)等机构推动了国际铁路运单的标准化工作,制定了统一的运单格式和内容。

CIM/SMGS统一运单:CIM(国际铁路货物运输公约)和SMGS(国际铁路货物运输协定)的统一运单,使得货物在跨越不同法律体系的铁路运输时,无需更换运单,简化了运输手续,提高了运输效率。

电子运单的发展:随着信息技术的发展,电子运单逐渐被推广使用。电子运单具有信息传递快、存储方便、减少纸质文件等优点,有助于提高铁路运输的信息化水平。

(七) 国际铁路运单在国际贸易中的应用

1. 促进国际贸易便利化

统一的国际铁路运单简化了国际贸易中的运输手续,降低了企业的运营成本,提高了贸易效率。

2. 保障货物运输安全

运单上记录的货物信息和运输要求,有助于承运人和收货人了解货物的特性和运输条件,采取相应的安全措施,保障货物运输的安全。

3. 加强供应链管理

运单作为货物运输的重要凭证,有助于企业更好地掌握货物的运输状态和信息,加强供应链的管理和控制。

二、国际铁路运输其他单证

以上详细介绍了国际铁路运单,实践中国际铁路运输单证还有其他类别,下面简单介绍其他三类单证:

(一)承运货物收据

承运货物收据既是承运人出具的货物收据,也是承运人与托运人签订的运输契约的证明。中国内地通过铁路运往港、澳地区的出口货物,一般委托中国对外贸易运输公司承办。当出口货物装车发运后,对外贸易运输公司即签发承运货物收据交给托运人,作为对外办理结汇的凭证。

(二)国际铁路联运运单

国际铁路联运运单是铁路与货主间缔结的运输契约的证明。此运单正本从始发站随同货物附送至终点站并交给收货人,是铁路同货主之间交接货物、核收运杂费用和处理索赔与理赔的依据。运单副本是卖方凭以向银行结算货款的主要证件。

(三)多式联运单证

多式联运单证在国际铁路运输中也非常重要,特别是在涉及多种运输方式(如海运、铁路、公路)的情况下。这些单证可以作为货物运输的统一凭证,确保货物在不同运输方式间顺利转运。近年来,中国国家金融监督管理总局和商务部鼓励银行参照海运提单下的金融服务模式进行创新,将风险可控的铁路运输单证作为结算和融资可接受的单证,为外贸企业提供本外币结算、信用证开立、进出口贸易融资和供应链金融等服务。

第四节　国际货物运输保险

一、保险的基本概念

(一)保险的定义与作用

1. 定义

保险是一种合同,通过该合同,保险人(保险公司)同意在被保险人支付保险费的情况下,对被保险人因特定事件造成的损失或损害给予经济补偿。

2. 作用

(1)风险分散。通过将个别损失分摊到大量保险持有人中,减少单一事件对个体的财务影响。

(2)经济保障。为被保险人提供财务安全网,减轻意外损失带来的经济压力。

(3)促进投资。降低投资风险,鼓励企业和个人进行投资和创新活动。

(二)保险的基本原则

1. 保险利益原则

被保险人对保险标的必须有合法的经济利益。

2. 最大诚信原则

合同双方必须诚实地披露所有重要信息,不得隐瞒或误报。

3. 损失补偿原则

保险赔偿旨在补偿损失,而非使被保险人因损失而获利。

4. 风险选择原则

保险公司根据风险评估选择承保对象和条件。

5. 不可抗力原则

对于不可抗力造成的损失,保险公司通常不承担赔偿责任。

(三)保险的类型与特点

1. 人寿保险

人寿保险保障个人生命,包括死亡、疾病等风险。特点:长期性、储蓄性、保障与投资结合。

2. 健康保险

健康保险覆盖医疗费用和相关健康风险。特点:短期性、保障性、可能包含预防性医疗服务。

3. 财产保险

财产保险保障财产免受损害或丢失。特点:针对性强、覆盖广泛、赔偿基于实际损失。

4. 责任保险

责任保险保障因个人或企业行为导致的第三方损害赔偿责任。特点:法律性、预防性、通常与特定活动或职业相关。

5. 信用保险

信用保险保障信用风险,如债务人违约。特点:金融性、预防性、与信用评级相关。

6. 再保险

再保险是保险公司为分散自身风险,将部分风险转移给其他保险公司。特点:风险转移、风险管理、保险公司之间的合作。

每种保险类型都有其特定的应用场景和目的,选择合适的保险类型对于有效管理风险至关重要。在国际物流领域,保险尤其重要,因为它涉及跨国界的货物运输,面临多种风险和不确定性。

二、国际物流中的保险需求

国际物流中的保险需求是确保货物安全、降低损失和保障企业财务稳定的关键要素。以下是对国际物流中保险需求的详细展开:

(一) 货物运输的风险分析

1. 物理风险

物理风险包括货物在运输过程中可能遭受的损坏、丢失或变质。

2. 运输风险

运输风险涉及运输工具的故障、事故或延误。

3. 政治和法律风险

政治和法律风险包括战争、政治不稳定、法律变更或贸易制裁等。

4. 经济风险

经济风险涉及汇率波动、关税和贸易壁垒等经济因素。

5. 环境风险

环境风险如极端天气、自然灾害等对货物造成的潜在损害。

(二) 保险在物流中的重要性

1. 损失补偿

保险为货物在运输过程中可能发生的损失提供经济补偿。

2. 风险转移

通过保险,企业可以将部分或全部风险转移给保险公司,从而减轻自身的财务负担。

3. 信用增强

持有保险可以增强企业的信用,因为它显示了企业对风险管理的重视。

4. 合同履行保障

保险可以作为合同履行的一部分,确保在发生意外时,合同义务仍能得到履行。

5. 市场竞争力

提供保险服务可以作为企业服务的一部分,增强其在市场上的竞争力。

(三)国际物流中保险需求的确定

1. 货物价值

高价值货物通常需要更高级别的保险覆盖。

2. 运输方式

不同的运输方式(海运、空运、陆运)具有不同的风险特征,需要相应的保险策略。

3. 目的地和路线

某些地区或路线可能由于政治不稳定、高犯罪率或自然灾害而需要更高级别的保险。

4. 合同要求

买方或卖方可能在合同中指定特定的保险要求。

5. 法规和国际公约

某些国际公约或法规可能要求特定的保险覆盖。

(四)保险策略的制定

1. 保险覆盖范围

确定需要保险的货物类型和风险类型。

2. 保险金额

根据货物价值和潜在损失确定保险金额。

3. 保险期限

确定保险的起始和结束时间,确保整个运输过程的覆盖。

4. 保险条款

选择适合的保险条款,以满足特定的风险管理需求。

5. 成本效益分析

评估保险费用与潜在损失之间的关系,确保保险策略的经济合理性。

通过这些详细的分析和策略制定,国际物流企业可以更有效地管理风险,确保货物安全,同时保护自身的财务健康。

三、国际物流保险类型

国际物流保险的类型是多样化的,每种类型都针对特定的运输方式和风险。以下是对基于不同运输方式的国际物流保险类型展开:

（一）国际海运保险

1. 国际海运保险定义

国际海运保险是一种专门针对国际贸易中货物海上运输过程中可能遭遇的各种风险而设立的保险形式。它通过保险公司与货主或承运人之间签订的保险合同来实现，为货物在国际海运过程中可能遭受的损失提供经济补偿和风险保障。国际海运保险的保障范围通常包括因海上自然灾害、意外事故、海盗行为、战争等不可抗力因素，以及装卸、运输过程中的意外损坏等原因导致的货物损失或灭失。通过购买国际海运保险，货主可以在货物受损时获得保险公司的赔偿，从而降低贸易风险，保障贸易的顺利进行。

2. 国际海运保险承保范围（图 12-2）

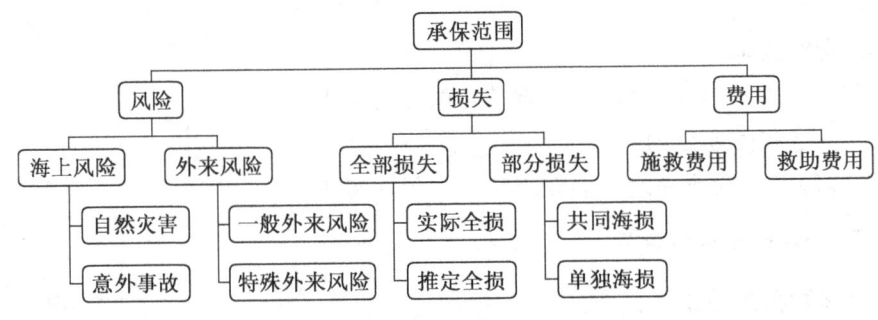

图 12-2 国际海运保险承保范围

（1）风险。保险业把海上货物运输的风险分成海上风险和外来风险。风险是造成损失的原因。

①海上风险。海上风险包括自然灾害和意外事故。

A. 自然灾害：仅指恶劣气候、雷电、洪水、流冰、地震、海啸以及其他人力不可抗拒的灾害，而不是指一般自然力所造成的灾害。

B. 意外事故：主要包括船舶搁浅、触礁、沉没、碰撞、失火、爆炸以及失踪等具有明显海洋特征的重大意外事故。

②外来风险。外来风险是指海上风险以外的各种风险，分为一般外来风险和特殊外来风险。

A. 一般外来风险：指偷窃、破碎、渗漏、玷污、受潮受热、串味、生锈、钩损、短量、淡水雨淋、包装破裂等。

B. 特殊外来风险：主要是指由于军事、政治及行政法令等原因造成的风险，从而引起货物损失，如战争、罢工、交货不到、拒收等。

（2）损失。海上货物运输的损失又称海损（Average），指货物在海运过程中由于海上风险而造成的损失,海损也包括与海运相连的陆运和内河运输过程中的货物损失。海上损失按损失的程度可以分成全部损失和部分损失。

①全部损失(Total Loss)。全部损失又称全损,指被保险货物的全部遭受损失,有实际全损和推定全损之分。

A. 实际全损是指货物全部灭失或全部变质而不再有任何商业价值。

B. 推定全损是指货物遭受风险后受损,尽管未达实际全损的程度,但实际全损已不可避免,或者为避免实际全损所支付的费用和继续将货物运抵目的地的费用之和超过了保险价值。推定全损需经保险人核查后认定。

②部分损失(Partial Loss)。不属于实际全损和推定全损的损失,为部分损失。按照造成损失的原因可分为共同海损和单独海损。

A. 共同海损(General Average)。在海洋运输途中,船舶、货物或其他财产遭遇共同危险,为了解除共同危险,有意采取合理的救难措施所直接造成的特殊牺牲和支付的特殊费用,称为共同海损。在船舶发生共同海损后,凡属共同海损范围内的牺牲和费用,均可通过共同海损清算,由有关获救受益方(即船方、货方和运费收入方)根据获救价值按比例分摊,然后再向各自的保险人索赔。共同海损分摊涉及的因素比较复杂,一般均由专门的海损理算机构进行理算(Adjustment)。

B. 单独海损(Particular Average)。不具有共同海损性质,未达到全损程度的损失,称为单独海损。该损失仅涉及船舶或货物所有人单方面的利益损失。

按照保险条例,不论担保何种险种,由于海上风险而造成的全部损失和共同海损均属保险人的承保范围。对于推定全损的情况,由于货物并未全部灭失,被保险人可以选择按全损或按部分损失索赔。倘若按全损处理,则被保险人应向保险人提交"委付通知"。把残余标的物的所有权交付保险人,经保险人接受后,可按全损得到赔偿。

(3) 费用。海上风险还会造成费用支出,主要有施救费用和救助费用。

①施救费用是指被保险货物在遭受承保责任范围内的灾害事故时,被保险人或其代理人或保险单受让人,为了避免或减少损失,采取各种措施而支出的合理费用。

②救助费用是指保险人或被保险人以外的第三者采取了有效的救助措施之后,由被救方付给的报酬。

保险人对上述费用都负责赔偿,但以总和不超过保险金额为限。

3. 海上保险利益

保险人所承保的标的,是保险所要保障的对象。但被保险人(投保人)投保的并不是保险标的本身,而是被保险人对保险标的所具有的利益,这个利益,叫作保险利益。投保人对保险标的不具有保险利益的,保险合同无效。

国际货运保险同其他保险一样,被保险人必须对保险标的具有保险利益。这个保险利益,在国际货运中,体现在对保险标的的所有权和所承担的风险责任上。以 FOB、FCA、CFR 和 CPT 方式达成的交易,货物在越过船舷后风险由买方承担。一旦货物发生损失,买方的利益受到损失,所以买方具有保险利益。

因此由买方作为被保险人向保险公司投保,保险合同只在货物越过船舷后才生效。货物越过船舷以前,买方不具有保险利益,因此不属于保险人对买方所投保险的承保范围。以 CIF 和 CIP 方式达成的交易,投保是卖方的合同义务,卖方拥有货物所有权,当然具有保险利益。卖方向保险公司投保,保险合同在货物启运地启运后即生效。

4. 海上保险基本险别

中国商户在市场上选择国际海洋运输保险时,可以选择中国制定的国际海运保险,也可以选择英国伦敦协会货物保险条款,这两个系列的保险有一定的相通性,因为它们两者之间本身有一定的历史关联,中国制定的版本是参照英国伦敦协会货物保险条款的基础制定的。以下分别介绍这两个系列。

(1) ICC 保险条款。ICC 全称为 Institute Cargo Clauses,是由英国伦敦保险业协会(Institute of London Underwriters,IUA)制定的一系列国际海运货物保险条款,这些条款在国际保险市场上被广泛接受和使用。ICC 条款的主要目的是为全球范围内的货物运输提供标准化的保险覆盖范围。

①ICC 条款险别

ICC(A):提供最广泛的保险覆盖,类似于中国保险条款中的一切险,承保除了除外责任之外的所有风险。

ICC(B):承保范围较 ICC(A)小,大体上相当于水渍险,采用列明风险的方式表示其承保范围。

ICC(C):承保范围最小,类似于平安险,但承保范围更小,主要承担重大意外事故,不承担自然灾害及非重大意外事故所造成的货损。

除了上述三种基本险别,ICC 还包括以下附加险别:

协会战争险条款(IWCC):承保因战争、内战、敌对行为等引起的损失。

协会罢工险条款(ISCC):承保因罢工、被迫停工、劳工骚乱、暴动或民变引起的损失。

恶意损害险:承保因恶意行为导致的货物损失。

②ICC 条款的主要特点

A. 明确列明承保风险和除外责任,便于投保人选择适当的险别。

B. 险别责任差距扩大,险别划分明确,避免了不同险别间的责任范围交叉重叠。

C. 结构统一,体系完整,采用现代化的文字表述,简化了条款内容。

③ICC 条款的保险责任起讫

ICC 条款的保险责任起讫主要反映在运输条款、运输契约终止条款、航程变更条款等方面。例如,如果由于被保险人无法控制的原因导致运输契约在非目的地港口或处所终止,保险在被保险人通知保险人并可能加缴保险费的情况下继续有效,直至货物在该港口或处所出售和交付,但最长时间不超过货物到达后60天。

(2) 中国保险条款

①中国保险条款险别

A. 基本险

a. 平安险

这一名称在我国保行业中沿用甚久,其英文原意是指单独海损不负责赔偿。根据国际保险界对单独海损的解释,它是指部分损失。因此,平安险的原来保障范围只赔全部损失。但在长期实践的过程中对平安险的责任范围进行了补充和修订,当前平安险的责任范围已经超出只赔全损的限制。概括起来,这一险别的责任范围主要包括:

ⅰ. 在运输过程中,由于自然灾害和运输工具发生意外事,被保险货物的实物的实际全损或推定全损。

ⅱ. 由于运输工具遭搁浅、触礁、沉没、互撞,与同一运输工具上其他物体碰撞以及失火、爆炸等意外事故造成被保险货物的部分损失。

ⅲ. 只要运输工具曾经发生搁浅、触礁、沉没、焚毁等意外事故,不论这个意外事故发生之前或者以后曾在海上遭恶劣气候、雷电、海啸等自然灾害所造成的被保险货物的部分损失。

ⅳ. 在装卸转船过程中,被保险货物一件或数件落海所造成的全部损失或部分损失。

ⅴ. 运输工具遭自然灾害或意外事故,在避难港卸货所引起被保险货物的全部损失或部分损失。

ⅵ. 运输工具遭自然或灾害或意外事故,需要在中途的港口或者在避难港口停靠,因而引起的卸货、装货、存仓以及运送货物所产生的特别费用。

ⅶ. 发生共同海损所引起的牺牲、公摊费和救助费用。

ⅷ. 发生了保险责任范围内的危险,被保险人对货物采取抢救、防止减少损失的各种措施,因而产生合理施救费用。但是保险公司承担费用的限额不能超过这批被救货物的保险金额。施救费用可以在赔款金额以外的一个保险金额限度内承担。

b. 水渍险

其责任范围除了包括上列"平安险"的各项责任外,还负责被保险货物由于恶劣气候、雷电、海啸、地震、洪水等自然灾害所造成的部分损失。

c. 一切险

其责任范围除包括上列"平安险"和"水渍险"的所有责任外,还包括货物在运输过程中,因各种外来原因所造成保险货物的损失。不论全损或部分损失,除对某些运输途耗的货物,经保险公司与被保险人双方约定在保险单上载明的免赔率外,保险公司都给予赔偿。

上述三种险别都有货物运输的基本险别,被保险人可以从中选择一种投保。

此外,保险人可以要求扩展保险期,例如,对某些内陆国家出口货物,如在港口卸货转运内陆,无法按保险条款规定的保险期内到达目的地,即可申请扩展。经保险公司出立凭证予以延长,每日加收一定保险费。

不过,在上述三种基本险别中,明确规定了除外责任。所谓除外责任是指保险公司明确规定不予承保的损失或费用。

B. 附加险别

a. 偷窃提货不着险:保险有效期内,保险货物被偷走或窃走,以及货物运抵目的地以后,整件未交的损失,由保险公司负责赔偿。

b. 淡水雨淋险:货物在运输中,由于淡水、雨水以至雪融所造成的损失,保险公司都应负责赔偿。(淡水包括船上淡水舱、水管漏水以及舱汗等)

c. 短量险:负责保险货物数量短少和重量的损失。通常包装货物的短少,保险公司必须查清外包装是否发生异常现象,如破口、破袋、扯缝等,如属散装货物,通常以装船和卸重量之间的差额作为计算短量的依据。

d. 混杂、沾污险:保险货物在运输过程中,混进了杂质所造成的损坏。例如矿石等混进了泥土、草屑等因而使质量受到影响。此外保险货物因为和其他物质接触而被沾污,例如布匹、纸张、食物、服装等被油类或带色的质物质污染因而引起的经济损失。

e. 渗漏险流质、半流质的液体物质和油类物质,在运输过程中因为容器损坏而引起的渗漏损失。如以液体装存的湿肠衣,因为液体渗漏而使肠衣发生腐烂、变质等损失,均由保险公司负责赔偿。

f. 碰损、破碎险:碰损主要是对金属、木质等货物来说的,破碎则主要是对易碎性物质来说的。前者是指在运输途中,因为受到震动、颠簸、挤压而造成货物本身的损失;后者是在运输途中由于装卸野蛮、粗鲁、运输工具的颠震造成货物本身的破裂、断碎的损失。

g. 串味险:例如,茶叶、香料、药材等在运输途中受到一起堆储的皮张、樟脑等异味的影响使品质受到损失。

h. 受热、受潮险:例如,船舶在航行途中,由于气温骤变,或者因为船上通风设备失灵等使舱内水汽凝结、发潮、发热引起货物的损失。

i. 钩损险:保险货物在装卸过程中因为使用手钩、吊钩等工具所造成的损失,例如粮食包装袋因吊钩钩坏而造成粮食外漏所造成的损失,保险公司在承保该险的情况下,应予赔偿。

j. 包装破裂险:因为包装破裂造成物资的短少、沾污等损失。此外,对于因保险货物运输过程中续运安全需要而产生的候补包装、调换包装所支付的费用,保险公司也应负责。

k. 锈损险:保险公司负责保险货物在运输过程中因为生锈造成的损失。不过这种生锈必须在保险期内发生,如原装时就已生锈,保险公司不负责任。

上述11种附加险,不能独立承保,它必须附属于主要险别下。也就是说,只有在投保了主要险别以后,投保人才允许投保附加险。投保"一切险"后,上述险别均包括在内。

C. 特别附加险

特别附加险也属附加险类内,但不属于一切险的范围之内。它往往与政治、国家行政管理规章所引起的风险相关联。目前保险公司承保的特别附加险别有交货不到险、进口关税险、黄曲霉素险和出口货物到香港(包括九龙在内)或澳门存储仓火险责任扩展条款。此外,还包括战争险和罢工险等。

(3)两种系列的联系。在国际海运保险中,平安险、水渍险和一切险是中国保险条款(China Insurance Clause,简称CIC)中定义的三种基本险别,而ICC条款是由英国伦敦保险业协会制定的,包括ICC(A)、ICC(B)、ICC(C)等不同险别。以下是它们的主要区别:

①平安险(Free from Particular Average,FPA)

中国保险条款:平安险的责任范围包括因自然灾害和意外事故造成的全部损失,运输工具搁浅、触礁、沉没、焚毁等意外事故造成的货物损失,装卸或转运时货物落海的损失,施救费用,共同海损的牺牲、分摊和救助费用等。

ICC 条款:ICC(C)条款相当于平安险,但承保范围较小,主要承担重大意外事故,而不承担自然灾害及非重大意外事故所造成的货损。

②水渍险(With Particular Average,WPA)

中国条款:水渍险的责任范围除了包括平安险的所有责任外,还负责自然灾害造成的部分损失。

ICC 条款:ICC(B)条款的责任范围大体上相当于水渍险,但采用的是列明风险的方式表示其承保范围。

③一切险(All Risks)

中国条款:一切险的责任范围最广,除了包括平安险和水渍险的所有责任外,还负责外来原因造成的货物损失,无论是全损还是部分损失。

ICC 条款:ICC(A)条款是一个典型的"开放式"风险条款,除了除外责任以外的风险都承保,其责任范围更为广泛。

(二)国际空运保险

1. 国际空运保险的定义

国际空运保险是一种专门针对通过航空运输的货物设计的保险,旨在为货物在运输过程中因自然灾害或意外事故造成的损失提供经济补偿。这种保险不仅保障货物本身,还涵盖与货物运输相关的各种费用。

2. 空运货物保险的特点

(1) 针对空中运输的高价值或易碎货物。

(2) 通常包括对快速运输过程中可能发生的损失或损害的保护。

(3) 可能包括对恐怖活动等特殊风险的覆盖。

3. 空运保险的覆盖范围

(1) 包括货物在运输、装卸过程中的损失或损害。

(2) 可能包括对货物延误的额外覆盖。

4. 空运保险的条款与条件

(1) 通常有严格的申报价值和保险金额规定。

(2) 可能要求提供详细的货物描述和包装条件。

5. 国际空运保险险别

空运保险有两个基本险别:航空运输险和航空一切险。

(1) 航空运输险,负责赔偿由于下列保险事故造成保险货物的损失:

①火灾、爆炸、雷电、冰雹、暴风、暴雨、洪水、海啸、地陷、崖崩;

②因飞机遭受碰撞、倾覆、坠落、失踪(在三个月以上),在危难中发生卸载以

及遭受恶劣气候或其他危难事故发生抛弃行为所造成的损失；

③因受震动、碰撞或压力而造成破碎、弯曲、凹瘪、折断、开裂的损失。

④因包装破裂致使货物散失的损失；

⑤凡属液体、半流体或者需要用液体保藏的保险货物，在运输途中因受震动、碰撞或压力致使所装容器(包括封口)损坏发生渗漏而造成的损失，或用液体保藏的货物因液体渗漏而致保藏货物腐烂的损失。

⑥遭受盗窃或者提货不着的损失；

⑦在装货、卸货时和港内地面运输过程中，因遭受不可抗力的意外事故及雨淋所造成的损失。

在发生责任范围内的灾害事故时，因施救或保护保险货物而支付的直接合理费用，但最高以不超过保险货物的保险金额为限。

(2) 航空一切险，除包括上述航空运输险的责任外，还负责由于外来原因所致的全部或部分损失。

6. 除外责任

空运中被保险人需要确切了解自己的保险责任，但同时也更需要清楚空运保险中的除外责任。由于下列原因造成保险货物的损失，保险人不负责赔偿：

(1) 战争、军事行动、扣押、罢工、哄抢和暴动。

(2) 核反应、核子辐射和放射性污染。

(3) 保险货物自然损耗，本质缺陷、特性所引起的污染、变质、损坏，以及货物包装不善。

(4) 在保险责任开始前，被保险货物已存在的品质不良或数量短差所造成的损失。

(5) 市价跌落、运输延迟所引起的损失。

(6) 属于发货人责任引起的损失。

(7) 被保险人或投保人的故意行为或违法犯罪行为。

(8) 由于行政行为或执法行为所致的损失。

(9) 其他不属于保险责任范围内的损失。

7. 责任范围

(1) 航空运输险负责赔偿：

①被保险货物在运输途中遭受雷电、火灾、爆炸或由于飞机遭受恶劣气候或其他危难事故而被抛弃，或由于飞机碰撞、倾覆、坠落或失踪意外事故所造成全部或部分损失。

②被保险人对遭受承保责任内危险的货物采取抢救、防止或减少货损的措施

而支付合理费用,但以不超过该批被救货物的保险金额为限。

(2) 航空运输一切险负责赔偿:

除包括上列空运保险责任外,本保险还负责被保险货物由于外来原因所致的全部或部分损失。

8. 责任起讫

(1) 空运保险负"仓至仓"责任,自被保险货物运离保险单所载明的起运地仓库或储存处所开始运输时生效,包括正常运输过程中的运输工具在内,直至该项货物运达保险单所载明目的地收货人的最后仓库或储存处所或被保险人用作分配、分派或非正常运输的其他储存处所为止。如未运抵上述仓库或储存处所,则以被保险货物在最后卸载地卸离飞机后满三十天为止。如在上述三十天内被保险的货物需转送到非保险单所载明的目的地时,则以该项货物开始转运时终止。

(2) 由于被保险人无法控制的运输延迟、绕道、被迫卸货、重行装载、转载或承运人运用运输契约赋予的权限所作的任何航行上的变更或终止运输契约。致使被保险货物运到非保险单所载目的地时,在被保险人及时将获知的情况通知保险人,并在必要时加缴保险费的情况下,空运保险保险仍继续有效,保险责任按下述规定终止:

① 被保险货物如在非保险单所载目的地出售,保险责任至交货时为止。但不论任何情况,均以被保险的货物在卸载地卸离飞机后满三十天为止。

② 被保险货物在上述三十天期限内继续运往保险单所载原目的地或其他目的地时,保险责任仍按上述第(1)款的规定终止。

"仓至仓"条款用一个将变化的时间概念转化为比较固定的空间概念的方法来简化合同中关于保险期间的规定,更好地保护了保险公司和被保险人的利益。

9. 国际空运保险理赔

货物一旦出险,请提供以下文件:

(1) 运单原件(正本运单)。

(2) 保险单(正本)。

(3) 航空公司出示的破损及丢货证明,保险单上注明的当地保险公司所出示的丢货或货的破损证明及照片,正本箱单及发票。

(三) 国际陆运保险

1. 国际陆运保险的定义

国际陆运货物保险是一种专门为通过陆上运输工具(如火车、汽车等)运输的货物提供保障的保险。它旨在为货物在国际运输过程中可能遭受的各种风险提供经济补偿和风险保障。

2. 国际陆运货物保险的特点

（1）针对通过陆路运输的货物，包括公路和铁路运输。

（2）通常覆盖货物在运输过程中的损失或损害。

（3）可能包括对货物在运输途中的盗窃风险的覆盖。

3. 国际陆运保险的覆盖范围

（1）包括货物在运输途中的全损或部分损失。

（2）可能包括对货物在运输途中的盗窃或抢劫的覆盖。

4. 陆运保险的条款与条件

（1）通常包括对运输工具的特定要求，如车辆的安全性和适航性。

（2）可能要求提供货物的运输路线和预计到达时间。

5. 国际陆运保险险别

国际运输陆运保险通常分为两种基本险别：陆运险和陆运一切险，它们的责任范围与海运险中的水渍险和一切险基本相同，但针对陆运可能遇到的特殊风险（如车辆倾覆、出轨）增加了保障。

（1）陆运险。陆运险主要负责赔偿因自然灾害（如暴风、雷电、地震、洪水等）或意外事故（如运输工具碰撞、倾覆或出轨）造成的货物损失。这相当于海运险中的"水渍险"，保障范围相对较窄。

（2）陆运一切险。陆运一切险在陆运险的基础上，扩展了保障范围，包括外来原因造成的货物短少、偷窃、渗漏、碰损、破碎、钩损、雨淋、生锈、受潮、霉变、串味、沾污等全部或部分损失的赔偿。

6. 除外责任

陆运保险的除外责任包括：

（1）被保险人的故意行为或过失造成的损失。

（2）发货人责任或货物自然消耗引起的损失。

（3）战争、工人罢工或运输延迟造成的损失。

7. 保险责任起讫期限

陆运保险的保险责任通常从货物离开启运地发货人的仓库或储存处所开始，直至货物送达目的地收货人的仓库或储存处所。如果货物未能运抵上述地点，保险责任最长可延长至货物最后卸载后60天。

除了基本险别，还可以通过协商加保陆运战争险等附加险。陆运战争险负责因战争、类似战争行为、武装冲突等导致的货物损失。

（四）多式联运保险

1. 多式联运保险的定义

多式联运保险是针对货物在多式联运过程中可能面临的风险提供的一种保障，它涵盖了货物从发货地到目的地的整个运输过程，包括陆运、海运、空运等多种运输方式的组合。这种保险通常基于"仓至仓"条款，为货物提供全程的保护。

2. 多式联运保险的特点

（1）全程覆盖。多式联运保险为货物提供从离开发货地仓库到进入最终目的地仓库的全程保险。

（2）适用于多种运输方式。适用于包括海运、陆运、空运在内的多种运输方式的组合。

（3）连续性。提供连续、不间断的保险，无论货物在运输过程中经过多少次运输方式的转换。

（4）责任明确。多式联运经营人对全程运输负责，但具体的赔偿责任通常以货物赔偿责任保险向保险公司或赔偿协会投保。

3. 多式联运保险的作用

（1）风险转移。通过保险将货物在运输过程中可能遇到的风险转移给保险公司。

（2）经济补偿。在货物发生损失或损坏时，提供经济补偿，减少货主的损失。

（3）促进贸易。为国际贸易提供保障，促进货物的自由流通。

（4）提升效率。通过"一单制"服务模式，实现托运人一次委托、费用一次结算、货物一次保险、多式联运经营人全程负责，提升多式联运的效率。

4. 多式联运保险发展方向

（1）信息共享。推动多式联运信息开放共享，建立数字化物流综合服务平台。

（2）单证服务功能。深化拓展多式联运单证服务功能，推广应用国际多式联运提单。

（3）金融保险服务。探索多式联运单证物权化，发展多式联运"一单制"金融保险服务。

5. 多式联运保险的条款与条件

（1）通常要求提供详细的运输计划和时间表。

（2）可能包括对不同运输方式的责任限制和除外责任。

每种保险类型都有其特定的条款和条件，这些条款和条件定义了保险公司的责任范围、保险金额、免赔额以及除外责任等。企业在选择保险时,需要根据自身的货物特性、运输方式和风险偏好来确定最合适的保险类型和条款。此外,国际物流保险的选择还应考虑国际贸易法规、国际公约以及目的地国家的法律要求。

四、国际运输保险合同

(一) 国际运输保险合同的定义与重要性

国际运输保险合同是指在国际货物运输过程中,由保险人与被保险人签订的合同,旨在对货物在运输过程中可能发生的损失或损害进行经济补偿。该合同在国际贸易中具有重要意义,因为它为货物运输提供了风险保障,降低了贸易双方的经济风险,促进了国际贸易的顺利进行。

(二) 国际运输保险合同的主要内容

1. 保险标的

明确被保险的货物、物品或运输工具等具体对象。合同中需要详细列出货物的种类、数量、价值等信息,以便在发生损失时进行准确的赔偿。

2. 保险责任

规定保险人在何种情况下承担赔偿责任,如因自然灾害、意外事故等原因导致的货物损失或损害。常见的保险责任包括货物的全损、部分损失、灭失、损坏等。

3. 保险期限

确定保险合同的有效期间,通常从货物装船起至货物到达目的地卸船为止。保险期限的确定可以是时间上的,也可以是空间上的,例如从货物离开起运地仓库起至抵达目的地仓库止。

4. 保险金额与费率

保险金额是保险人承担赔偿责任的最高限额,通常根据货物的价值和运输风险来确定。保险费率则根据运输方式、货物种类、运输路线等因素确定的保险费用比例。

5. 除外责任

明确哪些情况不属于保险公司的赔偿范围,如货物的固有缺陷、战争等不可抗力因素。

6. 索赔与赔偿

详细说明在发生保险事故后,被保险人如何进行索赔,包括索赔的程序、所需提供的证明材料等。保险人经审核后,按照合同约定进行赔偿,赔偿金额不超过保险金额的限额。

7. 特别约定

双方可以根据实际情况约定一些特殊的条款,如免赔额、争议解决方式等。

(三) 国际运输保险合同的作用与意义

1. 风险转移

国际运输保险合同将货物运输过程中可能发生的风险转移给保险人,使贸易双方能够更加专注于自身的业务发展,而不必过多担忧运输风险带来的经济损失。

2. 保障贸易顺利进行

通过提供经济补偿,国际运输保险合同保障了货物能够安全、顺利地到达目的地,从而促进了国际贸易的顺利进行,增强了贸易双方的信心和合作意愿。

3. 促进国际贸易发展

随着国际贸易的不断发展,国际运输保险合同的普及和完善,为国际贸易提供了更加稳定和可靠的保障,推动了国际贸易的繁荣发展。它可以帮助企业扩大出口规模,拓展海外市场,促进贸易的繁荣与发展。

4. 降低贸易成本

通过将运输风险转化为固定的保险费用,企业可以更好地进行经济核算,降低贸易成本,提高贸易效率。

5. 保障贸易双方利益

国际贸易保险为贸易双方提供中立的第三方保障,解决因语言、文化等差异而导致的纠纷,有助于减少贸易纠纷,维护贸易双方的合法权益。

(四) 其他相关内容

1. 保险种类

根据运输方式的不同,国际运输保险合同可以分为海洋运输货物保险、陆上运输货物保险、航空运输货物保险和邮包保险。不同种类的保险合同会根据其特定的风险特点来设定不同的保险条款和费率。

2. 法律与惯例

国际运输保险合同的签订和执行通常需要遵循相关的国际法律和惯例,如《联合国国际货物销售合同公约》(CISG)和《国际贸易术语解释通则》(Incoterms)等。这些法律和惯例对风险转移、责任划分等方面有详细的规定,为合同的履行提供了法律保障。

3. 数字化发展趋势

随着数字化技术的应用，国际运输保险合同的签订和管理也在逐步数字化，提高了合同的效率和透明度。例如，通过在线平台进行保险合同的签订、索赔和理赔等操作，可以更好地满足现代国际贸易的需求。

（五）国际运输保险合同的要素

国际运输保险合同是国际贸易中用于保障货物在运输过程中安全的重要法律文件。以下是国际运输保险合同的详细要素：

1. 保险标的

（1）定义。保险标的指被保险的货物或运输工具等具体对象，是保险合同保障的核心内容。

（2）详细信息。合同中需明确列出货物的种类、数量、价值、规格型号、运输方式等详细信息，以便在发生损失时进行准确的赔偿。例如，若货物为机械设备，需注明其具体型号、数量以及每台设备的价值等。

2. 保险金额

（1）定义。保险金额是保险合同约定的保险人在保险事故发生后应赔偿的最高金额。

（2）确定方式。通常根据货物的价值和运输风险来确定。可以是足额保险，即保险金额等于货物的实际价值；也可以是不足额保险，即保险金额小于货物的实际价值，此时赔偿将按比例进行。例如，若货物价值为100万元，保险金额设定为80万元，则为不足额保险。

3. 保险责任

（1）定义。保险责任规定保险人在何种情况下承担赔偿责任。

（2）常见责任。包括因自然灾害（如海啸、地震等）、意外事故（如火灾、爆炸、沉船等）等原因导致的货物损失或损害。例如，若货物在运输途中因船舶触礁沉没而全部损失，保险人需按照合同约定进行赔偿。

4. 除外责任

（1）定义。明确哪些情况不属于保险公司的赔偿范围。

（2）常见除外责任。如货物的固有缺陷、自然损耗、市价跌落引起的损失、被保险人的故意行为或过失造成的损失等。例如，若货物在运输过程中因自身质量不合格而损坏，保险公司不承担赔偿责任。

5. 保险期限

（1）定义。确定保险合同的有效期间。

(2) 确定方法。通常从货物装船起至货物到达目的地卸船为止。也可以是时间上的具体范围,如规定保险期间为1年,自某年某月某日起至某年某月某日止;或者是空间上的具体范围,如规定保险责任自货物离开起运地仓库起至抵达目的地仓库止。

6. 保险费率与保险费

国际运输保险费用的计算涉及几个关键因素,包括保险价值、保险费率以及保险期限。以下是具体的计算方法和考虑因素:

(1) 保险价值。这是指需要被保险的货物的实际价值,通常以市场价格为准。在国际贸易中,如果按照CIF(成本、保险费加运费)价格条件成交,保险金额通常是在CIF货价基础上适当加成,加成率一般是10%,也可以与被保险人约定不同的加成率,但一般不超过30%。

(2) 保险费率。这是根据货物的价值和运输方式所设定的费率。它可以是国际通行的费率,也可以是保险公司自定义的费率。保险费率有逐个计算法和同类计算法之分,具体费率取决于不同的险别、不同的商品、不同的运输方式、不同的目的地,并参照国际上的费率水平而制定。

(3) 保险期限。这是指从货物装运到抵达目的地之间的时间长度。保险期限通常与运输时间相关,但具体期限需根据保险合同的规定来确定。

(4) 保险费用计算。一般来说,各国保险法及国际贸易惯例通常都规定出口货物运输保险的保险金额在CIF货价基础上适当加成,加成率一般是10%,也可以与被保险人约定不同的加成率,但一般不超过30%。

$$保险金额 = CIF货价 \times (1+加成率)$$

示例:假设一批出口货物的CIF(成本、保险费加运费)价格为\$100,000。根据国际贸易惯例,保险金额通常在CIF货价基础上加成10%,以确保足够的保障。因此,保险金额计算如下:

$$保险金额 = CIF货价 \times (1+加成率) = 100\,000 \times (1+0.10) = 110\,000$$

接下来,如果保险费率为0.5%(即千分之五),则保险费用的计算方法为:

$$保险费 = 保险金额 \times 保险费率 = 110\,000 \times 0.5\% = 550$$

这意味着,针对这批货物的保险费用为\$550。需要注意的是,实际的保险费率将由保险公司根据货物的种类、运输路线、包装类型等因素确定,并且可能因保险公司和产品类型的不同而有所差异。

如果是CFR报价,则应折算成CIF报价,CIF=CFR/[1(1+加成率)×保险费率];

如果是FOB报价,则需先在FOB报价中加入运费,变成CFR报价后,再折算成 CIF 报价。

7. 索赔与理赔

（1）索赔程序。详细说明在发生保险事故后，被保险人如何进行索赔。例如，被保险人应在获悉货物受损后立即向保险人或其指定的代理人发出损失通知，并在规定的索赔期限内提出索赔。

（2）理赔条件和方式。规定保险公司在何种条件下进行理赔，以及理赔的具体方式和时限。例如，保险公司需在收到完整索赔材料后的一定时间内完成理赔。

8. 特别约定

定义：双方可以根据实际情况约定一些特殊的条款。

常见条款：如免赔额，即在赔偿金额中扣除一定数额后再进行赔偿；争议解决方式，如通过仲裁或诉讼解决合同纠纷等。

这些要素共同构成了国际运输保险合同的基本框架，确保了合同的有效性和可执行性，为国际贸易中的货物运输提供了重要的风险保障。

（六）保险合同的法律效力

国际运输保险合同的法律效力体现在多个方面，确保其在国际贸易中的有效性和可执行性。以下是详细的法律效力分析：

1. 合同的成立与生效

成立条件：国际运输保险合同通常由被保险人以填制投保单的形式向保险人提出保险要求，即要约，经保险人同意承保，并就货物运输保险合同的条款达成协议后（即承诺后），保险合同即成立。

生效条件：合同成立后，保险人应及时向被保险人签发保险单或其他保险单证，并在保险单或其他保险单证中载明当事人双方约定的合同内容。合同自约定的生效时间起生效，通常从货物开始运输时起生效。

2. 合同的法律适用

准据法的确定：国际运输保险合同的法律适用通常遵循当事人选择的法律原则，如果没有明确选择，则依据合同订立时卖方或买方设有营业所的国家的法律，或者根据最密切联系原则确定适用法律。

国际惯例的适用：在某些情况下，国际运输保险合同还会适用相关的国际惯例，如《国际贸易术语解释通则》（Incoterms）等。

3. 合同的保障功能

风险转移：合同通过约定保险责任和除外责任，将货物运输过程中可能发生的风险转移给保险人,使被保险人在遭受损失时能够得到经济补偿。

损失补偿:国际运输保险合同属于补偿性的财产保险合同,保险人必须在责任范围内对被保险人所受的实际损失进行补偿。

4. 合同的变更与终止

变更:在运输货物保险合同主体不变的情况下,对合同中原约定的某些内容进行的改变,被保险人可以向保险人提出申请,由保险人出具保险批单,保险批单的效力大于保险单正文的效力。

终止:合同可以因自然终止(保险期限届满)、义务履行完毕、违约终止、危险发生变动或保险标的灭失等原因而终止。

5. 合同的争议解决

协商解决:合同执行过程中发生争议或纠纷时,首先应通过双方协商解决。

仲裁或诉讼:如协商不成,可提交仲裁机构仲裁或向法院提起诉讼,具体方式通常在合同中明确约定。仲裁程序相对灵活快捷且具有良好的保密性,而诉讼程序则更为公开透明,判决结果具有强制执行力。

6. 诚实信用原则

告知义务:在订立合同时,被保险人应如实告知保险人有关影响保险费率或承保决定的重要情况,如故意隐瞒或虚假告知,保险人有权解除合同。例如,被保险人需告知货物的具体价值、运输路线等信息。

保证义务:在履行合同时,双方应遵守诚实信用原则,履行各自的义务。被保险人需保证在保险期限内对保险标的的特定事项进行作为或不作为。

这些法律效力确保了国际运输保险合同的有效性和可执行性,为国际贸易中的货物运输提供了重要的法律保障,帮助各方在风险发生时能够依法获得相应的赔偿和救济。

(七)保险合同的监管

国际运输保险合同的监管涉及多个方面,确保合同的合法性和有效性,以下是详细的监管内容:

1. 监管机构

国家保险监管机构:如中国国家金融监督管理总局,负责对国内保险公司及其国际运输保险业务进行监管,确保其合规经营。

国际组织与机构:如国际保险监督官协会(IAIS),通过制定国际保险监管标准和原则,指导各国保险监管机构对国际运输保险合同进行有效监管。

2. 监管政策与法规

保险法律法规:各国的保险法对国际运输保险合同的订立、履行、变更、解除等方面进行了详细规定。例如,《中华人民共和国保险法》规定了保险合同的成立、生效条件,以及保险人和被保险人的权利义务等。

国际贸易相关法规:如《国际贸易术语解释通则》(Incoterms),明确了买卖双方在货物运输过程中的责任划分,间接影响国际运输保险合同的监管。

运输行业法规:不同运输方式的行业法规也对国际运输保险合同有约束作用。例如,海运中的《海牙规则》《维斯比规则》《汉堡规则》等,规定了承运人的责任范围和赔偿限额,影响保险合同的责任条款。

3. 监管内容

合同条款审核:监管机构对保险合同的条款进行审核,确保其内容合法、公平,不损害被保险人的合法权益。例如,检查保险责任、除外责任、保险期限、保险金额等条款是否明确、合理。

保险公司资质监管:对提供国际运输保险的保险公司进行资质审查,确保其具备合法的经营资格和足够的偿付能力,能够履行合同义务。

保险费率监管:对保险费率进行监管,防止保险公司随意提高费率,损害被保险人的利益。监管机构会根据市场情况和风险评估,对保险费率进行指导和控制。

理赔行为监管:对保险公司的理赔行为进行监督,确保其在发生保险事故后,能够及时、公正地进行赔偿,保障被保险人的合法权益。

4. 监管方式

现场检查与非现场检查:通过现场检查保险公司的运营情况,以及非现场检查其财务报表、业务数据等,了解其合规性和风险管理状况。

信息披露要求:要求保险公司定期向监管机构报告其国际运输保险业务的开展情况、风险状况等信息,提高业务透明度。

行政处罚与法律制裁:对违反监管规定的行为,依法进行行政处罚,如罚款、吊销经营许可证等;情节严重的,依法追究刑事责任。

这些监管措施共同构成了国际运输保险合同的监管体系,确保合同的合法、有效执行,维护各方当事人的合法权益,促进国际贸易的健康发展.

(八)国际运输保险申请的步骤

以下是国际运输保险申请的详细步骤:

1. 选择保险公司

资质审查:选择一家有资质的保险公司进行投保,可以通过保险公司官网、保险代理机构、贸易商协会等渠道进行咨询和比较。确保其具备合法的经营资格和足够的偿付能力,能够履行合同义务。

服务比较:了解不同保险公司的服务内容、理赔效率、客户评价等,选择服务优质、信誉良好的保险公司。

2. 确定保险类型和保额

保险类型选择:根据货物的运输方式,选择相应的保险类型,如海洋货物保险、空运货物保险、陆路货物保险等。不同的运输方式面临的风险不同,保险类型也有所区别。

保额确定:保险金额一般根据货物的实际价值来确定,投保人需提供货物价值的证明文件。按照国际惯例,投保金额通常按发票上的 CIF(成本加保险费加运费)的预期利润计算。例如,若货物的 CIF 价值为 100 万元,预期利润为 10%,则投保金额可设定为 110 万元。

3. 填写投保单

投保单是投保人向保险人提出投保的书面申请,其主要内容包括被保险人的姓名、被保险货物的品名、标记、数量及包装、保险金额、运输工具名称、开航日期及起讫地点、投保险别、投保日期及签章等。填写保险单时要注意以下各项说明:

(1) 被保险人:请详细填写被保险人公司全称。

(2) 标记:如有唛头请详细填写。

(3) 包装及数量:在此栏中请详细填写包装种类及数量,如属玻璃易碎品请事先通知,按保险公司要求进行包装。

(4) 保险货物项:请详细将中英文品名填写入此栏,如有其他特殊或附加名称也请详细填写,若货物为机械设备,需详细注明其型号、数量、包装方式等信息。

(5) 保险金额(%):以人民币填写。

(6) 运输工具:请以 by air、by sea、by car 字样填写(如是海运,请用英文写明船名及船期)。

(7) 以出港日期为准。

(8) 提单号:真实的运单号。

(9) 赔付地点:详细地址。

(10) FROM:详细地址。

(11) TO:详细地址。

(12) 承保险别:需要保何种保险,请在此注明。

(13) 投保人签章:填单人。

填写时要确保信息的准确性和完整性,以免在理赔时出现争议。如标记应与提单上所载的标记符号一致,货物名称要具体填写,不能笼统。

4. 支付保险费

(1)费率计算。保险费按投保险别的保险费率计算。保险费率是根据不同的险别、不同的商品、不同的运输方式、不同的目的地,并参照国际上的费率水平而制定的。例如,海洋运输的保险费率可能低于陆路运输。

(2)保费支付。投保人需在规定时间内支付保险费,以确保保险合同的生效。交付保险费后,投保人即可取得保险单。

5. 提交申请并获得承保

申请提交。填写完投保单和缴纳保费后,需要将申请提交给保险公司。保险公司会根据货物信息和保险类型等因素进行评估,并进行承保。

承保确认。如果申请被批准,保险公司会给予保单和保险单证明,投保人需仔细核对保险单的内容,确保无误。

6. 索赔申请(如有需要)

索赔条件:当被保险的货物发生属于保险责任范围内的损失时,投保人可以向保险人提出赔偿要求。

索赔材料准备:包括提单副本、装箱单、保险单正本、磅码单、修理配置费凭证、第三者责任方的签证或商务记录以及向第三者责任方索赔的来往函件等。

索赔流程:及时向保险公司报案,配合保险公司人员查勘,提供必要的证明材料,与保险公司沟通协商,最终达成赔偿协议。

(九)核保的流程与标准

1. 核保流程

接收投保资料:保险公司首先接收投保人提交的投保单及相关资料,包括货物的详细信息、运输方式、运输路线、保险金额等。

资料审核:对投保资料进行初步审核,检查资料的完整性和准确性。例如,核对货物的品名、数量、标记是否与提单一致,保险金额是否合理。

风险评估:根据货物的种类、价值、运输方式、目的地等因素,对运输过程中可能面临的风险进行评估。例如,对于易碎品或高价值货物,风险评估会更加严格。

确定保险费率和条款:在风险评估的基础上,保险公司确定具体的保险费率,并根据评估结果和投保人的需求,制定相应的保险条款。

出具保险单:审核通过后,保险公司向投保人出具正式的保险单,保险单上详细列明了保险合同的各项内容,包括保险金额、保险期限、保险责任、除外责任、保险费等。

2. 核保标准

货物信息准确性:货物的品名、数量、标记、包装等信息必须准确无误,与提单等运输单据一致。

保险金额合理性:保险金额通常按照发票上的CIF(成本加保险费加运费)的预期利润计算,不能过高或过低。溢额投保(如过高的加成、明显偏离市场价格的投保金额等)无法得到全部赔付。

运输方式与路线明确:需明确货物的运输方式(如海运、空运、陆运等)和运输路线,包括起始地、目的地以及可能的中转地。

风险因素考量:考虑货物在运输过程中可能面临的风险因素,如自然灾害、意外事故、货物特性(如易碎、易腐等)等。

投保人资质审核:对投保人的资质进行审核,确保其具备合法的投保资格。

保险条款合规性:保险条款需符合相关法律法规和行业规定,明确保险责任、除外责任、保险期限等内容。

通过严格的核保流程和标准,保险公司能够准确评估风险,合理确定保险费率和条款,确保国际运输保险合同的有效性和可执行性,为国际贸易中的货物运输提供可靠的风险保障。

(十) 国际运输保险合同的最终确认

国际运输保险合同的最终确认是一个关键步骤,确保合同内容的准确性和双方权利义务的明确。以下是详细的确认流程和标准:

1. 确认流程

(1) 审核保险单。

(2) 内容核对。被保险人需仔细核对保险单上的所有信息,包括被保险人名称、保险标的、保险金额、保险期限、保险费、保险责任和除外责任等,确保与投保时提供的信息一致。

(3) 条款理解。确认理解保险单中的所有条款,特别是保险责任和除外责任的范围,以及索赔程序和条件。

(4) 确认保险期限。

(5) 起止时间。确保保险期限的起止时间与货物运输的实际时间相符,通常从货物装运开始至货物到达目的地并交付收货人为止。

(6) 续保安排。如果合同有续保条款,确认续保的条件和流程,确保在保险期限届满前完成续保。

(7) 支付保险费。

(8) 金额确认。核对保险费的计算是否正确,确保保险费的金额与保险金额和保险费率相符。

(9) 支付方式。确认保险费的支付方式和时间,确保按时支付以保证保险合同的有效性。

(10) 签署合同。

(11) 双方签字盖章。在确认所有信息无误后,由保险人和被保险人双方在保险单或其他保险单证上签字盖章,以正式确认合同的生效。

(12) 合同副本留存。双方各保留一份合同副本,以备将来参考和使用。

2. 确认标准

信息一致性:保险单上的所有信息必须与投保时提供的信息一致,包括货物的名称、数量、价值、运输方式、目的地等。

条款明确性:保险责任和除外责任的条款必须明确、具体,避免模糊不清的表述,确保在发生保险事故时能够明确判断是否属于保险责任。

合法性与合规性:合同内容必须符合相关法律法规和行业标准,确保合同的合法性和可执行性。

风险评估合理性:保险费率的确定应基于对货物运输风险的合理评估,确保费率的公平性和合理性。

通过严格的确认流程和标准,国际运输保险合同的最终确认能够确保合同的有效性和双方的权益得到保障,为国际贸易中的货物运输提供可靠的风险保障。

五、国际运输保险索赔和理赔

(一)索赔流程

1. 及时报案

报案时间:一旦发现货物在运输过程中发生损失或损坏,被保险人应立即向保险公司报案,通常要求在事故发生后的 48 小时内或合同约定的时间内报案。

报案内容:提供保险单号码、被保险人名称、货物名称、运输工具的航班/航次/车次以及出险的精确日期和地点等关键信息。

2. 保护现场与施救

保护现场:在报案后,被保险人应采取必要的措施保护事故现场,防止损失进一步扩大。

施救措施:对遭受承保责任内危险的货物,被保险人应迅速采取合理的抢救措施,防止或减少货物的损失。

3. 收集索赔资料

运输合同类:包括提单、空运单、陆运单、铁路运单、运输合同等。

价值证明类:如贸易合同、发票、装箱单、报关单、货款支付凭证等。

事故证明类:包括责任方货损货差证明、事故证明(海事/交警/消防/码头/气象/海关等)、数量和质量证书、检验检疫、检测、鉴定报告等。

其他相关材料:如照片、视频、出险索赔通知书、损失清单、向责任方索赔函等。

4. 提交索赔申请

申请方式:将收集好的索赔资料整理齐全后,提交给保险公司,可以通过邮寄、电子邮件等方式。

申请要求:确保索赔资料的真实性和完整性,按照保险公司的要求提供所有必要的文件。

(二)理赔流程

1. 审核索赔资料

资料审核:保险公司收到索赔申请后,首先对提交的索赔资料进行审核,检查资料是否齐全、真实、有效。

合同条款核对:根据保险合同的条款,核对事故是否属于保险责任范围,以及是否符合合同约定的赔偿条件。

2. 查勘定损

现场查勘:保险公司会派员或委托第三方检验机构到事故现场进行查勘,了解事故的具体情况。

损失评估:对受损货物进行损失评估,确定损失的程度和金额。

3. 责任认定

责任划分:根据查勘结果和相关证据,认定事故责任,明确保险公司应承担的赔偿责任。

除外责任排除:排除合同中约定的除外责任,如货物的固有缺陷、自然损耗、被保险人的故意行为或过失等。

4. 赔付结案

赔偿金额确定:根据损失评估结果和保险合同的约定,确定赔偿金额。

赔付方式选择：保险公司可以选择现金赔付、实物修复或替换等方式进行赔偿。

结案手续办理：在双方达成一致意见后，办理结案手续，被保险人需签收相关赔付文件，确认已收到赔偿款或完好的修复/替换货物。

（三）索赔和理赔标准

1. 赔偿标准

按照发货价值：保险公司根据货物的实际价值来确定赔偿金额，通常适用于一般的货物运输。

按照保险金额：保险合同中约定的保险金额即为最高赔偿限额，无论货物价值实际如何，赔偿金额不会超过保险金额。

按照特别约定：保险合同中另行约定的赔偿方式，可能会根据具体情况而定。

2. 赔偿范围

直接损失：包括货物的损坏、灭失、短少等直接损失。

间接损失：如合理的施救费用、检验费用等，但需符合合同约定。

3. 赔偿时限

理赔时限：保险公司应在收到完整索赔资料后的一定时限内完成理赔，具体时限根据合同约定和相关法律法规。

索赔时效：被保险人应在保险事故发生后的一定期限内提出索赔，通常为两年。

通过了解和遵循国际运输保险的索赔和理赔流程及标准，被保险人可以在货物运输过程中发生意外时，及时有效地维护自身合法权益，获得应有的保险赔偿，保障国际贸易的顺利进行。

六、国际物流保险的特殊问题

（一）国际贸易中的保险问题

在国际贸易中，确定由哪一方负责办理投保是一个关键问题。这通常根据贸易条款来决定，例如 FOB、CFR、CIF 等，不同的贸易条款下，保险责任的归属也不同。

保险金额的确定通常基于 CIF 货价，并可能适当加成，以覆盖潜在的额外风险。

（二）国际运输中的保险问题

海运作为最常用的国际贸易运输方式，面临着多种风险，包括海上风险和外来风险。海上风险涉及自然灾害和意外事故，外来风险则可能包括偷窃、政治和军事行为等。

针对这些风险，选择适当的保险类别进行投保是必要的。我国保险公司提供的保险类别包括平安险、水渍险和一切险等，以及一些特殊险和一般附加险。

（三）保险欺诈与防范

保险欺诈在国际贸易中是一个严重的问题，包括单据欺诈、船舶欺诈、租船合同欺诈和海上保险欺诈等形式。

防范措施包括增强外贸风险意识、对合作方进行资信调查、选择合适的贸易条款和船舶、加强监督和法律保护意识等。

（四）货物保险和货代责任保险不同

在现实运输过程中，一直有一种认知，货代企业认为货主买了保险，自己就不用买了，当出现纠纷需要理赔时才发现，货主企业买的保险其实是对货物的保险，而不覆盖涉及货代责任。

国际货运代理责任险是指被保险人及其代理人作为国际货物运输代理人接受委托人的委托，提供国际货物运输代理业务服务过程中，导致委托人的损失，依法应由被保险人承担的经济赔偿责任，保险人按照本保险合同的规定在约定的责任限额内负责赔偿的保险。

国际货运代理的责任保险，通常是为了弥补国际货物运输方面所带来的风险。这种风险不仅来源于运输本身，而且来源于完成运输的许多环节当中，如运输合同、仓储合同、保险合同的签订、操作、报关、管货、向承运人索赔和保留索赔权的合理程序、签发单证、付款手续等。上述这些经营项目一般都是由国际货运代理来履行的。一个错误的指示、一个错误的地址，往往都会给国际货运代理带来非常严重的后果和巨大的经济损失，因此，国际货运代理有必要投保自己的责任险。另外，当国际货运代理以承运人身份出现时，不仅有权要求合理的责任限制，而且其经营风险还可通过投保责任险而获得赔偿。

总而言之，货代责任保险和货物保险不是一回事儿，具体区别见表 12-1。

表 12–1 货物运输保险和货代责任保险的比较

	货物运输保险	货代责任保险
标的	货物本身	法律赔偿责任
赔偿事件	运输过程中发生的直接损失 ＊货物直接损失	服务过程中由于错误/疏漏引发的损失 ＊直接损/间接损失 ＊＊罚款
赔偿基础	货值	法律赔偿责任
期间	运输过程中	服务过程中
投保方式	协议＋申报	一次性投保
索赔时效	发现货损立刻报案	自事故发生之日起 2 年

12–3 云阅读

12–4 云习题

12–5 云习题

12–6 云习题

第三部分

创新篇

第十三章　国际物流技术创新

学习目标

1. 理解国际物流技术的基本概念、内涵及其在国际物流中的重要性。
2. 掌握国际物流技术的发展历程和主要分类。
3. 了解国际物流创新的主要趋势、技术与模式。
4. 分析国际物流技术与创新面临的挑战及应对策略。

导入案例

"智慧物流"助力跨境电商的崛起

【案例背景】

近年来,随着互联网技术的飞速发展和全球化进程的加速,跨境电商行业呈现出爆发式增长。然而,跨境电商的繁荣离不开高效的国际物流体系的支持。传统的国际物流模式面临着诸多挑战,如运输时间长、物流信息不透明、货物丢失或损坏风险高等问题,这些问题严重制约了跨境电商企业的进一步发展。

【案例故事】

小李是一位跨境电商创业者,他的公司主要销售中国的特色手工艺品到欧美市场。起初,他采用传统的国际物流方式,通过普通的快递公司发货。然而,他很快发现,这种方式存在诸多问题。首先,物流信息更新不及时,客户常常抱怨无法实时了解包裹的运输状态,导致客户满意度下降。其次,运输时间过长,一些客户甚至因为等待时间过久而取消订单。更糟糕的是,由于物流环节的不可控因素,部分货物在运输过程中出现损坏或丢失的情况,给公司带来了巨大的经济损失。

在一次行业研讨会上,小李了解到一家名为"智慧物流"的国际物流公司。该公司采用先进的物流技术,包括物联网、大数据、人工智能和区块链等,打造了一套智能化的国际物流信息系统。小李决定尝试与"智慧物流"合作,看看能否解决他目前面临的困境。

合作后,小李的公司物流效率得到了显著提升。首先,"智慧物流"通过物联网技术,在货物运输过程中实时采集货物的位置、状态等信息,并通过大数据分析优化运输路线,大大缩短了运输时间。其次,物流信息系统的智能化功能让客户可以随时通过手机或电脑查询包裹的实时状态,极大地提高了客户满意度。此外,区块链技术的应用确保了物流信息的不可篡改和可追溯性,客户可以放心购买,不再担心货物安全问题。最终,小李的公司订单量大幅增加,客户流失率显著降低,公司业绩蒸蒸日上。

【案例启示】

技术的重要性:先进的国际物流技术是提升物流效率、降低成本、保障货物安全的关键。从传统的物流模式到智能化的物流系统,技术的升级为跨境电商企业带来了质的飞跃。

信息系统的价值:国际物流信息系统的应用不仅提高了物流的透明度和可控性,还通过数据分析为企业的决策提供了有力支持,增强了企业的市场竞争力。

创新的必要性:在全球化和数字化的背景下,物流企业必须不断创新,将前沿技术融入物流运营中,才能满足市场的需求,推动行业的可持续发展。

第一节 国际物流技术概述

一、国际物流技术的定义与内涵

(一)国际物流技术的定义

国际物流技术是指在国际物流活动中,为实现货物的高效、安全、经济运输与配送,所采用的各种技术手段、方法和工具的总称。

(二)国际物流技术的内涵

国际物流技术不仅包括物理层面的设备与设施,如运输工具、仓储设备等,还涵盖信息层面的技术,如物流信息系统、物联网技术等。其核心在于通过技术的应用,优化物流过程中的各个环节,提高物流效率、降低成本、保障货物安全。

二、国际物流技术的发展历程

(一)传统物流技术阶段

早期的国际物流主要依赖于简单的运输工具和仓储设施,技术含量相对较低。例如,使用帆船进行海上运输,依靠人工搬运和存储货物,物流速度慢、效率低,且易受天气等自然因素影响。

(二)自动化物流技术阶段

随着工业革命的推进,自动化技术开始应用于物流领域。例如,叉车的发明极大地提高了装卸搬运的效率;自动化立体仓库的出现,使得仓储空间利用率大幅提升，货物存取更加便捷。

（三）信息化物流技术阶段

20世纪80年代以来，信息技术的迅猛发展为物流行业带来了革命性的变化。条形码、射频识别（RFID）等技术的应用，实现了货物信息的快速采集与传递；物流管理软件的出现，使得物流企业的运营更加规范化、智能化。

（四）智能化物流技术阶段

进入21世纪，人工智能、大数据、物联网等前沿技术不断成熟，推动物流技术向智能化方向发展。智能物流系统能够实现对物流过程的实时监控、智能调度和优化决策，极大地提高了物流的效率和准确性。

三、国际物流技术的分类与应用

（一）仓储技术

仓储技术包括自动化立体仓库、智能仓储管理系统、货物分类与存储技术等。自动化立体仓库通过多层货架和自动化存取设备，实现货物的高密度存储和快速存取；智能仓储管理系统则利用物联网技术，实时监控仓库内的货物信息和环境参数，优化仓储作业流程。

（二）运输技术

运输技术涵盖海运、空运、铁路运输、公路运输等多种运输方式的技术。例如，海运中的船舶自动化驾驶技术，能够根据航线、天气等因素自动调整航速和航向，提高航行的安全性和经济性；空运中的航空货运管理系统，通过优化航班安排和货物装载，提高航空运输的效率和利用率。

（三）装卸搬运技术

装卸搬运技术包括自动化装卸设备、搬运机器人、装卸作业优化方法等。自动化装卸设备如自动化装卸机、自动分拣系统等，能够减少人工操作，提高装卸效率和准确性；搬运机器人则在仓储、配送等环节中广泛应用，实现货物的自动搬运和分拣。

（四）包装技术

包装技术涉及货物的包装材料、包装设计、包装工艺等。例如，采用环保可降解材料进行包装，既满足货物运输和保护的需求，又符合绿色物流的理念；智能包装技术则通过嵌入传感器等设备，实现对货物状态的实时监测和信息传递。

（五）流通加工技术

流通加工技术包括货物的分拣、包装、加工等环节的技术。例如，在农产品物流中，采用自动化分拣设备，根据农产品的品种、规格、质量等特征进行快速分拣；在服装物流中，通过自动化加工设备，对服装进行裁剪、缝制等加工，提高生产效率和产品质量。

四、国际物流创新技术

（一）智能物流技术

1. 智能感知技术

利用传感器、摄像头等设备，实现对物流过程中各种信息的实时感知和采集。例如，在仓储环节，通过安装温度、湿度传感器，实时监测仓库内的环境参数，确保货物存储条件的适宜；在运输环节，通过GPS定位设备，实时跟踪货物的位置和运输状态，提高运输的可视化程度。

2. 智能决策技术

基于大数据分析和人工智能算法，对物流过程中的海量数据进行处理和分析，为物流决策提供智能化支持。例如，通过对历史运输数据的分析，预测不同时间段的运输需求和市场趋势，优化运输计划和资源配置；在仓储管理中，利用智能决策系统，自动调整货物的存储位置和数量，提高仓储效率和空间利用率。

3. 智能控制技术

实现对物流设备和系统的自动化控制和协调。例如，智能搬运机器人可以根据仓储管理系统发出的指令，自动规划搬运路径，避开障碍物，将货物准确地搬运到指定位置；智能运输系统能够根据实时交通状况和运输需求，自动调整运输路线和运输方式，提高运输的效率和可靠性。

（二）绿色物流技术

1. 绿色包装技术

绿色包装技术采用环保可降解材料进行包装，减少包装废弃物对环境的污染。例如，使用玉米淀粉等生物基材料制成的可降解塑料包装袋，能够在一定条件下自然降解，不会对环境造成长期污染；开发可重复使用的包装容器，提高包装材料的循环利用率。

2. 绿色运输技术

绿色运输技术包括新能源运输工具的使用和运输过程中的节能措施。例如，推广使用电动货车、混合动力货车等新能源运输工具，减少运输过程中的碳排放；

优化运输路线和运输计划,减少空载和重复运输,提高运输效率,降低能源消耗。

3. 绿色仓储技术

通过节能照明、智能温控、绿色建筑等技术,降低仓储过程中的能源消耗和环境污染。例如,在仓库内安装节能 LED 灯,减少照明能耗;采用智能温控系统,根据仓库内的温度和湿度需求,自动调节空调、通风等设备的运行,保持适宜的仓储环境。

(三)区块链技术

1. 物流追溯

利用区块链的不可篡改特性,建立物流追溯平台,记录货物从生产到消费的全过程信息。例如,在食品物流中,通过区块链技术,可以追溯食品的生产日期、生产地、加工过程、运输路线等信息,确保食品的安全和质量,提高消费者对食品的信任度。

2. 合同管理

在物流合同的签订、执行和结算过程中,利用区块链技术实现合同的智能合约化。智能合约能够自动执行合同条款,减少人为干预和纠纷,提高合同的执行效率和可靠性。

3. 支付结算

区块链技术可以实现物流过程中的快速支付和结算,降低交易成本和时间。例如,通过区块链支付平台,物流企业与客户之间的货款结算可以实时完成,无需经过传统的银行转账等繁琐流程,提高资金的周转效率。

(四)物联网与大数据技术

1. 物联网技术

物联网技术可以实现物流设备的互联互通和对物流过程的实时监控。例如,通过在运输车辆上安装传感器和通信设备,实时采集车辆的速度、位置、油耗等信息,并将数据传输到物流管理平台,实现对运输过程的实时监控和调度。

2. 大数据技术

大数据技术对物流过程中的海量数据进行分析和挖掘,为物流决策提供支持。例如,通过对历史销售数据、市场趋势、客户行为等数据的分析,预测货物的需求量和运输需求,优化库存管理和运输计划;利用大数据分析,对物流网络进行优化设计,提高物流网络的效率和服务水平。

第二节 国际物流信息系统

一、国际物流信息系统的定义与作用

(一) 国际物流信息系统的定义

国际物流信息系统(International Logistics Information System, ILIS)是指在全球范围内,用于管理和协调物流活动的信息系统。它通过采集、处理和传递物流信息,帮助物流企业实现对货物运输、仓储、配送等环节的有效管理和控制。

(二) 国际物流信息系统的作用

1. 提高物流效率

国际物流信息系统通过信息化手段,优化物流流程,减少人工操作,提高物流作业的效率和准确性。

2. 降低成本

国际物流信息系统可以降低物流过程中的信息传递成本和管理成本,提高物流资源的利用率。

3. 增强客户满意度

国际物流信息系统提供实时的物流信息查询和跟踪服务,增强客户对物流服务的信任和满意度。

4. 支持决策制定

国际物流信息系统通过对物流数据的分析和挖掘,为物流企业的战略规划和业务决策提供支持。

二、国际物流信息系统的功能模块

(一) 订单管理模块

1. 订单接收

订单接收是接收来自客户或电商平台的订单信息,包括商品种类、数量、收货地址等。

2. 订单处理

订单处理是对订单进行审核、分配、拆分、合并等操作,确保订单信息的准确性和完整性。

3. 订单跟踪

订单跟踪是提供实时的订单状态查询和跟踪功能,方便客户了解订单的处理

进度。

(二) 仓储管理模块

1. 库存管理

实时更新库存信息,支持库存预警和补货提醒,确保库存的合理性和及时性。

2. 出入库管理

对货物的出入库进行记录和跟踪,确保货物的准确无误。

3. 库内管理

库内管理包括货物的上架、下架、移位、盘点等操作,提高仓库作业效率。

(三) 运输管理模块

1. 运输计划

根据订单信息制定运输计划,包括车辆调度、路线规划等。

2. 运输跟踪

运输跟踪是实时监控运输状态,确保货物按时到达。

3. 运费结算

运费结算是对运输费用进行结算和管理。

(四) 物流跟踪模块

1. 实时跟踪

通过 GPS 等技术实时跟踪货物的位置和状态。

2. 物流信息查询

提供货物的物流信息查询功能,方便客户了解货物的运输情况。

(五) 客户关系管理模块

1. 客户信息管理

记录和管理客户信息,包括订单历史、购买偏好等。

2. 售后服务

提供售后服务支持,包括退换货处理、投诉处理等。

(六) 数据分析与报表模块

1. 数据分析

对物流数据进行分析和挖掘,生成各种统计报表。

2. 报表生成

报表生成提供订单、库存、运输、客户等多方面的报表,帮助企业进行业务分析和决策。

三、国际物流信息系统的架构

国际物流信息系统是专门设计用于支持国际物流和供应链管理活动的信息系统。它通过集成各种功能和技术，帮助组织优化物流操作，提高效率和透明度。以下是物流信息系统的架构和发展的详细介绍。

（一）数据采集层（Data Collection Layer）

1. 传感器和自动识别技术

使用 RFID、条形码、二维码、NFC 等技术实时追踪货物状态和位置。

2. 移动设备集成

通过智能手机、平板电脑等移动设备收集现场数据。

3. EDI（电子数据交换）

EDI（电子数据交换）可以与其他企业系统集成，自动获取订单、发货和库存信息。

13-1 云阅读

（二）数据传输层（Data Communication Layer）

1. 网络基础设施

利用互联网、VPN、卫星通信等技术确保数据的实时传输。

2. 数据格式标准化

使用 XML、JSON 等标准化数据格式，便于不同系统之间的数据交换。

3. 安全协议

实施 SSL、TLS 等安全协议保护数据传输过程中的隐私和完整性。

（三）数据处理层（Data Processing Layer）

1. 数据库管理

使用关系型数据库或 NoSQL 数据库存储和管理大量物流数据。

2. 数据清洗和转换

对收集的数据进行清洗、验证和转换，以满足后续处理的需要。

3. 数据仓库

构建数据仓库进行数据的整合、汇总和分析。

(四) 应用层 (Application Layer)

1. 功能模块

功能模块包括订单管理、库存管理、运输管理、仓库管理、客户关系管理等模块。

2. 工作流管理

以自动化物流流程,确保各个环节的顺畅衔接。

3. 用户定制化

根据不同用户的需求提供定制化的应用服务。

(五) 决策支持层 (Decision Support Layer)

1. 分析工具

应用统计分析、预测分析、优化算法等工具提供决策支持。

2. 报告和仪表板

生成各种报告和动态仪表板,直观展示关键性能指标 (KPI)。

3. 人工智能和机器学习

利用 AI 技术进行模式识别、预测和自动化决策。

(六) 集成层 (Integration Layer)

1. API 和 Web 服务

提供 API 和 Web 服务,实现与其他系统和应用程序的无缝集成。

2. 中间件

使用中间件解决不同系统间的兼容性问题。

3. 云集成

支持云服务集成,提供弹性资源和按需服务。

(七) 用户接口层 (User Interface Layer)

1. 图形用户界面 (GUI)

提供直观、易用的图形界面,改善用户体验。

2. 多语言支持

为不同国家和地区的用户提供多语言界面。

3. 自适应设计

界面自适应不同的设备和屏幕尺寸。

（八）安全管理层（Security Management Layer）

1．访问控制

实施基于角色的访问控制（RBAC），确保数据安全。

2．数据加密

对存储和传输的数据进行加密处理。

3．审计和合规性

记录系统访问和操作日志，确保符合法律法规要求。

（九）支持和服务层（Support and Services Layer）

1．客户支持

提供客户服务和技术支持。

2．系统维护

定期更新系统，修复漏洞，提升性能。

3．培训和教育资源

为用户提供系统操作培训和在线教育资源。

（十）战略和创新层（Strategy and Innovation Layer）

1．技术监控

持续监控新兴技术，评估其对 ILIS 的潜在影响。

2．创新实验室

建立创新实验室，测试和开发新技术。

3．战略规划

制定技术发展路线图，确保 ILIS 与企业战略一致。

国际物流信息系统的架构设计需要考虑全球化运营的复杂性，包括多地区法规遵从、多货币处理、多语言支持以及跨文化交流。随着技术的发展，ILIS 将继续向更加智能化、集成化和自动化的方向发展。智慧物流架构如图 13-1 所示。

四、国际物流信息系统的运作流程

（一）信息采集

通过各种信息采集工具和技术，如条形码、RFID、GPS 等，收集物流过程中的各种信息。

（二）信息处理

对采集到的信息进行处理和整合，形成统一的物流信息资源。

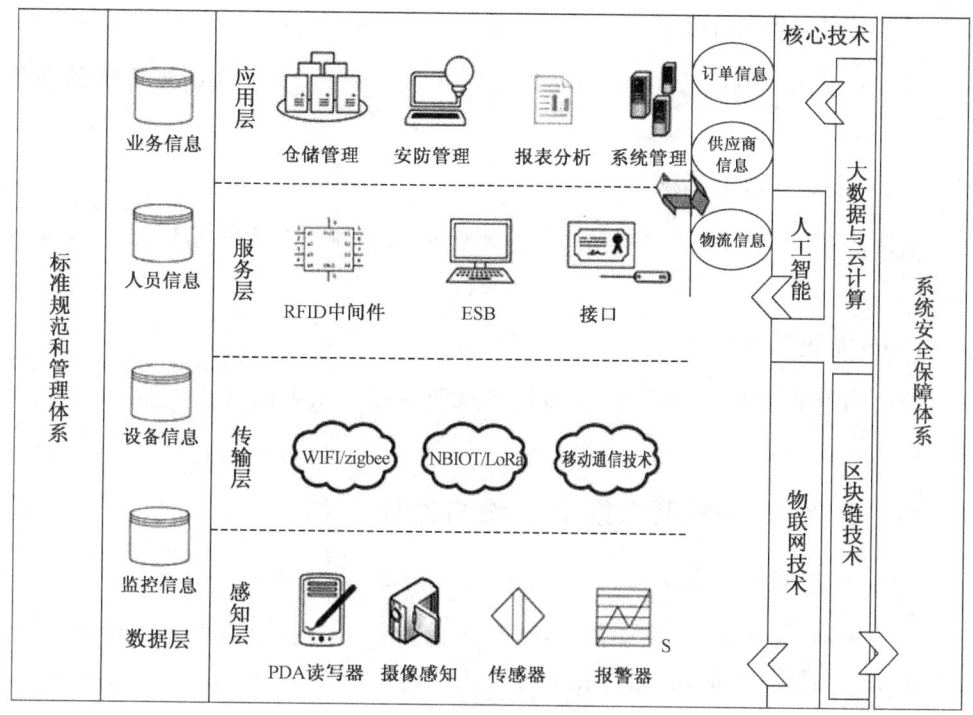

图 13-1 智慧物流架构图

（三）信息传递

将处理后的信息传递给相关的部门和人员，如订单信息传递给仓储部门，运输信息传递给运输部门。

（四）信息共享

实现物流信息的共享，使供应链各方能够及时获取所需的物流信息，提高供应链的协同效率。

（五）信息反馈

收集物流过程中的反馈信息，如客户反馈、异常情况等，及时进行调整和优化。

五、国际物流信息系统的应用优势

（一）提高物流透明度

通过实时的物流信息跟踪和查询，使客户能够随时了解货物的运输状态，提高物流的透明度。

（二）优化资源配置

通过对物流信息的分析和挖掘，优化物流资源的配置，提高物流资源的利用效率。

（三）支持全球化运营

支持多语言、多币种、多时区等全球化运营需求，满足国际物流业务的复杂性。

（四）增强竞争优势

通过高效的物流信息系统，提高物流企业的服务水平和客户满意度，增强企业的市场竞争力。

六、国际物流信息系统的建设与发展趋势

（一）技术融合与创新

将物联网、大数据、人工智能、区块链等前沿技术与物流信息系统相结合，实现物流信息系统的智能化、自动化和可视化。

（二）平台化与生态化发展

构建开放的物流信息平台，整合供应链各方的资源和信息，形成物流生态系统，实现资源共享和协同合作。

（三）标准化与规范化建设

加强物流信息系统的标准化和规范化建设，制定统一的数据标准、接口标准和操作规范，促进物流信息系统的互联互通。

（四）安全与隐私保护

加强对物流信息系统的安全防护和隐私保护，确保物流信息的安全性和隐私性。

13-2 云思政

13-3 云习题

13-4 云习题

第十四章　跨境电商国际物流

学习目标

1. 理解跨境电商国际物流的概念和特点。
2. 掌握跨境电商国际物流的主要模式和运作流程。
3. 了解跨境电商国际物流面临的挑战及应对策略。
4. 分析跨境电商国际物流的发展趋势和创新实践。

导入案例

跨境物流的挑战与机遇

【案例背景】

企业概况：

某中国跨境电商企业（以下简称"C 公司"）成立于 2018 年，主要通过电商平台将中国的电子产品、服装、家居用品等销售到欧美和东南亚市场。近年来，随着业务的快速增长，C 公司面临着一系列物流挑战，同时也看到了巨大的市场机遇。

【案例故事】

C 公司最初采用传统的直邮模式，通过国际快递和邮政小包将商品直接从国内仓库寄给国外买家。然而，随着订单量的增加，公司逐渐发现了一些问题：

物流成本高：直邮模式下，快递费用昂贵，尤其是对于一些高价值或重量较大的商品，物流成本占据了产品售价的很大比例。

时效性不稳定：由于国际快递和邮政小包的运输时间较长，且容易受到海关清关等因素的影响，客户经常抱怨收货延迟。

售后服务困难：一旦商品出现问题，退货和换货流程复杂，客户满意度下降。

环保压力：随着环保意识的增强，传统的包装材料和运输方式对环境的影响也引起了消费者的关注。

为了解决这些问题，C 公司决定探索新的物流模式。经过市场调研和分析，公司决定采用"海外仓模式"，在欧美主要市场建立海外仓库。通过提前将商品批量运输到海外仓，待订单产生后直接从海外仓配送给买家。

第一节　跨境电商国际物流概述

一、跨境电商国际物流的定义

跨境电商国际物流是指在不同国家和地区之间进行的物流活动，它涉及商品从跨境电商企业流向跨境消费者的整个流程。这个流程包括了商品的运输、存储、配送以及相关信息流的管理和控制，且必须跨越不同国家的海关和监管体系。与传统的国内电商物流相比，跨境电商物流的运输距离更远，面临的是出口国和进口国两重海关的监管，需要进行更为复杂的检验检疫和清关活动。此外，跨境电商物流还需要应对不同国家或地区的经济、文化、政治和法律差异，这些都增加了物流的复杂性和风险。

二、跨境电商国际物流的特点

（一）跨国性

跨境电商国际物流涉及不同国家和地区的物流活动，需要遵守各国的法律法规和标准。

（二）复杂性

跨境电商国际物流包括运输、通关、配送等多个环节，涉及多方主体的协同合作，管理复杂度较高。

（三）时效性

跨境电商国际物流的客户对物流时效性要求较高，需要快速、准时地完成商品的配送。

（四）多样性

跨境电商国际物流的商品种类繁多，包装、运输、配送等要求各异，物流服务需要具备较高的灵活性和适应性。

三、跨境电商国际物流的重要性

跨境电商国际物流的重要性体现在多个方面，以下是详细阐述：

（一）提供全球化的市场机会

跨境电商物流打破了地域限制，使得商品可以跨越国界，实现国际流通。这为企业提供了更广阔的市场空间,使其能够将产品销售到全球各地,满足不同国家和地区的消费者需求。例如,中国的电子产品、服装等商品通过跨境电商平台,可以便捷地销售到欧美、东南亚等地区,极大地拓宽了企业的市场范围。

(二)提高效率和竞争力

高效的跨境电商物流可以加快商品的运输速度,提升订单处理效率,从而缩短交货时间。例如,通过建立海外仓,企业可以提前将商品存储在目标市场的仓库中,当订单产生时,直接从海外仓进行配送,大大减少了物流时间,提高了物流效率。同时,快速、准时的物流服务能够提供更好的客户体验,增强企业的市场竞争力。

(三)降低成本

跨境电商物流通过优化供应链、整合运输资源等方式,可以实现规模效应和成本节约。例如,企业可以采用多式联运的方式,将海运、空运、铁路运输等多种运输方式组合起来,充分发挥各种运输方式的优势,降低运输成本。此外,通过与专业的第三方物流公司合作,企业可以将物流管理外包,降低自身的运营成本。

(四)支撑可持续发展

随着环保意识的增强,跨境电商物流在推动绿色物流方面发挥着重要作用。物流企业在运输、仓储、配送等环节采取环保措施,如使用新能源运输工具、绿色包装材料、减少包装耗材等,降低对环境的影响。例如,一些物流企业采用电动货车进行城市配送,减少碳排放,促进跨境电商的可持续发展。

(五)促进国际贸易发展

跨境电商物流是国际贸易得以顺利进行的基础和保障。通过高效的物流服务,可以降低贸易成本、缩短交货周期,提高贸易效率,从而推动国际贸易的发展。例如,跨境电商物流使得中国与共建"一带一路"国家之间的贸易更加便捷,促进了双方的经济交流与合作。

(六)优化资源配置

跨境电商物流可以实现全球范围内的资源优化配置。通过跨国运输和仓储,可以将不同国家和地区的资源进行有效整合,满足各国市场的需求,实现资源的最优利用。例如,一些资源丰富但市场较小的国家,可以通过跨境电商物流将产品销售到全球市场,而资源匮乏但市场较大的国家,则可以通过跨境电商物流获取所需的商品。

(七)推动产业升级

跨境电商物流的发展可以带动相关产业的升级和转型。例如,随着跨境电商的兴起,国际物流行业也在不断创新和发展,推动了物流信息化、智能化等新技术的应用。物流企业通过引入物联网、大数据、人工智能等技术,提高物流的智能化水平,实现物流过程的自动化、可视化和优化。这不仅提升了物流行业的整体水平,也促进了相关产业的技术进步和产业升级。

(八)管理退货

在跨境电商中,货品运输难免出现差错,而便捷的退货方式有助于提高客户的满意度,从而降低售后成本。跨境电商物流系统需要具备完善的退货管理功能,包括退货订单处理、退货运输安排、退货商品检验等环节。例如,一些跨境电商平台提供免费退货服务,并通过与物流企业合作,简化退货流程,提高退货效率。

(九)处理复杂的国际运输环节

跨境电商涉及货物的海关申报、报关手续、税费结算等复杂的国际运输环节。物流企业需要具备专业的知识和经验,处理这些复杂程序,确保商品顺利通过海关并按时到达目的地。例如,在通关环节,物流企业需要准备齐全的通关资料,如报关单、发票、装箱单等,并与海关进行有效沟通,确保商品顺利通关。

(十)增强客户信任

可靠的跨境电商物流能够增强客户对跨境电商平台和卖家的信任。当消费者能够及时收到商品,并且商品的质量和包装符合预期时,他们会更加信任跨境电商平台和卖家。这种信任关系有助于提高客户的忠诚度和复购率。例如,一些跨境电商平台通过提供物流跟踪服务,让消费者能够实时了解商品的配送进度,增强了消费者的信任感。

四、中国跨境电商物流发展历程

从萌芽到不断发展壮大,中国跨境电商物流行业历经了十多年的成长,每一次物流模式及产品渠道的迭代创新,都伴随着平台政策、税务关务以及商流的调整和变化。

从大的行业周期角度来看,跨境电商物流行业的发展大致可分为三个阶段:

(一)2008—2015年:以邮政小包为主导的直发物流时代

中国跨境电商物流发展初期,eBay电商平台兴起,行业经历了一元邮遍全球的邮政小包时代。随后,阿里速卖通(AliExpress)迅猛发展,从中国直接发货到海外终端买家的直发类物流小包需求不断攀升,作为跨境直发类物流主力军的香港邮政小包和中国邮政小包,短期内运能不足,大量外国邮政通过代理模式陆续进入中国揽收货物,先后抢滩登陆中国跨境电商物流市场的有新加坡邮政、荷兰邮政、瑞典邮政、比利时邮政等数十家外国邮政。

随着跨境电商卖家对于物流时效和物流体验的要求不断提升,万国邮政联盟(UPU)体系内的国际邮政小包,平邮和挂号类产品已不能完全满足需求。中国邮政开始陆续推出基于两国邮政之间双边协议的 E 邮宝类商业专线产品,并获得了不错的市场口碑。随后,大量跨境电商物流企业推出集商业快递和邮政资源整合而成的专线小包类产品,跨境电商直发类物流渠道的产品形态日益完善。

(二) 2015—2020 年:直发专线与海外仓的双轮驱动时代

从 2015 年开始,随着越来越多的以直发物流和铺货模式为主的国外跨境电商平台进入中国市场招商,小包跨境直发物流模式的需求迅猛增长。

同时,亚马逊的全球开店项目不断加大在中国的招商力度,吸引了越来越多的跨境电商卖家进驻亚马逊,并由此催生了一大批从事 FBA 头程运输(将国内卖家仓库的货物发往海外 FBA 仓库)的跨境电商物流企业。2016 年,跨境电商卖家不断追求时效、成本以及客户体验的最优配置,时效介于空运和普通海运之间的海运快船日益兴起,以美森航运(Matson)为典型代表的海运快船成为众多 FBA 物流企业追求时效和成本最优配置的良好选择。

随着跨境电商物流、支付等周边服务产业的不断丰富,跨境电商整个链条服务体系不断完善,跨境电商卖家的销售品类逐步往高货值、大件品类的方向发展。在这样的情况下,越来越多的卖家将热销品类采用海外仓发货模式,大大提高了跨境电商境外买家的购物体验,跨境电商的发展逐步呈现出本土化运营的趋势。

2017 年,随着越来越多的中国跨境电商货物进入欧美国家,跨境电商税收问题引起国际社会的普遍关注,欧美发达国家开始针对各平台跨境电商税务规范化提出了明确的要求,跨境电商物流税务一体化的合作化运作迫在眉睫。

2018 年,Wish、Joom 等电商平台加速物流线上化步伐,专线小包市场迎来洗牌。被电商平台认可的物流渠道所对应的服务商体量规模不断壮大,被电商平台下线的物流服务商则直接面临生存危机。电商平台在整个跨境电商物流行业的洗牌中逐渐起到举足轻重的作用,电商平台自建以及整合物流的趋势愈发凸显。

(三) 2020 年以后:全球化跨境网络与供应链协同时代

鉴于跨境电商的服务和交付都在境外完成,全球化的跨境物流履约服务网络体系的搭建至关重要。例如:阿里巴巴旗下菜鸟网络所倡导的 EWTP 全球物流骨干网络,以及菜鸟收购递四方,以递四方为抓手,积极完善全球海外仓储网络及直发物流体系;再如:纵腾集团通过并购云途物流,形成了谷仓海外仓与云途直发专线相互协同的跨境物流服务网络体系。

在未来的发展过程中,跨境电商物流企业的全球化服务能力以及本土化运营能力的结合将会成为重点。跨境电商物流从直发小包到海外仓,再到仓配一体化,最终形成跨境供应链综合解决方案,是一个点、线、面、体的进化过程。全球化服务能力的延展以及供应链体系稳定性的提升,都是跨境电商物流企业未来必须面对的课题。

五、传统跨境物流与跨境电商物流区别比较

与传统跨境物流相比,跨境电商物流的链条更长,以航空货运模式为主。传统跨境物流的流程大体与跨境电商物流差别不大,由国内运输、报关、干线运输、清关、海外运输等环节构成。两者主要的区别在于传统的跨境物流主要针对的是传统外贸,而传统外贸的主体主要是企业,也就是 B2B 的进出口,货物多为大批量、少批次,干线以海运为主。而跨境电商的物流包含 B2C 的部分,存在小批量、多批次、高时效的需求,故而在交付模式上,在国内增加了揽收、集货、分拣的步骤,在海外需要进行转运、尾程派送、海外仓储等,航空运输在干线中应用较多。传统跨境物流与跨境电商国际物流流程与主体对比如图 14-1 所示。

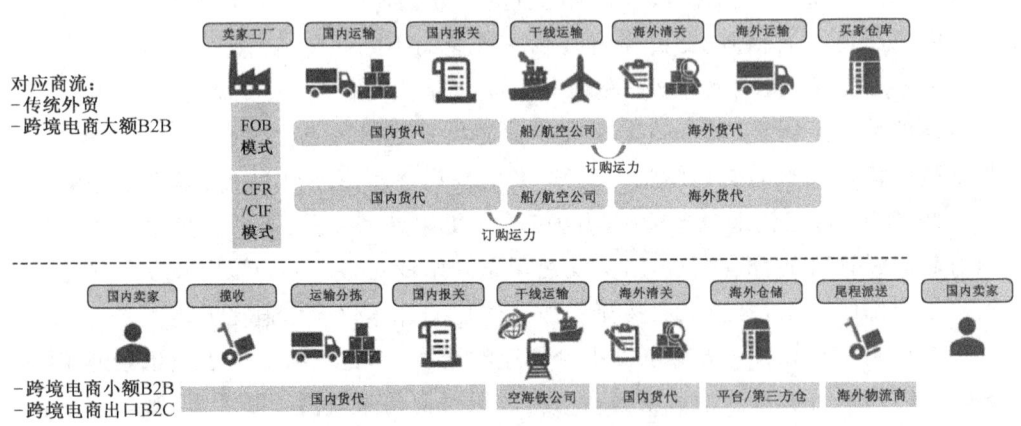

图 14-1 传统跨境物流与跨境电商国际物流流程与主体对比图

运输流程与模式上的差异,带来了跨境物流运营模式在市场规模、组织方式上的巨大差异。在传统跨境物流中,传统货代轻资产运营,专注中小企业 B2B 业务;邮政/国际快递大多自有运力,专注 C 端包裹业务。

第二节　跨境电商国际物流的运作流程

一、订单处理

（一）订单接收

跨境电商平台或卖家的订单系统接收到买家的订单信息，包括商品种类、数量、价格、收货地址等。

（二）订单审核

对订单信息进行审核，确保订单信息的完整性和准确性，如检查商品库存是否充足、收货地址是否正确等。

（三）订单确认

审核无误后，向买家发送订单确认信息，告知订单已成功受理，并提供订单编号等信息。

二、商品采购与入库

（一）商品采购

根据订单需求，向供应商采购商品。采购时需考虑采购成本、供应商的信誉和供货能力等因素。

（二）商品入库

采购的商品到达仓库后，进行验收入库操作。检查商品的数量和质量是否符合要求，然后将其存储在仓库的指定位置。

（三）仓储管理

在仓库中对商品进行妥善保管，确保其安全和质量。同时，对库存进行实时监控和管理，以便及时满足订单需求。

三、商品拣选与包装

（一）商品拣选

根据订单信息，从仓库中准确、快速地拣选出所需的商品。拣选过程中需注意商品的规格、型号等信息，避免拣错。

（二）包装

对拣选好的商品进行适当的包装，以确保其在运输过程中不受损坏。包装需要符合目的地国家的法规和标准，同时考虑包装的美观性和环保性。

四、选择物流方式

（一）物流方式选择

根据商品的性质、价值、交货时间和目的地等因素，选择最合适的物流方式。常见的物流方式包括国际快递、海运、空运、铁路运输等。例如，对于高价值、时效性要求高的商品，可以选择国际快递；对于大宗、重量较重的商品，可以选择海运或铁路运输。

（二）物流方案制定

确定具体的物流方案，包括运输路线、运输时间、运输费用等，并与物流供应商进行沟通和协调。

五、运输与跟踪

（一）运输安排

将商品从仓库转运到港口、机场或其他发货地点，然后将其运送到目的地国家。运输过程中需确保货物的安全和完整，避免货物丢失或损坏。

（二）货物跟踪

在整个运输过程中，对货物进行实时跟踪和监控，及时了解货物的运输状态和位置。这可以通过物流信息平台、GPS定位等方式实现。货物跟踪有助于及时发现和处理运输过程中可能出现的问题，提高物流的透明度和可靠性。

六、报关与通关

（一）报关

向海关申报具体的货物信息，办理出口手续。包括填写报关单、提供商品的详细信息（如品名、规格、数量、价值等）、提交相关单证（如发票、装箱单等）。报关时需确保申报信息的真实性和准确性，以免影响通关进程。

（二）通关

在货物抵达目的国后，进行清关手续。包括向目的国海关申报货物信息、缴纳关税和税费、接受海关的查验等。通关过程中需遵守目的国的海关法规和政策,确保货物顺利通过海关。

七、送达与派送

(一)进口配送

一旦通关完成,商品将被交由当地的配送公司进行最终配送。配送公司根据买家的收货地址,安排合适的配送路线和配送方式。

(二)派送

通过快递公司、邮政服务或物流供应商,将商品派送到最终客户手中。派送过程中需确保商品的及时送达和完好无损,提供良好的客户体验。

八、售后服务

(一)处理客户投诉

如果客户对商品或物流服务不满意,及时处理客户的投诉,了解客户的具体问题和诉求。例如,客户可能会因为商品损坏、配送延迟等原因提出投诉。

(二)退货与换货

对于需要退货或换货的商品,提供便捷的退货和换货服务。包括指导客户进行退货操作、安排退货物流、对退货商品进行检验和处理等。

(三)赔偿与退款

根据具体情况,对客户进行赔偿或退款。例如,如果商品在运输过程中损坏,且责任在物流方,需要对客户进行相应的赔偿。

九、数据分析与改进

(一)物流数据分析

收集和整理物流过程中的各种数据,如运输时间、运输成本、配送效率、客户满意度等。通过数据分析,可以了解物流运作的现状和存在的问题。

(二)流程优化

根据数据分析的结果,对物流流程进行优化和改进。例如,发现某个环节的运输时间过长,可以调整运输路线或选择更快的运输方式;发现客户对配送服务不满意,可以加强配送人员的培训,提高配送服务质量。

(三)成本控制

通过优化物流流程,降低物流成本。例如,减少不必要的中转环节,提高运输效率,降低运输成本;合理安排仓储和库存,减少库存积压和仓储成本。

整个跨境电商国际物流的运作流程是一个复杂而系统的过程,需要各环节的紧密配合和高效管理,以确保商品能够安全、准时地送达客户手中,同时提供优质的务体验。

第三节 跨境电商国际物流模式

一、常见的模式

(一)直邮模式

1. 定义

直邮模式是指卖家将商品直接从国内仓库或生产地邮寄给国外买家的物流模式。

2. 运作流程

直邮模式的运作流程是卖家收到订单后,将商品打包,通过国际快递或邮政小包等方式直接邮寄给买家,买家在本地完成清关和收货。

3. 特点

直邮模式的特点是:流程相对简单,适合小件、轻货商品;物流时效性较高,能够快速响应客户需求;但物流成本较高,因为快递费用昂贵,且可能涉及复杂的清关程序。

(二)海外仓模式

1. 定义

海外仓模式是指卖家将商品提前批量运输到海外仓库,待订单产生后,从海外仓直接配送给买家的物流模式。

2. 运作流程

海外仓模式的运作流程是卖家将商品批量运输到海外仓,买家下单后,海外仓进行拣货、打包、配送等操作,商品在本地完成清关和配送。

3. 特点

海外仓模式的特点是:物流时效性高,适合大件、重货商品;可以提供更好的售后服务,提高客户满意度;但需要较高的库存成本和管理成本。

（三）保税仓模式

1. 定义

保税仓模式是指卖家将商品提前运输到保税区内,待订单产生后,从保税仓清关出区,再配送给买家的物流模式。

2. 运作流程

保税仓模式的运作流程是卖家将商品运输到保税仓,买家下单后,保税仓进行清关、拣货、打包、配送等操作,商品从保税仓出区后完成配送。

3. 特点

保税仓模式的特点是:可以享受一定的税收优惠政策,降低税收成本;适合批量销售的商品;但对保税仓的管理要求较高。

（四）代购模式

1. 定义

代购模式是指消费者通过代购平台或个人代购服务商下单,由代购人员在海外代为购买商品,并邮寄到消费者手中的物流模式。

2. 运作流程

代购模式的运作流程是代购平台或代购人员接收到消费者的代购订单,对订单信息进行核实,代购人员根据订单需求,在选定的渠道进行商品下单购买,收到商品后,对商品进行仔细验收,报关后选择物流方式,常见的物流方式包括国际快递、海运、空运、铁路运输等。

3. 特点

代购模式的特点是:价格透明;适用范围广,适用于跨境电商中几乎所有类型的商品,包括一些不允许直邮或保税模式的商品;无库存成本,代购服务商不需要承担商品的库存成本;由于代购服务商需要从国外采购商品,再进行物流配送,所以物流时间通常比其他模式更长。

二、常见的四种物流运输模式优缺点比较

（一）直邮模式

1. 优点

（1）商品种类多样。直邮模式下,可以销售更多种类别、品牌、规格的商品。

（2）价格相对较低。直邮模式下,商品直接从国内发货到国外,中间环节少,相对于保税模式、海外仓模式等,价格相对较低

（3）建立品牌形象。直邮模式下,品牌可以直接将产品寄送到顾客手中,顾

客可以通过商品的包装、质量、服务等方面了解品牌形象。

2. 缺点

(1) 产品质量难以保证。由于产品从国内直接发货,在运输过程中容易出现损伤,影响产品质量。

(2) 存在清关风险。直邮商品需要通过清关手续,如果遇到清关风险,会导致商品滞留或被扣押。

(3) 物流不可控。直邮模式下,物流环节比较多,物流不可控性相对较高,可能会导致物流延误等问题。

(4) 关税增值税等费用高。在直邮模式下,商品可能被抽样要缴纳关税和增值税。

(二) 保税模式

1. 优点

(1) 成本较低。保税模式可以在进口环节实现免关税、免增值税等政策优惠,降低了进口成本,商品价格更具竞争力。

(2) 物流速度快。由于商品在保税区内进行存储和处理,物流时间较短,可以加快商品到达顾客手中的速度,提高物流效率。

(3) 清关风险低。由于在保税区内进行商品存储和预处理,避免了商品在清关过程中出现问题,降低了清关风险。

(4) 管理便捷。保税模式可以由保税区内的企业进行商品管理和仓储,方便管理。

2. 缺点

(1) 持续有仓储费用。企业在保税区内商品的存储和处理,需要持续支付一定的费用。

(2) 可售商品范围有限。不同地区的保税仓对于跨境商品类目都有限制,需要提前进行安排。

(3) 税费政策变化会导致经营不力。保税模式涉及进口关税、增值税等税费政策,如果政策变化,可能会影响经营。

(三) 海外仓模式

1. 优点

(1) 物流速度较快。通过在目的地建立海外仓库,可以快速将商品送到顾客手中。

(2) 降低运输成本。通过批量运输和存储,大大降低了运输成本和存储成本。

(3) 关税风险：在目的地建立海外仓库，提前进行清关，避免了直邮和代购中商品滞留海关的风险。

(4) 提供售后服务。如果商品出现问题，可以通过海外仓库提供售后服务，提高顾客满意度。

2. 缺点

(1) 需投入更多资金。目的地建立海外仓库需要投入更多资金，包括租赁、人力、运输、库存等成本。

(2) 需要管理海外仓库。管理海外仓库的物流和库存，需要有一定的物流和库存管理能力。

（四）代购模式

1. 优点

(1) 价格更加透明。代购服务商通常会提供商品价格和代购费用的清单，价格更加透明。

(2) 适用范围广。代购模式适用于跨境电商中几乎所有类型的商品，包括一些不允许直邮或保税模式的商品。

(3) 无库存成本。代购服务商不需要承担商品的库存成本，降低了运营成本和风险。

2. 缺点

(1) 物流时间较长。由于代购服务商需要从国外采购商品，再进行物流配送，所以物流时间通常比其他模式更长。

(2) 风险较大。代购服务商在采购、物流和交付过程中存在一定的风险，如商品质量问题、清关滞留、物流丢失等。

三、其他模式

（一）多式联运模式

1. 定义

多式联运模式是指将海运、空运、铁路运输等多种运输方式组合起来，完成跨境电商商品的国际运输的物流模式。

2. 运作流程

多式联运模式的运作流程是根据商品的特性和运输需求，选择合适的运输方式组合，如先通过海运将商品运输到目的国港口，再通过空运或铁路运输将商品运输到目的地城市，最后通过公路运输完成"最后一公里"配送。

3. 特点

多式联运模式的特点是:可以充分发挥各种运输方式的优势,降低物流成本,提高运输效率;但对物流协调和管理的要求较高。

(二) 第三方物流模式(3PL)

1. 定义

第三方物流模式是指卖家将物流管理交给专业的第三方物流公司,由其负责物流流程管理的物流模式。

2. 运作流程

第三方物流模式的运作流程是卖家与第三方物流公司签订合作协议,第三方物流公司负责商品的采购、仓储、包装、运输和清关等环节。

3. 特点

第三方物流模式的特点是:专业的物流管理,降低卖家的运营成本和风险;提供定制化的物流解决方案,满足卖家的多样化需求。

(三) 电商平台物流服务模式

1. 定义

电商平台物流服务模式是指卖家使用电商平台提供的物流服务的物流模式。

2. 运作流程

电商平台物流服务模式的运作流程是卖家将商品存储在平台的仓库中,平台负责物流和配送。

3. 特点

电商平台物流服务模式的特点是:简化了物流流程,卖家可以专注于销售和扩展业务;但可能会限制卖家的独立性和控制权。

(四) 跨境物流合作模式

1. 定义

跨境物流合作模式是指多个卖家或跨境电商平台之间合作共享物流资源的模式。

2. 运作流程

跨境物流合作模式的运作流程是不同卖家之间共享仓库、运输、清关等物流资源,合并物流流程。

3. 特点

跨境物流合作模式的特点是:降低物流成本,提高物流效率,缩短交货时间。

这些物流模式各有优缺点，企业应根据自身的商品特性、市场需求、成本预算等因素，选择最适合的物流模式，以实现高效的跨境电商物流运作。

四、新趋势新模式：一单到底

（一）跨境物流新模式

1. 海运快船＋电商大件到门

前段时间拼多多海外版 TEMU 试水海运快船大件到门服务，通过尝试与多家船公司系统对接，实现服务全程的可视化管理。TEMU 的海运大件到门到底能做到多大规模现在还无法判断，但这样的尝试可能会带动电商大件到门的跨境物流基础设施的进一步完善。

欧美国家电商物流小件业务相对成熟，DHL、UPS、USPS 等都可以提供服务。但是比如冰箱、洗衣机、电视这样的大件商品到门服务，在欧美却非常昂贵，因为欧美国家没有像中国这样成熟的大件到门的电商物流网络。

中国国内有类似于顺丰快运、百世快运、中通快运、德邦快运、日日顺等都是大件到门的物流服务，专门承接电商平台上的大件商品送货上门服务，还提供安装、售后、维修等增值服务，且电商平台都可以提供包邮价。

目前欧美国家的电商大件到门网络不健全，因为海外的电商平台或卖家不愿意砸流量、砸补贴先把订单量做起来，而订单量做不起来就无法形成物流配送的单位区域内的订单密度，也就难以形成全国或者某一区域化大件快运网络。

所以，如果有类似于 TEMU 这样的电商平台能够在前期进行大量补贴投入把订单量做起来，在订单密度达到一定程度之后，就会有物流商愿意去做基础设施投入来构建某一区域的电商大件到门的物流网络。

现在，已经有一些船公司、码头、海外卡车公司等开始布局，带动海外国家大件到门快运网络的形成，加速跨境电商基础设施的新一轮完善。当这张网络建立起来之后，更多大件商品电商化，大件物流履约成本下降也将对行业产生积极影响。

2. 全货机直达、多口岸注入、区域化派送

2023 年，TEMU、SHEIN 等电商平台带动了航空货运的需求暴涨，据不完全统计从中国出口的跨境电商空运包裹每天不低于 1 万吨。这么庞大的包裹体量，需要在欧美国家多口岸注入并完成清关。

以美国为例，之前更多只是在洛杉矶和纽约两大口岸来落地清关，现在已经增加到了达拉斯、迈阿密、芝加哥等五六个口岸同时清关，未来可能会达到十几个口岸。

随着订单密度越来越大,还会有更多的全货机做多口岸注入,把订单投放到离消费者最近的地方做清关派送,所以未来多口岸清关和区域化尾程派送将是趋势。

电商平台通过补贴把流量拉起来之后,对全球化的电商物流基建形成加速效应,进一步完善全球化电商物流的履约体系。所以在先有鸡还是先有蛋的问题上,肯定是先有鸡,才有蛋,有了电商订单,才会有物流商跟上来做服务以及布局基础设施建设。

在旺季海外邮政出现爆仓、派送延迟等情况时,物流企业就有货量支撑去做区域型的自营快递派送网络,这在以前订单量较少的时候是不可能去做的。2023年,已经有不少物流企业在欧美的一些国家尝试本土化区域派送业务,做区域化的快递公司或者同城快递公司,2024年这一趋势会更加显著,这也是中国跨境物流企业的新机会。

电商平台货量的集聚不仅带动了口岸的发展,还催生出许多区域化的派送公司,这一趋势就是未来跨境直发小包业务的演变方向,即:"全货机直达+多口岸注入+区域化派送"。

3. 跨境电商物流快递化时代到来

"全货机直达+多口岸注入+区域化派送"的趋势,将会进一步推动跨境电商物流快递化时代的到来。

2023年跨境电商小包快递化的时代已经到来,出现了两大标志性事件。

首先是菜鸟提出的电商快递"全球五日达"的履约标准。另外是2023年8月,行业头部企业纵腾集团旗下云途物流在深圳开通了飞往法国巴黎的两架B777F全货机航线,一周六班,还在深圳和法国的两个机场做了一线货站,还有自营的揽收和派送,在中法这条航线上实现了与DHL、UPS和FedEx对标,时效比DHL还要快1~2天,价格却只有DHL的60%左右。

目前全托管电商平台对物流服务商的履约时效提出了更高的要求,电商小包进一步向电商快递升级,跨境电商快递有别于商业快递,是全球范围内的电商快递网络。

我们所熟知的DHL、UPS、FedEx属于轴辐式网络,它们在全球设立了几个大型的货运枢纽,比如FedEx的孟菲斯、UPS的路易斯维尔、DHL的莱比锡等都是区域性的航空货运轴辐式分拨枢纽,它们的航线从这些枢纽向外辐射,形成轴辐式的航空网络。

过去40年的WTO大背景下,全球化制造业分工区域化布局明显,在to B商业时代的几大国际快递巨头利用货机运送的包裹多为样品和文件,这类包裹的特点是发件和收件流向存在极大的不确定性,订单比较分散,难以做到集约化,只能通过全球性货运枢纽做货物集中后再做层层分拨,最后再派送。比如,用 B777 或者 B747 大型洲际运力从亚洲飞到欧美核心枢纽,再从欧美枢纽机场用 B757 或 B767 等小型货机运送到二级枢纽。

在电商物流时代,全球化的电商物流网络布局将会发生很大的变化。电商快递全球化网络将不再是轴辐式,而是点对点的模式。比如从中国飞往欧美国家的全货机航班,无论是到美国的纽约、洛杉矶、迈阿密、达拉斯、芝加哥,或者到欧洲的法兰克福、阿姆斯特丹、伦敦等都是直接飞往这个城市清完关后就可以实现直接在当地派送。

目前中国跟和海外的贸易存在极大不平衡,出去的时候飞机满载货物,回来的时候很可能空飞,这是电商快递化背景下,全货机航线需要从包机航权到正班航权的突破,从点对点航线到全球串飞的探索,需要海外更多资源协调及保障能力建设。

14-1 云思政

(二)跨境电商国际物流新趋势

随着中国市场经济日益成熟与完善,越来越多的中国企业开始进军海外市场,为全球经济的繁荣发展贡献力量。然而,在"出海"的征途中,这些企业也面临着众多挑战。特别是由于对跨境业务的规则不熟悉,以及对跨境物流的复杂性、各国关务政策的差异性、海外仓储网络的覆盖范围、不同国家劳动时间规定等方面了解不足,使得跨境物流在交付的灵活性和准确性上存在欠缺,时效性也难以得到保障。企业迫切期望提升供应链跨境物流运营能力。

企业可以通过解析、重构和链接的三步走方法实现供应链跨境物流客户运营、产品服务运营和资源运营的有机结合,达成供应链跨境物流运营能力的提升。

1. 建立客户需求基本体系,构建卓越服务体验

通过解析诸如跨境电商客户、汽车物流客户、新能源产业客户、家电及快销品客户、化工及大宗贸易客户和货代客户等类型的需求体系,站在客户的角度思考物流业务需求和服务体验,建立偏好体系和忠诚度体系,并聚焦客户的长期价值。

2. 精准部署业务资源,打造端到端供应链解决方案

通过现有资源的自建、扩展、整合等方式,将供应链各个环节的产品资源、服务资源拉通，为客户创造更多的价值，同时，将报关、仓储配送、干线物流等服务与跨境物流网络相结合，提供富有弹性、灵活高效的端到端供应链服务。

3. 推动业务数字化转型，提升效率并规避风险

通过引入先进的数字化技术，治理标准化的数据资产，通过对物流数据的盘规治用，实现物流信息的实时更新与共享，大幅提高物流运作的透明度和可追溯性，同时减少不必要的时间和物质成本，及时识别并应对潜在的供应链风险，确保物流活动的顺利进行。

4. 积极组织行业生态联盟，辐射产业价值体系

本着"志同道合、互利共赢"的宗旨，以相互尊重、契约精神为准则，搭建面向行业生态用户的业务共享平台，促进合作与交流，对产业价值体系产生积极的辐射效应，推动行业的可持续发展，为全球贸易的繁荣与发展做出积极贡献。

5. 探索全新商业模式，构建新的市场体系

在应对全球化贸易挑战的过程中，通过探索全新的数字化跨境物流商业模式，在基础业务之上找寻新的突破点和增长点，同时构建新的跨境物流数字化服务市场体系，应对不断变化的国际贸易需求。在强调服务的个性化和灵活性、确保每一位客户的需求都能得到精准满足的同时，还需要通过绿色物流和可持续性方针，为全球贸易带来更加便捷、高效和环保的解决方案，推动跨境物流行业的持续创新与发展。

6. 配置灵活经营方针，满足多元化的需求

配置灵活的跨境物流业务经营方针，是满足跨境物流客户多元化需求的关键。由于每类客户的需求都存在共性和个性，因此需要采用高度灵活的经营策略。在数字化跨境物流经营与服务的数字化转型的过程中，不断优化适配于客户行业领域的物流流程，提升跨境物流业务执行质量，确保客户的货物能够安全、及时和高效地到达目的地。通过持续创新和完善的数字化服务体系，为客户打造更加顺畅、便捷的跨境物流服务体验，助力他们在行业领域的业务发展壮大。

7. 强化数据服务范围，提供敏捷的市场响应

强化跨境物流业务数据服务范围，对提供跨境贸易敏捷的市场响应至关重要。通过扩大和深化物流业务感知和执行数据服务，实现对跨国贸易和物流市场动态的实时监控和精准分析。利用大数据技术，能够迅速捕捉全球贸易的微妙变化，从而为客户提供及时、准确的市场情报和风险评估。数字化跨境物流数据服务，不仅有助于企业快速调整贸易策略，还能优化库存管理，减少潜在风险，从而构建一个反应迅速、决策精准的跨境物流体系，确保客户能在激烈的市场竞争中保持领先地位，实现持续且稳健的业务增长。

8. 构建面向全角色的业务平台,为数字业务支撑赋能

以物流行业智慧化发展为目标,构建面向跨境物流业务的全角色、全功能业务平台,集信息共享、流程协同、服务支撑于一体,覆盖跨境物流业务中的货主、承运商、报关行、仓储服务商等所有角色,满足各方在物流操作、信息查询、费用结算等方面的全面需求。通过引入大数据、云计算等先进技术,实现对物流资源的优化配置,提高运输效率,降低成本。同时,智能化的决策支持系统将为各角色提供精准的数据分析和业务建议,助力跨境物流业务的持续优化。这一平台的构建,不仅能为跨境物流业务提供强大的智慧化支撑,还将推动整个物流行业的转型升级,为全球贸易的繁荣发展注入新的活力。

9. 强化数据标准和安全标准,为数字业务保驾护航

强化跨境物流运营数据标准和信息安全标准,是构建全生态全角色的基石。在跨境物流领域若要实现全域链接,数据标准的统一至关重要,它不仅能提高运营效率,还能确保信息的准确传递与共享。同时,信息安全标准的提升,可以有效保护企业核心数据和客户信息在全球开展运营的过程中不被泄露,防止商业机密被窃取。通过采用先进的加密技术和严格的安全管理制度,筑起一道坚固的信息安全屏障,为数字化业务保驾护航,从而在激烈的市场竞争中立于不败之地。

10. 推动数字技术和应用创新,为数字业务开疆拓土

随着物联网、大数据、区块链、人工智能等尖端技术在跨境物流业务领域的逐渐普及,利用数字化技术突破传统的模式限制,开展创新应用,正以前所未有的速度引领跨境物流行业的变革。这些创新意识与方法的运用,将为跨境物流业务带来革命性的变革,不仅提升运营效率,更能开辟新的商业机会,洞察行业突破口,赢得市场先机,形成新的业态,引领行业迈向更加智能、高效、安全的未来。

通过有效构建全球供应链跨境物流运营体系,企业能够实现跨境物流在时效与成本之间的平衡,同时确保安全性和高效率,从而提升客户对跨境物流交付的信赖度和韧性,助力企业聚能起航,推动供应链和价值链的双重提升。

14-2 云习题

14-3 云习题

第十五章　绿色国际物流与可持续发展

学习目标

1. 理解绿色国际物流的定义。
2. 掌握绿色国际物流的特点。
3. 了解可持续发展理论。
4. 理解可持续发展与国际物流的关系。
5. 掌握绿色国际物流的实施策略。

导入案例

绿色物流的实践与挑战：E 公司的故事

【案例背景】

公司概况：

E 公司是一家全球知名的电商企业，成立于 2010 年，业务覆盖全球 100 多个国家和地区，拥有超过 1 亿的活跃用户。E 公司以销售电子产品、服装、家居用品等为主，其供应链网络遍布全球，与数千家供应商建立了长期合作关系。近年来，随着业务的快速扩张，E 公司的物流成本不断增加，同时，消费者对环保和可持续发展的关注度也在不断提高，这对 E 公司的物流管理提出了新的挑战和要求。

【案例故事】

现状与挑战：

运输环节：

E 公司目前主要依赖公路运输和航空运输，这两种运输方式的碳排放较高。虽然公司已经引入了一些新能源车辆，但整体运输效率仍有待提高。例如，运输路线规划不够优化，导致部分运输车辆存在空载或低载率的情况。

公司在部分国家的运输合作伙伴尚未完全采用绿色交通技术，如氢燃料电池车等先进绿色交通技术的应用不足。

仓储环节：

E 公司的仓库分布在多个国家，部分仓库的能源消耗较高，且缺乏智能温控和节能照明系统。例如，一些仓库的照明系统仍然使用传统的荧光灯，能耗较高。

部分仓库的绿色建筑设计不足，未能充分利用可再生能源，如光伏发电。例如,公司在美国和欧洲的多个仓库尚未安装光伏发电设备。

包装环节：

E公司目前使用的包装材料多为一次性塑料包装,不仅增加了成本,还对环境造成了较大压力。例如,公司每年使用的塑料包装材料超过1 000吨。

包装设计不合理,缺乏简约包装和模块化包装设计,包装材料使用量较大。例如,部分产品的包装层数过多,增加了不必要的包装成本。

信息管理：

E公司尚未建立完善的绿色物流信息系统,物流信息的实时监控和碳足迹追踪能力不足。例如,公司缺乏对物流链路中碳排放数据的整合和分析能力,难以制定有效的减排策略。

数据管理能力不足,缺乏对物流活动的全面监控和优化能力。例如,公司目前的物流信息系统无法实时追踪运输车辆的位置和状态,影响了物流效率和客户满意度。

第一节 绿色国际物流概述

一、绿色国际物流的定义

绿色国际物流是指在国际物流活动中,以降低对环境的污染、减少资源消耗为目标,利用先进的物流技术规划和实施运输、仓储、装卸搬运、流通加工、配送、包装、信息处理等物流活动,使物流资源得到最充分利用,并实现对物流环境的净化。它涵盖了从原材料采购、生产制造到产品销售、回收再利用等整个供应链的各个环节,旨在实现经济效益、社会效益和环境效益的统一。

二、绿色国际物流的特点

(一) 环境友好性

绿色国际物流注重减少物流活动对大气、水体、土壤等环境的污染,如降低废气排放、减少噪声污染等。例如,菜鸟在运输环节通过引入新能源车辆和智能路径优化技术,减少了碳排放。

(二) 资源节约性

绿色国际物流通过优化物流网络布局、提高运输效率、减少包装材料使用等方式,节约能源和资源。如菜鸟采取装箱算法和原箱发货等策略,2024财年共计减少 10.1 万吨包装材料。

(三) 系统性

绿色国际物流涉及物流系统的各个环节,需要供应链上下游企业协同合作,共同推进绿色物流的实施。例如,菜鸟的绿色物流解决方案涉及从订单生成到最终回收的每个环节。

(四) 可持续性

绿色国际物流强调物流活动的长期可持续发展,不仅关注当前的经济效益,还注重对环境和社会的长期影响。绿色国际物流通过构建"资源—产品—再生资源"的闭环型物质流动系统,实现物流活动与环境的和谐共生。

第二节 可持续发展理论与国际物流

一、可持续发展概念的演变

可持续发展最早由生态学家提出,旨在寻求自然资源及其开发利用之间的平衡。1987年,布伦特兰夫人主持的世界环境与发展委员会在其发布的报告《我们共同的未来》中,第一次阐述了"可持续发展"的概念,定义为"既满足当代人的需要,又不损害后代人满足需要的能力的发展"。1992年6月在巴西里约热内卢举行的联合国环境与发展大会上,来自世界178个国家和地区的领导人通过了《21世纪议程》《气候变化框架公约》等一系列文件,明确把发展与环境密切联系在一起,使可持续发展走出了仅仅在理论上探索的阶段,响亮地提出了可持续发展的战略,并将之付诸为全球的行动。

二、可持续发展的基本原则

(一) 公平性原则

公平性原则包括代内公平和代际公平。代内公平强调当代人之间的机会平等,代际公平则强调满足当代人需求的同时,不损害后代人满足其需要的能力。在国际物流中,公平性原则要求各国在物流资源的分配和利用上实现公平,保障不同国家和地区在物流发展中的利益均衡。

(二) 持续性原则

持续性原则强调人类社会的经济发展与自然资源、生态环境的承载能力相协调,实现长期的可持续发展。在国际物流中,持续性原则要求物流活动在满足当前需求的同时,不破坏生态环境,确保资源的持续利用。

(三)共同性原则

共同性原则强调全球范围内的合作与协调,共同应对环境问题和资源危机。在国际物流中,共同性原则要求各国物流企业加强合作,共同推进绿色物流的发展,实现全球物流业的可持续发展。

三、可持续发展与国际物流的关系

(一)可持续发展对国际物流的影响

1. 环境影响

(1) 推动绿色物流发展

可持续发展要求国际物流行业更加注重环境保护,减少物流活动对环境的污染。例如,推动国际物流企业在运输、仓储、包装等环节采用环保技术和材料,减少资源消耗和废弃物产生。DHL集团通过使用可持续航空燃料和优化运输路线等措施,显著降低了物流活动的碳排放。

(2) 促进资源循环利用

可持续发展强调资源的高效利用和循环利用,促使国际物流企业加强逆向物流建设,提高废旧物资的回收和再利用效率。例如,宜家在全球范围内建立了二手家具市场,鼓励消费者将使用过的宜家家具进行回收和再销售。

2. 经济影响

(1) 提高运营效率

可持续发展战略将帮助国际物流企业优化物流运作,提高效率,降低成本。例如,通过智能调度系统优化运输路线,减少空载和重复运输,降低运输成本。

(2) 增强市场竞争力

实施可持续物流的企业能够更好地满足消费者对绿色产品和服务的需求,提升品牌形象和市场竞争力。麦肯锡的一项调查发现,66%的受访者表示他们在购买时会考虑可持续性。

3. 社会影响

(1) 促进社会责任履行

可持续发展要求企业承担更多的社会责任,关注员工福利、社区发展和公平贸易等问题。国际物流企业在开展业务时,需要遵守各国的劳动法规,保障员工的合法权益。

(2) 提升企业声誉

积极履行社会责任、推动可持续发展的企业能够获得社会的广泛认可，提升企业声誉。

（二）国际物流对可持续发展的贡献

1. 促进资源合理配置

国际物流通过高效的运输和仓储服务，能够将资源从富集地区输送到短缺地区，实现资源的合理配置和优化利用。例如，通过国际物流将非洲的矿产资源运送到中国等制造业大国，满足其生产需求。

2. 支持绿色产业发展

国际物流为绿色产业的发展提供了重要的支撑。例如，为可再生能源设备的生产和销售提供物流服务，促进可再生能源产业的全球化发展。

3. 推动全球可持续发展合作

国际物流是全球供应链的重要组成部分，通过加强国际合作，促进各国在可持续发展领域的交流与协作。例如，跨国物流企业与各国政府、环保组织等合作，共同制定和实施可持续物流标准和规范。

（三）可持续发展与国际物流的协同路径

1. 政策引导与支持

各国政府应制定和完善促进可持续发展的政策措施，为国际物流企业提供政策支持和激励。例如，提供税收优惠、财政补贴等，鼓励企业采用绿色物流技术。

2. 技术创新与应用

加强技术创新，推动绿色物流技术的研发和应用。例如，发展智能物流系统、新能源运输工具等，提高物流运作的智能化和绿色化水平。

3. 企业合作与协同

加强企业之间的合作与协同，共同推进可持续物流的发展。例如，供应链上下游企业可以共享信息、协同优化物流方案，实现整体的可持续物流目标。

4. 消费者参与与推动

提高消费者的环保意识，引导消费者选择绿色产品和服务。例如，消费者在购买商品时，优先选择采用绿色包装、低碳运输的企业。

总之，可持续发展为国际物流提供了新的理念和方向，推动物流行业向绿色、低碳、环保的方向发展。例如，可持续发展的理念促使国际物流企业更加注重降低碳排放、减少资源浪费,从而推动绿色物流技术的研发和应用。同时,国际物流作为全球供应链的重要组成部分,其绿色化和可持续发展也有助于实现全球范围内的可持续发展目标。两者都追求经济效益、社会效益和环境效益的统一。在国际物流中,企业不仅要追求运输成本的降低和运输效率的提高,还要关注物流活动对环境的影响,努力实现资源的合理利用和环境保护。

第三节 绿色国际物流的实施策略

一、运输环节

(一)优化运输方式

合理选择运输方式,如优先选择铁路、水路等低碳运输方式,减少公路运输的碳排放。例如,菜鸟在城市配送车辆中,新能源车运输的车次占比达到99%,并在杭州、嘉兴和北京的短途运输中率先使用了氢燃料电池车。

(二)提高运输效率

通过优化运输路线、提高车辆装载率、采用智能调度系统等措施,降低运输过程中的能源消耗。如菜鸟通过智能路径优化技术,减少了碳排放。

(三)采用绿色交通

目前,物流和运输业占全球二氧化碳(CO_2)排放量的三分之一以上,预计这一比例还会增长。企业可以采取以下措施来帮助减少影响:

1. 优化空间

将产品巧妙地包装到尺寸合适的快递盒中,这将使企业能够将包裹分组到更少的车辆中。

2. 使用集成路线规划软件

使用集成路线规划软件,在人工智能的支持下,该技术将根据实时交通分析为企业的交付找到最佳路线。这意味着企业可以以最快、最高效的订单进行多次交付。

3. 选择绿色物流合作伙伴

如果企业将物流外包给第三方,请选择具有绿色证书的第三方。例如,DHL快递推出了GoGreen Plus,该解决方案通过使用可持续航空燃料帮助企业减少与货物相关的碳排放。

4. 提供按需送货(On Demand Delivery,ODD)服务

交付失败是企业碳足迹的重要因素,每一次不成功的尝试都会增加车辆排放和成本。通过按需交付,企业可以降低交付失败率。ODD 服务允许客户准确选择产品交付的时间和地点。如果客户知道自己不在家,他们可以选择将货物留在邻居那里、包裹储物柜中,或者发送到其他地址(例如他们的工作场所)。提供 ODD 服务不仅可以提高企业的首次交货率,而且客户还可以享受到更方便的服务,从而建立对品牌的忠诚度。

二、仓储环节

(一) 绿色仓库设计

采用节能照明、智能温控、绿色建筑材料等,降低仓库的能源消耗。例如,菜鸟在全国多个园区中实施光伏发电项目,当前光伏发电设备的总装机量已达 47.9 兆瓦。

(二) 库存管理优化

通过精准的需求预测和库存控制,减少库存积压和资源浪费。例如,菜鸟的碳资产管理系统能够整合和分析物流链路中的碳排放数据,为商家提供详细的碳足迹报告,帮助商家优化库存管理。

三、包装环节

(一) 环保包装材料

使用可降解、可回收的包装材料,减少包装废弃物。例如,菜鸟推广循环箱使用和旧纸箱重复使用,2024 财年在仓库内重复使用的旧纸箱个数为 4 755.8 万个。推出的循环箱方案,采用可循环使用 50 次的塑料箱,逐步替代传统的纸箱。

(二) 包装优化设计

采用简约包装、模块化包装等设计,降低包装材料的使用量。例如,菜鸟采取装箱算法和原箱发货等策略,减少包装材料的使用。

四、信息管理

(一) 绿色物流信息系统

建立涵盖供应链各环节的绿色物流信息系统,实现信息共享和协同管理,提高物流运作效率。例如,菜鸟的碳资产管理系统能够整合和分析物流链路中的碳排放数据,为商家提供详细的碳足迹报告。

(二) 碳足迹追踪与管理

通过信息系统追踪和管理物流活动中的碳排放,为企业制定减排策略提供数据支持。例如,菜鸟的碳资产管理系统为商家提供详细的碳足迹报告,帮助商家了解其碳排放情况,并制定更加有效的减排策略。

15-1 云阅读

15-2 云思政

15-3 云习题

15-4 云习题

参考文献

[1] 戴正翔. 国际物流单证的三层三分法体系[J]. 物流工程与管理, 2015, 37(6):82-84.

[2] 国际标准化组织. 物流与供应链标准[EB/OL]. https://www.iso.org/standards-by-topic/logistics-and-supply-chain.html.

[3] 国际标准化组织. 物流与供应链环境管理标准[EB/OL]. https://www.iso.org/standards-by-topic/logistics-and-supply-chain-environmental-management.html.

[4] 国际标准化组织. 物流与供应链绩效评估标准[EB/OL]. https://www.iso.org/standards-by-topic/logistics-and-supply-chain-performance-assessment.html.

[5] 国际标准化组织. 物流与供应链信息技术标准[EB/OL]. https://www.iso.org/standards-by-topic/logistics-and-supply-chain-information-technology.html.

[6] 国际港口协会. 港口安全与可持续发展报告[R]. 鹿特丹:International Association of Ports and Harbors, 2024.

[7] 国际港口协会. 港口与供应链协同报告[R]. 鹿特丹:International Association of Ports and Harbors, 2024.

[8] 国际港口协会. 港口与物流发展报告[R]. 鹿特丹:International Association of Ports and Harbors, 2024.

[9] 国际港口协会. 港口运营与管理手册[S]. 鹿特丹:International Association of Ports and Harbors, 2024.

[10] 国际海事组织. 海事法规与标准[EB/OL]. https://www.imo.org/en/OurWork/Pages/Default.aspx.

[11] 国际航空运输协会. 航空货运手册[S]. 日内瓦:IATA, 2024.

[12] 国际商会. 国际贸易术语解释通则(Incoterms 2020)[M]. 北京:中国海关出版社, 2020.

[13] 国际物流协会. 国际物流服务标准与规范[S]. 纽约:International Logistics Association, 2024.

[14] 国际物流协会. 国际物流服务提供商评估指南[S]. 纽约:International Logistics Association, 2024.

[15] 国际物流协会.国际物流服务提供商选择与合作指南[S].纽约:International Logistics Association,2024.

[16] 国际物流协会.国际物流管理手册[S].纽约:International Logistics Association,2024.

[17] 国际物流行业报告[R].中国物流与采购联合会,2024.

[18] 国际物流与供应链管理学会.国际物流与供应链管理案例分析[Z].柏林:International Association for Logistics and Supply Chain Management,2024.

[19] 国际物流与供应链管理学会.国际物流与供应链管理研究进展[Z].柏林:International Association for Logistics and Supply Chain Management,2024.

[20] 国际物流与供应链管理学会.国际物流与供应链管理战略规划[Z].柏林:International Association for Logistics and Supply Chain Management,2024.

[21] 国际物流与供应链管理学会.国际物流与供应链管理最佳实践[Z].柏林:International Association for Logistics and Supply Chain Management,2024.

[22] 国家统计局.中国统计年鉴2024[M].北京:中国统计出版社,2024.

[23] 交通运输部.中国交通运输发展报告[M].北京:人民交通出版社,2024.

[24] 世界海关组织.海关估价与贸易便利化[EB/OL]. https://www.wcoomd.org/en/topics/trade-facilitation.aspx.

[25] 世界贸易组织.国际贸易便利化政策与法规[EB/OL]. https://www.wto.org/english/tratop_e/trade_facilitation_e.htm.

[26] 世界贸易组织.国际贸易统计数据库[EB/OL]. https://www.wto.org/statistics.htm.

[27] 世界贸易组织.国际贸易协定与规则[EB/OL]. https://www.wto.org/english/tratop_e/region_e/region_e.htm.

[28] 世界贸易组织.国际贸易争端解决机制[EB/OL]. https://www.wto.org/english/tratop_e/dispute_e.htm.

[29] 世界贸易组织.国际贸易政策与法规[EB/OL]. https://www.wto.org/english/tratop_e/policy_e.htm.

[30] 世界银行.全球物流基础设施报告[EB/OL]. https://www.worldbank.org/en/topic/logistics/publication/global-logistics-infrastructure-report.

[31] 世界银行.全球物流绩效指数报告[EB/OL]. https://www.worldbank.org/en/topic/logistics/publication/logistics-performance-index.

[32] 世界银行.全球物流竞争力报告[EB/OL]. https://www.worldbank.org/en/topic/logistics/publication/global-logistics-competitiveness-report.

[33] 世界银行.全球物流效率提升报告[EB/OL]. https://www.worldbank.org/en/topic/logistics/publication/global-logistics-efficiency-report.

[34] 杨子刚,郭庆海.经济全球化背景下国际物流的发展现状及趋势[J].中国流通经济,2007,21(11):17-20.

[35] 张铎,王耀球.国际物流和国际物流系统网络[J].中国物流与采购,1999(10):26.

[36] 中国海关总署.海关法规与政策解读[M].北京:中国海关出版社,2024.

[37] 中国海关总署.海关风险管理与合规指南[M].北京:中国海关出版社,2024.

[38] 中国海关总署.海关监管与服务创新报告[M].北京:中国海关出版社,2024.

[39] 中国海关总署.海关进出口统计[EB/OL]. https://www.customs.gov.cn/statistics.

[40] 中国海关总署.海关通关与监管政策[M].北京:中国海关出版社,2024.

[41] 中国航空运输协会.航空运输安全管理手册[S].北京:中国航空运输协会,2024.

[42] 中国航空运输协会.航空运输市场分析报告[R].北京:中国航空运输协会,2024.

[43] 中国航空运输协会.航空运输市场趋势分析报告[R].北京:中国航空运输协会,2024.

[44] 中国航空运输协会.航空运输行业标准与规范[S].北京:中国航空运输协会,2024.

[45] 中国交通运输协会.交通运输行业标准与规范[S].北京:中国交通运输协会,2024.

[46] 中国交通运输协会.交通运输行业发展趋势报告[R].北京:中国交通运输协会,2024.

[47] 中国交通运输协会.交通运输行业技术创新报告[R].北京:中国交通运输协会,2024.

[48] 中国交通运输协会. 交通运输行业人才培养与职业发展报告[R]. 北京:中国交通运输协会,2024.

[49] 中国物流学会. 物流学术前沿报告[R]. 北京:中国物流学会,2024.

[50] 中国物流与采购联合会. 物流行业标准与规范[S]. 北京:中国物流与采购联合会,2024.

[51] 中国物流与采购联合会. 物流行业发展趋势报告[R]. 北京:中国物流与采购联合会,2024.

[52] 中国物流与采购联合会. 物流行业技术创新报告[R]. 北京:中国物流与采购联合会,2024.

[53] 中国物流与采购联合会. 物流行业人才培养报告[R]. 北京:中国物流与采购联合会,2024.